构建你自己的盈利系统

（第二版）

王鹤林　著

地震出版社
Seismological Press

图书在版编目（CIP）数据

构建你自己的盈利系统／王鹤林著.—2版.—北京：地震出版社，2021.6

ISBN 978－7－5028－5221－4

Ⅰ.①构…　Ⅱ.①王…　Ⅲ.①股票投资－基本知识　Ⅳ.①F830.91

中国版本图书馆 CIP 数据核字（2020）第 222428 号

地震版　XM4415/F(6009)

构建你自己的盈利系统（第二版）

王鹤林　著

责任编辑：王亚明

责任校对：凌　樱

出版发行：地震出版社

北京市海淀区民族大学南路9号　　　　　　　邮编：100081

发行部：68423031　　　　　　　　　　　　　传真：68467991

总编室：68462709　68423029　　　　　　　　传真：68455221

专业图书事业部：68467982　68467996

http：//seismologicalpress.com

E-mail：zqbj68426052@163.com

经销：全国各地新华书店

印刷：北京广达印刷有限公司

版（印）次：2021年6月第二版　2021年6月第二次印刷

开本：787×1092　1/16

字数：373千字

印张：18

书号：ISBN 978－7－5028－5221－4

定价：68.00元

二版序

自《构建你自己的盈利系统》一书于 2015 年 4 月出版以来，陆续收到不少热心读者的反馈。很多读者对于本书的内容，除了比较客气的赞誉之外，更多表示有"意犹未尽"之意。对此我只能答以"时间仓促，水平有限"等话语，敬请读者朋友给予谅解，同时自己也在闲暇之余，对这本著作慢慢进行着修改。

5 年来，中国股市有太多值得谈论的事情：既有因国家队护盘而上涨 6 倍的贵州茅台，也有因"业绩不佳""商誉减值"股价下跌而退市的千山药机；既有因国资委背景而咸鱼翻身的*ST大唐，也有因"假疫苗"事件而面临退市的长生生物；既有市场长达数年的漫漫下跌，也有超级游资在短短 4 个月内暴拉 10 倍的概念炒作（如东方通信、顺灏股份）；既有股价涨幅甚巨后大股东的"精准减持"，也有新股上市一两个月暴涨数倍的神话……

所有这些一再发生的事件，让我们依然看不出来中国股市是经济的"晴雨表"，低价＋资金面宽松＋监管松懈或默许＋经不起推敲的概念，甚至是忽悠式重组，或内外勾结的财务造假等似乎依然是股价上涨的直接动力。缺乏全面做空机制、市场出清、全链条监管与惩戒的中国股市，其资源错配的特征依然难改，"牛短熊长"的格局依然明显。

我们期待着市场监管层对国资与民企的无差别待遇，我们期待着中国股市的"政策市"特征越来越少，我们期待着股价确实属于"围绕价值的价格波动"，我们也期待着资本市场"融资、价格发现和资源配置"的功能能够早日全面实现，同时我们更期待操纵股价的市场炒作越来越少，资本市场能真正成为人们分享改革收益的场所，而不是少数内部人的饕餮盛宴。

好在，从长期的观点来看，中国资本市场的改革依然在前进，管理层对市场"妖精"和"野蛮人"的严管重罚重创了市场的投机行为，资本市场的逐渐开放诞生了外资持股比例为 51% 的瑞银证券，以注册制为特征的科创板也于 2019 年 7 月 22 日正式开板交易。中国资本市场独特的运行规律让上市公司股价的涨跌依然有迹可循，同时有关证券的量化交易并没有随着严格监管而消失，反而在相对困难的熊市中不动声色地隐忍着，并获得越来越多投资者的认可。

本书在第 2 版中，做了如下修改：

（1）对一些表达不顺畅、不太重要的内容等做了修改或删除；

（2）增加了对本人研发的 MIRAS 交易系统的介绍（见第八章），通过计算机程序测试交易策略的收益率与最大回撤比等指标，来判断一种交易思想的"优劣高低"。我想这在一定程度上可以满足读者朋友们的更高需求。

市场永远是个令人迷醉的地方，股价的上下波动犹如琴键上的音符，能把握市场节奏的投资者才能在市场中立于不败之地。如果本书的读者能够从书中得到哪怕一点点启示，以指导自己的投资，那对作者来说就是莫大的安慰！

再次感谢对本书再版提出意见和建议的读者朋友！

王鹤林

己亥年己巳月于　静园

前　言

——股市里的江湖

10 年前我就想写这本书了，只是由于当时知识的积累尚欠缺，对构建盈利系统的理解还不深入，实战经验与教训的总结也不充分，总而言之，条件不够成熟，因此迟迟不敢动笔。

2006 年，我开设的"证券投资理论与实战"这门课程在学校里受到普遍欢迎，一度成为大学生们非常喜欢的公选课。开学后的选课过程中，很多情况下半个小时就报满了，选不上的只好等下学期或者去蹭课。这种火爆的局面不仅激发了我上课的热情以及对投资实战经历中各种情况的深入思考，还促使我重新大量阅读民间高手和欧美交易大师的经典著作。这种教学相长的局面，对自己的教学效果和投资实战有了很大的促进作用，既使我对有关技术分析的理解和应用有了新的发现，又使我对投资心理的观察和分析有了长足的进步。

2013 年，由于身体欠佳，我在家养病，便有了更多的空闲时间，因此能静下心来，开始构思和创作这部作品。虽然我是一名高校教师，但是写这本书的目的，一不是为了评职称，二不是为了出名，没有什么功利性，只是将自己这么多年来的经验、教训以及教学与研究的成果展示出来。如果本书的观点能给不同类型的读者提供一些投资上的建议，我就非常满足了。在写书的时候，我也时刻用这句话提醒自己：书写出来不是让人看的，而是让人背的。像孔子、孟子、老子、庄子等历史上的著名思想家，他们的书不写则已，写出来就震古烁今，永载史册，因为他们道出了宇宙、自然、人间的总规律，历经沧海桑田，永远会被人们津津乐道，铭记在心。

很显然，本人自愧没有这些伟大思想家这么高的境界和写作水准，但自忖也不愿意随随便便写一部让人看都不看一眼的书，更不愿意人们读了几页就把它扔掉。所以，从内心来讲，我还是很愿意写一部有点儿价值的著作。另外，写书必须尊重读者的感受，书中的观点要有依据、有来源，有数据、有分析，一定要经得起读者的质疑和推敲。基于这样的想法，本人必然会尽力去写，只有这样才能心安，才觉得对得起读者！

……

股市，是一个不见硝烟的战场！

所谓"一将功成万骨枯"，一个英雄的诞生往往意味着很多失败者的灭亡。霸王雄才，可叹多少对手亡命沙场；李唐称帝，又有多少生灵惨遭涂炭。历史上，人们记住的往往是胜利者的灿烂光辉，鲜有记录失败者后来凄惨境遇的。

股市当中也是如此，当人们在酒楼茶肆，以羡慕、气愤、向往、无奈的心情，谈论着在市场中兴风作浪的金融大鳄时，有谁关注过那些在股市中一直处于弱势地位的中小散户们？他们或屡屡亏损，常常迷茫，被市场搞得不知所措；或不屈不挠，经常把自己积累的资金再次投入股市；或虽历经多年，但投资业绩依然原地打转，无法突破……列夫·托尔斯泰在著作《安娜·卡列尼娜》中有句名言：幸福的家庭都是一样的，而不幸的家庭各有各的不幸。这句话，用在中国约 1.6 亿中小股民身上最恰当不过了。

中外的统计数字已经验证了股市中"一赢二平七亏损"的残酷事实，"七亏"说的就是数量巨大的中小散户啊。如此看来，中小散户失败的命运似乎是必然的，他们好像永远也走不出这样的魔咒，但是我仍然希望中小散户们能通过学习来改变自己的命运。市场中也确确实实有少数这样的散户，面对波谲凶险的行情波动，内心充满着热情，不轻易向命运低头，凭借信念、勇气、坚持、进取和运气，最终跻身成功者之列。这本书就是献给那些面对困苦依然不屈不挠的人，我衷心地希望他们通过自己的坚忍顽强、不懈努力获得巨大的财富，达到人生的巅峰！

写这本书还因为自己有这样的一种心理——一种潜在而持久的心理——即在进行股票投资的时候，一定可以找到一种简单实用的方法，让投资者"**在较低的价位买入股票后，经过不长时间的等待，股票就出现较大的升幅，从而获得较大的投资利润**"。我所说的简单实用的方法，就是人人都能看懂，人人都能学会的方法。它源于我对《道德经》所言"大道至简"原则的深信不疑，所以我一直在寻找某种并不复杂的模式，从盘面上观察一目了然，容易判断。

我们买股票买的是什么？有人说是"买未来"，那么买什么样的未来呢？买未来的什么呢？业绩改进还是规模扩大？我觉得都不是。

其实，我们买股票买的就是"**买入后价格上涨的可能性**"。如果贪婪一些，你可以说买股票买的是"**买入后价格大幅上涨的可能性**"。除此之外，我们几乎想不出还有什么更准确的答案。

既然我们是来追逐股票波动过程中的价格差的，那么就要对股票价格运行的轨迹进行分析研究，从其价格由高到低再由低到高的变化中找到有章可循的规律，综合经济学、投资学、心理学等方面的知识和生活中积累的经验，从而形成分析判断的工具，指导我们实盘操作。我把这种简单有效的分析与交易工具称作"盈利系统"。

本书就是以如何打造盈利系统为主线而展开的，从大多数散户懵懵懂懂进入股市以后的亏损与迷茫入手，阐述了中小散户亏损的主要原因，主力机构的操盘手法，明示投资者应该掌握的基本分析知识、技术分析知识，以及如何熟练使用行情分析软件构建自己的股票池，根据盘面技术特征推导主力机构的运作情况，寻求合适的买入、卖出区域等构建盈利系统必须掌握的关键点。在此基础上，本书讨论了投资者自我认知的重要性，通过"投资炼心术"帮助投资者尽可能多地消除负面情绪、认知偏差，从心理上帮助读者建立自信自强的心智模式，最终帮助投资者找到成功投资的"金手指"，在今后的投资生涯中实现持续稳健获利。

本书采用层层递进的编写方法，越来越深入，越来越接近投资的真相，希望读者在阅读时多一些耐心。

虽然本书的写作目的是想帮助投资者找到一种简单实用的方法，但是鉴于市场行为的非理性、行情波动的随机性，要想找到百分百准确的方法是不容易的，打造一个"放之四海而皆准"的盈利系统更非易事。**本书中盈利系统的构建体现的是在投资中发现"确定性机会"并进行决策的思维方式，以技术分析为主导，重视技术指标组合的运用与优化**。

同时，本书回答了以下三个经常困扰投资者的问题。

（1）什么样的股票是最好的股票？有人说是业绩好的股票，有人说符合国家产业政策的股票……而本书的回答是：市场中没有绝对的好股票，也没有绝对的坏股票，只有上涨的股票和下跌的股票，投资者的目的就是经常找到那些即将上涨的股票并在恰当的时机买入它们。

（2）什么样的投资才是最好的投资？是第一年盈利翻倍，第二年亏损一半的投资，还是两年盈利20%，第三年亏损30%的投资？本书的回答是：能持续赚钱的投资就是最好的投资。所谓持续赚钱，就是赚多赔少。换句话说，在绝大部分情况下，买入的股票会很快持续性上涨，买入错误时能立即止损，这样的投资才是水平最高的投资。

（3）该不该注重价值投资？价值投资是股票投资永恒的主题，投资股票时一定要注重股票的价值，但是价值是通过价格反映出来的，那些"价值很高，价格无波动"的股票还是暂时避一避为好。所以本书的回答是：应该注重那些通过股票价格大幅波动反映企业价值的上市公司。很多时候我们把"价值投资"理解成是锦上添花的说辞，况且，再好的企业也有走下坡路的时候，市场当中没有永恒的价值。

本书适合这样的读者阅读。

（1）刚刚入门的新股民以及在校大学生。通过阅读本书，他们可以在短时间内掌握常见的股票投资技法，熟悉并正确运用股票行情分析与交易软件，构建自己的股票池，从中找到上涨可能性最大的股票。

（2）在股海中屡次折腾仍未挣到钱的人。本书中有关"投资心理"和"构建盈利系统"等的介绍，可以帮助大家重新审视自我，发现每一个人都具有却不自知、不愿改的认知错误和心理偏差，改变习性，升华心灵，克制欲念，恢复平静，以期在充斥各种信息和声音的市场当中明辨是非，进退自如。

（3）在投资历程中对历史、经济、人性、宗教等觉悟洞察的人。人是大自然的产物，其自发性的行为往往具有自然刻画的影子。这一点发生在股票什么时候涨、什么时候跌、涨到什么程度、跌到什么程度的运行当中，似乎预示着这一切的涨跌都冥冥之中自有天意。生命犹如一条河，像股票的价格那般弯弯曲曲，投资股票时不必刻意追求短期业绩的好坏，或许发现自己、改变自己才是投资的最终意义。这意味着投资股票也是在投资人生，生命品质的提升并非都是主动进取的结果，必要的"抱朴""守拙""藏身""待时"往往也是出奇制胜之道。

书中观点和思路是作者18年投资生涯和教学研究的总结，所举案例大多是作者自身经历或者选自所构建的股票池。如果书中的理念、思路和方法能给读者提供一些有价值的参考，也算不枉费一番功夫了。

需要说明的是，中华大地，人杰地灵，在波澜壮阔而又看不到硝烟的股市战场中，隐藏着数量众多的股市高手。每一波凌厉涨跌的背后，都飘逸着他们大象无形的绰约身影；每一次难熬的漫漫熊途，都布满了他们异军突起的弹指神通。笔者乃一介书生，混迹于大学校园，喜聚友于山林之间，乐论道泛江湖之畔，书中的错误在所难免，纰漏之处，希求大方之家给予明示指正，在此谢过！

王鹤林

甲午年闰九月于　静园

目　　录

第一章　散户的伤心事儿

所谓的试试手，其实就是导致你倾家荡产的绝路。我总是靠等待，最后发现钱就在脚边。

——詹姆斯·罗杰斯

散户，是指股票市场中资金量偏小的个人投资者，也被称为中小散户、中小投资者，与之相对应的是大户、主力、机构投资者，等等。

由于散户在证券知识、投资技巧以及资金规模上所处的地位不利，故往往成为市场中最容易亏损的人，我们所熟知的"一赢、二平、七亏损"中的"七亏损"主要说的就是散户投资者。与机构投资者截然不同的是，散户投资者普遍缺乏战略性规划和长远眼光，更喜欢进行短线交易，追涨杀跌，精神紧张，时喜时悲，投资过程经常处于主观想象的状态中；而机构投资者，往往对股票进行有目的的长期吸纳，并利用自己的资金、信息和人才优势对股票进行有计划的操作。

我们从市场参与主体的层级结构上看，可以发现散户投资者居于这条食物链的底端，机构投资者则居于食物链的顶端。按照"大鱼吃小鱼，小鱼吃虾米"的逻辑，散户的这种地位似乎决定了他们当中的绝大部分必然要被"吃掉"，投资亏损是必然的结果。

　　在中国股市中存在着数量巨大的散户投资者，并且他们经常处于亏损的可悲现实中，这让笔者总觉得有责任对影响散户盈利的诸多不利因素进行仔细梳理，好帮助他们提高投资技术，减少投资时的不利因素，让他们从散户思维中走出来，以便更好地在股市中实现长期稳定获利，享受中国经济发展带来的红利与成果。

第一节 稀里糊涂混进股市

钱，是个"人人想，人人恨"的东西，所有的人都想得到更多，所有的人都恨得到太少，大家都想赚钱。但是怎么才能赚钱呢？搞企业要投入大本钱，做小买卖又不怎么赚钱，而且每个行业竞争都很激烈，生意越来越难做了，怎么办呢？当听说买股票能够赚大钱的时候，很多对股票几乎一无所知却希望能够发家致富的人，就跟随别人的脚步，懵懵懂懂、热情洋溢地杀进股市了。很快，他们在遍布大街小巷的证券公司营业部里开户、入金、下载软件、看行情，然后根据一些"专家"或者周边朋友的推荐，开始了自己的股海淘金之旅……

进入股市以后，有的股民经常跟周围的亲朋好友眉飞色舞地谈股论经，浏览大大小小的财经类网站和论坛；有的股民购买了很多股市秘籍类的书籍，做梦自己账户里的资产发疯一样地增长；更多的股民看着自己手中股票的价格波动而计算着资产缩水的数量，禁不住手心冒汗、情绪失控。所谓"侯门一入深似海，贼船易上下来难"，当很多股民跟着感觉买卖，相信他人的投资建议，或者涨时贪婪不兑现，跌时恐惧不止损以及由于心理不成熟、股票基础知识薄弱而频繁失误的时候，就陷入了"**买了错，不买也错；卖了错，不卖还是错；最后变得不知所措**"的心理陷阱而无法自拔。

记得几年前，我每月都到离家很近的一家理发店里理发。理发店是一对夫妻开的，女的是理发师，男的在附近菜市场卖菜。有几次我发现这家的男主人卖完菜回到理发店以后，就打开电脑看股票行情。一来二去，跟他们夫妻熟悉了以后，有一次，我就跟这个男主人聊天。

我问："你炒股?"

他说："是。"

我问："这些图，你能看懂吗?"

他说："不太懂，这上面不就是价格的走势吗?"

我笑了笑，问道："是赚了，还是赔了?"

他沉默了一会儿，说道："有时候赚，有时候赔!"

我问："上边的这些曲线或者图形……是什么意思呀? 电脑上的这个图表是怎么调换呢?"

他说："这个……不知道，你知道?"

听得出，这个男主人有点儿抵触心理，似乎不愿意人家知道他是炒股的，这与他在菜市场卖菜的情形大不一样——卖菜时，他是多么希望路过的人都来买他的菜呀！

于是我决定告诉他，我就是教"证券投资理论与实战"这门课的大学老师，而且自己也炒股。他听后，显得很激动，连声说："哎呀，那太好了！你是专家呀，你教教我呗！"

当时我就教了他几点很简单实用的知识：把移动平均线调成 2 根就足够了，金叉买入，死叉卖出；另外不能老看默认的日 K 线图，如果你做短线投资，要看 15 分钟、30 分钟、60 分钟的图，这对选择短期的买入点有帮助；如果你做中长期投资，周 K 线、月 K 线是重要的指示……

从此以后，这家的男主人就经常盼望我去他们店里理发，只可惜我头发的生长速度并没有因为他的热切盼望而加快，就像他买入的股票不会因为他的希望而上涨很快一样。

由于这家理发店在我的住所附近，所以在路上我偶尔也能碰到他们。这时男主人迫切希望我能多教他一些炒股的技巧，一副非常热爱学习的样子。

后来我发现这位仁兄不再卖菜了，菜市场已经难觅他的踪影。一次理发时，他说卖菜太辛苦，也不挣钱，不干了，准备专业炒股，试试看咋样，不行再找其他门路。

再后来，我搬家了，也不知道这位仁兄炒股的业绩到底怎么样了，只是有次偶尔路过原来的住处看到过他，明显感觉他瘦了很多——看来，在股市赚钱比他卖菜赚钱要困难得多！

……

我们都知道资本市场的投资结果是"一赢、二平、七亏损"，就是说绝大部分投资者在股市当中都是赔钱的。但是中国股民那不服输的昂扬斗志和想赚钱的成功心理，使得绝大多数投资者一旦进入股市，就像中了魔一样，再也出不来了：盈利的想赚得更多；赔钱的想回本；不赚不赔的看着别人赚钱他眼红，在恐惧和贪婪的巨大心理压力下千方百计地寻找盈利的机会。

在这里我先请大家冷静下来，体会一下这句话的意境——**你因投资股票而产生的喜怒哀乐、悲恐忧惧等各种情绪情感都是幻觉，都是不真实的存在。因为无论是大盘还是你手中的股票，都不会因为你的买入或卖出而有什么根本性的改变，也不会因为你高兴了它就上涨，你悲伤了它就下跌，除非你是主力机构。**

股票有它自己的运行规律，有时候这种规律与企业盈利提升同步，有时候不同步；大盘也有自己的走势特点，有时候它反映经济政策试图达到的效果，有时候又与政策的运用背道而驰①。在这样的市场中，作为一个普通的投资者，你是弱小的，是无能为

---

① 例如国家从 2010 年开始"积极地"调控房地产，结果房价并没有因此而下降，房企上市公司业绩逐年攀升，很多房地产股票价格越来越高，甚至超过了历史高点。

力的，你斥责它是纯粹的投机或者充满了欺骗，都显得毫无意义！**你除了能买和能卖之外，你的感情和操作不会对股价的升降有任何的影响！**这里引用一位才华横溢但饱受股票市场蹂躏的股民的诗句：

你涨，或者不涨，我就在那里，不悲不喜；你跌，或者不跌，钱就在那里，不来不去；你突破，或者不突破，压力就在那里，不增不减；你跟，或者不跟我，股票就在你手里，不舍不弃；来我的怀里，或者，让我套住你；涨涨，跌跌，默然，空欢喜。

我说这些话的意思就是告诉大家，你可以事先糊里糊涂地进到这个市场当中来，你也可以因为自己手中股票价格的涨跌而有较大的情绪波动。但是最终，你必须学习大量的股票投资知识，总结自己投资中的经验教训，逐渐意识到并极力改正投资中的习惯性错误，学会控制自己的情绪，改变不合理的认知，最终形成自信、沉稳、坚定的个性特征，甚至像机器人那样，不受任何情绪的影响，只根据指令采取行动。只有这样，你才可能在风云变幻的股市当中有所收益，否则，就会成为那些在股市当中被行情抛来抛去的人，最终沦为被主力屡次收割的"韭菜"。

第二节 你为什么总是亏损

笔者曾经组织学生连续 3 年对投资 10 万元以下的股民进行调查。结果显示，74.3%的股民是亏损的。那么，为什么绝大多数的股民是亏损的呢？

这里我们首先要了解出现投资亏损的原因。投资者在面对这个变化无常的市场时，哪些欠缺和不足，哪些迷惑和误解，才导致他们出现经常性亏损？他们应该怎样去粗存精，分辨真假，才能发现股市的规律，实现投资获利？只有投资者首先了解市场、了解自己、增加知识，并应用在以后的投资生涯中，才可以扬长避短，生存下去，而这正是这一节要重点阐述的内容。

当然，仅仅了解亏损的原因并进行规避，只是投资成功的第一步，它最多让你减少亏损，并不能给你带来盈利。要想在投资中盈利，尤其是持续、稳定盈利，关键就是要建立属于自己的盈利系统。有了盈利系统，投资者才可能在这个市场中如鱼得水，游刃有余。至于如何构建盈利系统，将在以后的章节中论述。

我把中小散户亏损的原因分为两大类：一是外部原因，二是中小投资者自身的原因。自身的原因主要包括操作技法上的原因和心理上的原因，外部原因主要有市场内生性的原因以及其他原因。

一、中小散户亏损的内生性原因

内生性，用通俗的语言解释就是与生俱来的性质。导致中小散户亏损的内生性原因是股票市场本身具有的性质。

经济学中有两个概念，一个是帕累托最优，一个是零和博弈。帕累托最优说的是，一方福利的增加不以另一方福利的减少为前提，是一个理想的共赢的社会状态，用中国通俗的语言描述就是"皆大欢喜"或者"共同富裕"；零和博弈说的是，一方的获得必须以另一方的失去为代价，即我赚钱必须以你赔钱为基础，用中国通俗的语言描述就是"我的是我的，你的还是我的"。

从理论上说，帕累托最优是理想状态下的最好，零和博弈是理想状态下的最坏。它们是两个极端，一个是最好，一个是最坏，但是这两种状态只在书本上存在，在现实中出现得极少。只不过，**中国股市有三大特点，决定了中国股市更接近于零和博弈的结果。哪三大特点呢？一是高市盈率，二是热衷炒作，三是散户居多。**

高市盈率一方面反映出中国上市资源稀缺，另一方面意味着上市公司可以以很高的价格发行股票——这在某种程度上被诟病为"圈钱"，甚至有一些企业为了 IPO 不惜业绩造假。在今后中国的金融体制改革中，企业上市将由"核准制"转向"注册制"。这种由市场决定企业价值高低的制度将从根本上改变目前部分上市公司高价发行股票的弊端，使得企业将上市融资作为做大做强的工具。因为健康的资本市场，一定会有优胜劣汰的机制，即造假的、业绩差的上市公司应该被抛弃甚至退市，这样才能鼓励投资者将资金投向诚实经营、业绩良好、发展势头迅猛的公司的股票。但是在"注册制"真正执行之前，还是有一些公司，缺乏基业长青的理想，怀着一夜暴富的目的，上市前业绩造假，上市后业绩变脸，对此投资者宜认真筛选，小心对待。

与此同时，市场当中有很多机构是靠股票买卖创收的——证券公司、登记结算公司、经纪公司、公募基金、私募基金、财经媒体等。为了更好地生存，市场内外的各种主力、机构、专家等，必须抛出一些话题、制造一些事件让这个市场活跃起来，于是必然会出现各种各样的谣言、题材、概念。有了这些，资金才会进场，市场才会活跃，上述那些人或机构才会生活得有滋有味！这就是中国股票市场每年都会有炒作机会的深层次原因。事实上，大家可以看看，当一个公司的股价翻一番或几番的时候，它的实际业绩到底能否支撑这样的股价，很多公司的股价都是过山车一样的：资金炒作时，价格飙升；资金退出后，价格又回到原点。

当然，另一个问题更加严重，那就是中国股民队伍中散户数量巨大。有数据表明，在中国的股民队伍当中，投资额在 100 万元以下的股民占比约 70%，投资额在 30 万元以下的股民占比约90%，而资金动辄上亿的机构投资者不足1%。其实中小投资者投资额少并不是导致他们亏损的主要原因，是中小投资者自身的因素经常导致他们亏损，这很重要。

我们连续多年的社会调查显示出大部分中小投资者有着以下特征：

（1）缺乏系统性知识，虽然也非常希望听到一些实用技法之类的课程；

（2）经常性亏损；

（3）主要依靠自己的判断进行买卖；

（4）将亏损的原因归结为入市时机不对、缺乏经验等。

也就是说，尽管从数量上看，中小散户是中国股市的主力军，但是他们在知识、经验、信息、技术与资金等方面与主力机构相比较处于绝对的劣势。这是一种不对等的较量，中小散户永远处于弱势的一方。因此在股票市场中，我们见到更多的还是"零和博弈"的结果，散户与主力"共同富裕"的局面是不可能发生的，主力机构就是绞尽脑汁将一个个中小散户引诱到他们精心设计的陷阱里，好举起"屠刀"进行"宰杀"。这种现象，你可以理解为合法的"抢劫"，也可以理解为正常的"马太效应"①。

这些是导致中小散户亏损的内生性原因。

二、中小散户亏损的自身原因

中小散户亏损的自身原因主要有证券知识不足、操作技能缺乏，以及在心理上没有经过长时间磨炼后的通达无碍。具体来说，包括以下几点。

1. 不了解自己的投资对象

很多投资者不清楚自己为什么买股票，也不清楚买入以后会发生什么。这个问题似乎令人不解：股民买股票不就是为了赚钱吗？怎么能说人家"不清楚自己为什么买股票"呢？其实，不同的人看同样的问题，因为角度不一样而有不同的理解。我们为什么买股票呢？为什么买的是这家公司的股票呢？我们买入以后股价会怎么样呢？

有人说，买这只股票主要是因为这家企业规模大，在市场中处于垄断地位；有人说，是因为这家企业有独有的专利技术，甚至是国家级保密配方；有人说，虽然这是个 ST 公司，但是大股东有央企背景，一定有重组的可能性，等等。

我在这里要告诉大家的是，**我们买股票就是买它未来上涨的可能性！！！** 我用 3 个惊叹号来表达这句话的重要性，目的是请各位一定要记住这句话。因为，只有当一只股票在我们买入以后会很快上涨，而且涨幅很大，这样的股票才是好股票！否则质地

---

① 马太效应（Matthew Effect），指强者愈强、弱者愈弱的现象，源自《圣经·新约·马太福音》："凡有的，还要加给他叫他多余；没有的，连他所有的也要夺过来。"

再优良的公司，它的股价经常没有变化，一直横盘，或者因为盘子极大，波动幅度小，即使它的业绩很好，这样的股票我们买它干吗呢？切记一点：**市场中没有永远的好股，也没有永远的烂股，只有永远的价差**。因此，投资者要做的就是找到那些"当我们买入后会很快上涨"的股票——这部分内容在"第四章　熟悉你的行情分析与交易软件"以及"第八章　构建你自己的盈利系统"中进行介绍，可帮助投资者选出上涨可能性最大的股票。

2. 制订不切实际的目标利润

由于贪婪的本性，人们在快速致富的过程中经常表现出极强的非理性。例如在2005—2007年长达两年的牛市中，不少股民，甚至是什么都不懂的股民，都获得了几倍甚至十几倍的收益。这种"钱赚得真快"的心理促使很多人出现非理性的暴富心理，已经翻几倍的还想再翻几倍，没有进入股市的人在赚钱效应的驱使下纷纷拥入股市，大做一夜暴富的白日梦。终于在2007年10月，上证指数出现了阶段性的高位6124点，之后拐头向下，一路狂泻，整整下跌了一年，才在2008年10月见底，达到1624点，跌幅高达73%。

当然，很多人确实是因为利欲熏心，才在股价狂跌中损失惨重。事实上，如何制订合理的利润目标，这本身是个伪命题，因为市场变幻无常，不会因为你制订的利润目标"合理"了，就会让你实现它。例如，有人说，我制订一个比银行利率稍高的年收益率还不合理吗？例如，我看跟投资担保公司①的年利率差不多就行了。其实这种说法在市场面前既没有什么道理，也没有什么意义。

《道德经》有云："天道无亲，常与善人。"我个人认为：投资绩效的年度利润目标本身是无法事先制订的。原因很简单，你事先不知道行情会怎样发展，你能做的只能是顺势而为。如果自己所构建的盈利系统显示出大级别的下跌已经来临，你最好的做法就是全部空仓，静静地等待机会的再次降临，而不是根据自己制订的年度目标勉强投资，逆势而动，这会招来很大的灾祸。

所以，正确的做法是根据自己的盈利系统筛选出股票，按其产生的信号去做，诚如《周易》所言："君子藏器于身，待时而动……时行则行，时止则止。"

3. 重仓操作

重仓即资金投入过大。这是相对而言的，一般来说，几百万级别及以上的资金，对所选择的股票进行投资往往不是一次性全部押入，而是分阶段买入，例如"7－3"就是分两次买入，第一次使用70%的资金买入，第二次使用剩余30%的资金买入；"6－3－1"就是分三次买入，第一次使用60%的资金买入，第二次使用30%的资金买入，第三次使用剩余10%的资金买入。

----

① 这里的投资担保公司主要是指一段时期内处于监管灰色地带的民间高利贷或者影子银行等。

具体分几次买入，每次投入的资金比例是多少，这要看投资者本人的风险偏好：进取型的可以分两次买入，稳健型的可以分三次买入，这里没有什么对错之分。

这里主要强调的是**不要将所有的资金一次性全部买入**。将所有资金一次性全部买入，这样做风险很大，尤其是交易保证金交易品种的时候，例如股指期货、商品期货、农产品现货、贵金属、外汇等，其杠杆比例从 8 到 300 倍不等，一旦行情有一点儿风吹草动，很容易出现保证金不足的情况，甚至可能爆仓。

至于普通的拥有十几万甚至更少资金的散户，在这里我也建议不要一次性押入全部资金去购买一只股票，一般可以分两次买入。

4. 频繁交易

频繁交易指交易者在投资股票的时候过分注重短期走势，以短线投机为主要投资手段。频繁交易的特点是快速进出，既不会大赚，也不会大亏。其缺点是对股票的中长期走势缺乏研判，"一叶障目，不见森林"，会丧失很多中长期的机会；同时，过分注重短期走势，会让投资者经常性盯着电脑，长此以往，对人的身体健康不利。

频繁交易在保证金商品交易中比较多见，因为此类商品多属 T + 0 交易，随时买入，随时卖出，而且是双向交易。

严格说来，什么叫作频繁，是 3 天换一次股票，还是 20 天换一次股票，并没有明确的界定。我的个人建议有两点。一是投资者要清醒地将自己归类：是属于长期投资者，还是中期、短期投资者？确定好了以后，投资者就不要轻易改变自己的类属，也就是说，不要改变自己的投资时间框架。二是通过构建自己的盈利系统来过滤掉这些似是而非的名词，以后不再使用这些容易混淆的名词。投资者构建了什么样的系统，就会选出什么样的股票，也就会按照相应的指标或信号去判断和操作。这一点在"第八章 构建你自己的盈利系统"中有详细说明。

5. 心理原因

投资者的所有投资行为都是其自身心理活动的结果，反过来说，所有的投资行为背后都有心理因素的作用。

例如，有一些投资者经常性地"随机买卖"，即投资者买入或者卖出都很随意，像抽扑克牌比大小点一样，买入卖出的依据几乎没有或者很勉强，盈利和亏损的结果自然也很随机。这类投资者基本上会因为长期失败而导致出现魂不守舍的精神状态，读者不可模仿。

与随机买卖类似的操作是"不设止盈止损，赢了跑，亏了扛"，赚钱时希望再多赚点儿，股价回落后舍不得卖，股价再次跌回成本价以下，觉得自己赚钱时尚且不卖，亏钱时更不能卖了。最后，投资者在价格"跌跌不休"的过程中长期饱受煎熬，精神焦虑，情绪失控，最后达到不能承受的心理底线的时候，索性都卖出去了，而此时价格可能已到了最低点区域了。

还有常见的"扳回心理"，由于亏损总是给人带来痛苦的心理体验，总有一些投资者在亏损后试图回本，随意改变自己的交易策略，无视自己的交易系统出现的信号，这些都是缺乏纪律的表现。

上述投资心理和行为只是常见的几个例子而已，其实在投资中复杂多样的非理性、情绪化的导致投资亏损的投资心理和投资行为还有很多。所有成功的投资都来自成熟的投资心理，失败则来源于不成熟的心智模式，就如列夫·托尔斯泰在《安娜·卡列尼娜》中所说的"幸福的家庭都是相似的，不幸的家庭各有各的不幸"。这部分内容将在本书第七章中有较大篇幅的论述。

三、中小散户亏损的主力原因

自从20世纪90年代深圳和上海两个证券交易所成立以来，中国的资本市场掀开了新的一页。主力就是伴随着市场的产生而产生的，一般机构投资者所说的主力是指那些拥有庞大资金的机构或超级大户，他们往往持有较大比例的上市公司流通股票，通过其复杂隐蔽的操盘手法，在短时间内干预、操纵或控制股票价格的走势，从而实现其利益最大化。主力的利润往往是通过猎取中小散户的资金获得的。

操纵股价是股市当中经常见到的事实，出于逐利的本性，机构主力利用自身的资金优势，同时拥有了人才、技术和信息方面的优势，它们会不惜一切代价在这个市场当中追逐利益，甚至不惜采取非法的手段。例如一些主力与上市公司串通一气，通过提供虚假财务报表、散布重组谣言等不正当手段，拉抬股价，吸引散户跟风，自己在高位派发，从而达到牟取暴利的目的。

当然，随着时间的推移，价值投资理念渐入人心，很多机构投资者开始将重点放在对上市公司内在价值的挖掘上了，将资金投向有"实质性业绩改进""具备长期利好"或者"内在价值丰富"的股票上。当然，投资者必须要明白一点，所有的研究都是为了股票价格的涨跌，所有的说辞都是为了托起一个美丽的泡泡。

例如一家设计、生产与销售烟标产品的上市公司东风股份（图1-1），客观地讲，所处行业一般，为烟草公司生产配套产品，"抽烟有害健康"，应该说不属于"市场投资主流热点"。但是该股流通股较少，适合机构运作。该股2012年2月上市发行A股5600万股，一年后部分限售股上市流通，合计流通股8465万股。主力机构在吸筹时极有耐心，在长达1年6个月的时间里，东风股份的股价一直在10.5～15.58元/股之间徘徊。该股在2013年8月26日启动，在当时推崇"技术创新"，重视"环保板块"，同时创业板指数大涨的市场氛围下，谁也没有料到它只是在"业绩增长预期"的前提下，居然在短短5个月之内，即在2014年1月21日，涨到了最高点30.38元/股。

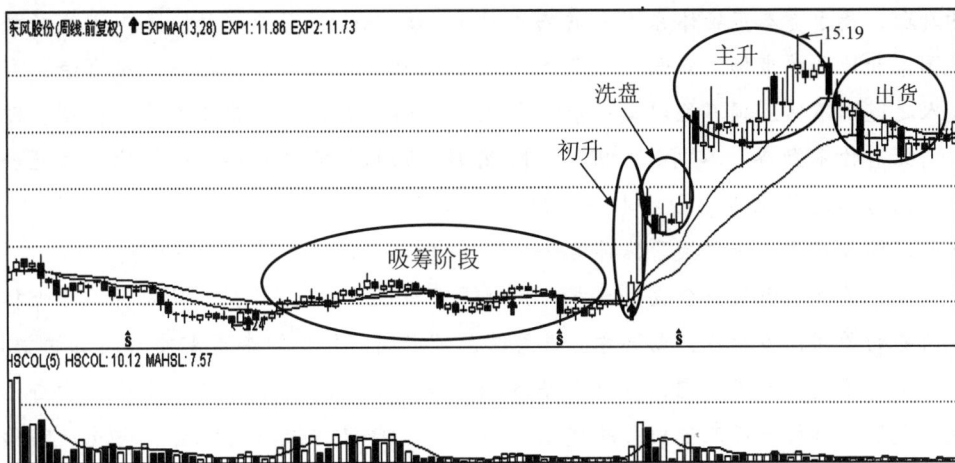

图 1-1　东风股份 2012 年 2 月 12 日至 2014 年 6 月 18 日的周 K 线图

当然，我们也要看到，没有主力机构的市场必然是死气沉沉、交易不活跃的市场，所以市场离不开主力机构的参与；另外，随着公募私募基金的壮大，越来越多的机构开始对上市公司的基本面进行研究，逐渐进行价值投资。普通投资者要看到这种潮流的变化。其实，操纵股价和倡导价值投资并不矛盾，在实践中，二者合一往往会取得更好的投资效果。

引起中小投资者亏损的原因还有很多，例如一些不可预见的偶然因素或突发事件，2013 年 8 月 16 日光大证券爆出的"乌龙指"事件就属于此类。

本 章 小 结

投资者的亏损，从技术分析的角度来讲，是由于不懂技术分析，缺乏投资技巧引起的。而从心理分析角度来讲，是投资者心理不成熟，自以为是（具体表现为恐惧、贪婪、麻木不仁、死不认错）所带来的。有的人既喜欢主力高控盘的操作，又讨厌股价大幅震荡、难以把握，就是不明白没有主力参与的股市必然是一潭死水的道理；不少人把自己的亏损归罪于上市公司业绩造假、主力狡猾、政策多变等，就是不知道寻找自己的原因，改变一下自己的思维模式和行为模式。

无论亏损的原因有多少种，从根本上说，所有的亏损都是由于缺乏成熟的交易系统。所以本书要帮助投资者构建自己的盈利系统，来避免投资过程中的种种失误，帮助投资者持续稳定地在股海中捞金。

在构建成熟盈利系统的过程中，投资者会逐渐明白并正视"利益不可均沾"这个冷冰冰的事实。在这个市场中，赚钱的永远是少数人，赔钱的永远是多数人，这是永恒的真理，属于资本市场体系本身的内生特质，谁也改变不了，无论是中国市场还是发达国家和地区的市场。正如《道德经·七十七章》所言："天之道，损有余而补不足；人之道则不然，损不足以奉有余。①"反过来讲，赔钱并不意味着你不聪明，赔钱也不意味着你不勤奋、不刻苦。但是，既然那么聪明，那么勤奋刻苦，你怎么还会赔钱呢？因为你总是比市场慢半拍——该买的时候，你不早点儿买，等涨高了你再买；该卖的时候你不卖，等亏损了你再卖——这样的话，赔钱岂不是必然的吗？

所以，你要想成为一个股市赢家，成为那"赚钱的少数人"，就从自身做起吧！多找找自身的原因，多学习，勤思考，善总结，必提高。知识的丰富需要时间上的积累，知识并不会难到你你学不会它；在具备基本的知识以后，就需要打造、构建属于自己的盈利模式了。盈利一定来自模式的建立，而不是来自误打误撞的机会、运气。最后要在构建盈利模式的基础上进行心理的磨炼——发现自己、了解自己、改变自己，使自己的行为去符合市场的节奏，只有这样才会无往不胜。正如电影《第五指令》里边的拳击手所说的那样："你为什么总是挨打？因为你还没有找到自己的节奏，所以是在浪费时间。任何事物都有它的节奏，你一生中要追寻这个节奏，找出你的节奏，去符合它，你就是无敌的！"

---

① 《道德经》这句话的意思是：让多余的去补充不足的，这属于自然之道；而人世间的道理则完全相反，是让本来就不足的去补充已经很多的。此语可用以解释社会贫富差距越来越大的现实。

第二章　摸清主力的招数

知己知彼，百战不殆。

——《孙子兵法》

股票市场就是"大鱼吃小鱼，小鱼吃虾米"的地方，主力机构的获利是以普通散户的亏损为前提的。

因此，中小散户要想在市场中存活并且盈利，除了了解第一章中讲到的常见的导致亏损的原因之外，还要对主力机构的操盘手法给予重点研究。只有这样，才可能在投资中避免上当受骗，并且利用主力机构的操盘行为，搭顺风车，实现获利的目标。

主力机构是指那些拥有巨量资金、以投资或投机为目的在股市中阶段性买卖股票的人或者法人，他们往往占据人才、资金、技术、信息上的优势，通过较长周期的买入卖出达到获利的目的。这些机构有证券公司、上市公司、外资公司、合资公司、公募基金私募基金等。在市场中，可能大家耳熟能详的是另一个词汇——庄家。庄家本来是指在牌局赌博中的主持者，在证券市场中往往指那些拥有巨大资金，能短时间影响证券价格走势的一些人或者机构。在出台涨跌停板制度①之前，庄家往往通过内幕消息、制造概念、开设多个账户等手法导致股价大幅度波动②，因此在监管

---

① 我国股票涨跌停制度始于 1996 年 12 月 26 日。

② 东北电气 1996 年 10 月 17 日的一天时间内，从开盘价 7.31 元涨至最高 17.01 元，收于 14.99 元，当天振幅 135.1%，涨幅高达 108.77%。

层眼中，庄家是一个需要打击或者规范的对象。在出台涨跌停板制度之后，随着监管力度的加大，价值投资理念的普遍推广，很多拥有资金、技术、人才的机构在操盘风格、控盘技法上逐渐转型，更加注重价值投资，更加注重对国家财政扶持政策的研究等，股票坐庄的情况逐渐减少。本书主要从实战角度，根据大资金运作产生的图像特征分析价格运行的特点，从习惯性语言的角度，将拥有大资金的机构或者大户统称为主力、主力机构、机构主力等。这些词汇含义一致，且无任何褒贬之意。

　　本书之所以要重点分析主力的操盘技法，就是因为只要是主力运作的股票，在技术图形上必然会有明显的痕迹可循。只要找到了主力的运盘迹象，投资者就可以根据本书第八章中介绍的买入点进场，以期收到超额的投资收益。

　　对于主力的典型手法，很多著作都有谈到，运作的过程无一例外都是"试盘、吸筹、拉升、洗盘、主升、出货、反弹、再出货"等。只不过从盘面观察，运作周期有长有短，技术形态也差别较大，这反映出了不同主力机构的不同个性、实力以及操作特点。

　　本书不想重复其他书籍介绍的主力机构从吸筹到出货的过程，而是对主力机构买进股票前后的战略规划、战术动作反映到盘面上的技术形态、消息面的变化进行一些简要的对比与讨论，使普通投资者对主力机构的持仓比例、持仓成本等有比较明确的判断，并结合构建的盈利系统所提示的买卖信号，来寻找"确定性的机会"，指导投资者进行理性投资，而不搞那种自以为"看清楚了主力的一举一动"才进行的"连蒙带猜"的投资。

第一节　投资前的部署

调动亿万资金的主力机构集人才、技术、信息优势于一身，首先考虑的是资金安全，然后是资金安全基础上的投资收益最大化。他们对选择什么样的股票、构建什么样的投资组合、什么时候战略性建仓等都会有精心的部署和周密的安排，下面逐一介绍。

一、组建团队

（1）领导者，主要职责是对整个投资工作进行计划、组织、实施、监控和纠偏，是负责全局工作的灵魂人物，工作内容包括构建什么样的投资组合，资金调度，确定进场时机、持仓比例、出货方式等。

（2）操盘手，往往由几个经验丰富的人员构成，有的负责宏观经济政策分析，有的负责行业分析，有的负责市场分析等，经过严密、科学的分析之后，将建设性意见汇总到领导者那里。经领导者同意之后，将所选股票、进场时机、吸筹节奏、洗盘手法、出货方式等传达给操盘小组。

（3）下单员，就是那些敲一下键盘进行买卖的人。由于主力机构资金量大，且往往需要分散投资，因此需要很多个个人账户或法人账户，且这些账户之间毫无关联。若干个下单员会根据操盘小组的要求，调动各个账户对股票进行买卖，内容包括时机、数量、各账户之间资金的分配等。

（4）公关协调员，主要职责是与上市公司、咨询机构、媒体、股评家、大户等形形色色的人物、机构打交道，以配合操盘小组完美实现投资计划。

在现实中，上述角色会有一些交叉或重叠，例如领导者与主力操盘手、下单员与公关协调员重叠，或者一个操盘手在多个操盘项目中交叉任职等。

实践证明，团队人员越精干，投资经验越丰富，其投资过程就越有利，例如曾经名噪一时的"德隆系""涌金系"。同时我们要知道，但凡是庞然大物，一定会隐藏得很深，市场当中仍然有一些非常隐蔽而低调的巨型机构，如"明天系"。该机构通过十多年的资本运营，掌控了17家上市公司（包括中国香港、中国台湾各1家），参股19家上市公司，控股或参股了31家证券公司、银行、信托公司、期货公司等，资产规模远超万亿元。

不管主力机构组建什么样的团队，无论其实力有多强，其股票买卖的目的只有一个，那就是在保证安全的前提下对股票实施有计划的操盘，以实现其利益最大化。

二、选时选股

主力机构一定会选择下跌很久、价格相对较低的股票。这类股票的主要特征有：技术上空头排列很久，绝对价格偏低，流通盘子适中，市场关注度低，有时候还可能出现诸如公司财报亏损、大股东陷入债务纠纷等"负面消息"等。

在股票的选择上，不同的主力机构偏好不同，有的偏好周期性品种，有的偏好符合国家产业政策扶持的品种，有的则喜欢一些有炒作概念的品种等。但无论哪种选股思路，一个很重要的参考指标就是流通盘的大小，这考验着主力的资金实力。在全流通时代，主力要吸筹，首先要分辨流通股的实际分布情况，中小投资者要想战胜主力机构，也需要了解流通股的实际分布情况以及主力控盘程度。这类信息通过 F10 的"股东研究"可以查阅，但还不够，还需要分析以下三种情况后，计算二级市场中实际流通的股票数量。

（1）控股股东持有流通股数量。不同的上市公司，控股股东持有流通股的比例不同。即使控股股东持有的是完全可以流通的股票，但为了保住其支配地位，控股股东一般是不愿意将自己持有的所有股票都抛出去的，就算他愿意，按照《上市公司解除限售存量股份转让指导意见》的要求，主要股东减持一次不能超过总股份的 1%，且需要公示。所以说，根据各个大股东持有的流通股数量和实际卖出多少，还有多少暂时锁定，锁定期到什么时间等，我们可以判断出控股股东"实际持有的流通股份有多少"。如果这类信息不明确，我们需要到上市公司去实地调研。

（2）股票大户持有流通股的数量。任何一只股票的流通股都不可能完全存在于中小散户的手里，都会有一些有实力的自然人或法人持有数量不小的流通股股票。这些大户或法人机构或因长期被套变成股东，或因参与法人配售或增发成为股东，或因看好这家上市公司而成为股东，他们有可能变成未来股票上升的推力，也可能成为股票上升中的阻力。所以大机构要全面评估这部分流通筹码对自己吸筹以及拉升的阻力作用。

（3）其余流通股数量。在算好控股股东持有的股份、大户持有的股份数量以后，剩下的基本上就是流通在二级市场中的股票了。

在比较精确地计算出在外流通的、主力机构有可能收集到的最大的流通股的数量以后，再通过对绝对股价的判断，股票基本面的分析以及价值挖掘，自身资金实力大小等这些情况进行综合分析，我们就可以决定一只股票是否有投资价值了。

例如，下跌持续 1 年以上、跌幅超过 40%、单日换手率低于 0.7%、流通股在 2 亿股、价格在 10 元/股以下、有一定题材可供挖掘的股票往往是一些主力机构选择的对象。

三、投资周期

投资周期，往往被市场称作"坐庄周期"，指主力机构从试盘、吸筹、拉升、洗盘、主升到出货、反弹、再出货等过程的长短。根据投资时间的长短，我们往往把主力分为长期主力、中期主力和短期主力。长期主力一般指买卖股票的时间周期在一年以上的主力，短期主力一般指该时间周期在半年以下的主力，中期主力介于二者之间。但很多主力机构很早就介入上市公司的股票中，并反复炒作，有时难以分辨出来到底是多长的周期。作为中小投资者，我们用不着判断主力准备做多长时间或者已经做了多长时间，只需要根据所构建的盈利系统提示的盘面信号买卖就行了。

在实践中，主力机构在投资股票之前，会对吸筹价格区间与时间、拉升时间与目标价位、派发的价格区间与时间等有一个事先的规划，将股票未来价格变动的"时间与空间"用技术图形表示出来，如图2-1所示。

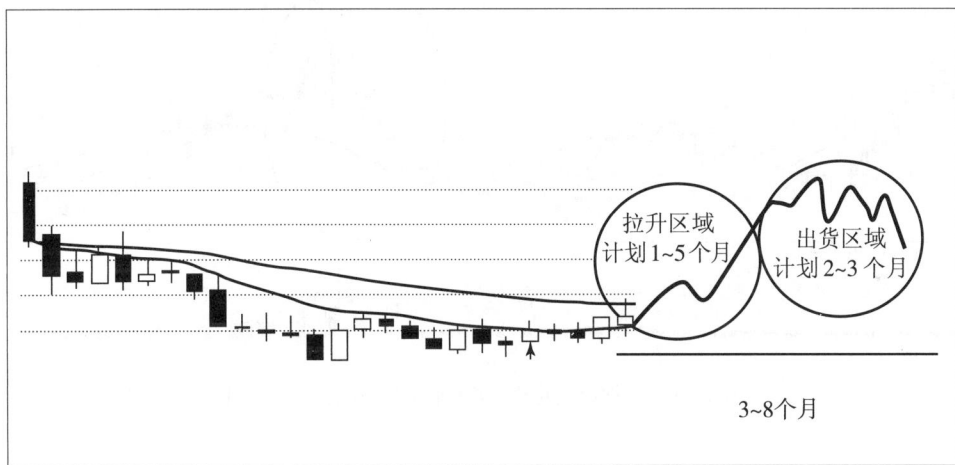

图2-1 主力机构对所投资股票未来价格的预测

一般来说，在市场流动性宽松的情况下，主力机构多以中大盘股票为标的进行长期操作；在市场流动性紧张，钱荒的时候，主力机构多以中小盘股票为标的进行中短期操作。

当然，投资周期不仅仅取决于资金面是否紧张，其他的诸如上市公司业绩是否配合，所做股票能否挖掘出市场所追逐的热点概念等也是重要的影响因素。

四、风险分析

投资者要对可能发生的最好结果和最坏结果进行预测和准备。最好的结果当然是按计划进行，获得最大利润；最坏的结果往往是由于不可预知因素的影响导致短期乃至中期被套，例如上市公司出现突发性事件、市场热点不在你的股票上、大盘系统性下跌乃至暴跌等因素导致股票价格大幅度下跌，如果出现这种情况该如何应对？

同时，主力还要警惕游资的突袭。虽然主力经过耐心的吸筹已经获取了大部分（一般40%以上）的流通股票，但是毕竟不可能拥有全部的流通股。一些能够在短时间内集中大量资金的投资者，在散户和主力毫无察觉的情况下会突然袭击一些本来走势良好的股票，快打快撤，图形上表现出接二连三的上涨，然后高位放出巨大成交量。这些游资大多"打一枪换一个地方"，例如一些著名的所谓"涨停敢死队"等。

例如，深物业在2014年3月21日—3月28日的短短7个交易日内突然上涨，幅度不大，从6.84元涨至最高8.69元，最大涨幅27%，计算综合成本，预计此次突袭会为主力带来11%左右的收益。经过此次突袭后，深物业再次回落到6.5～7元的平台区间横盘，如图2-2所示。

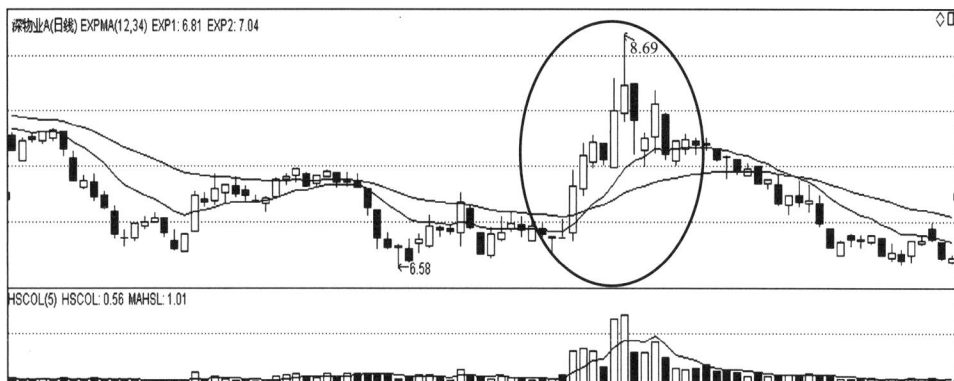

图2-2　深物业截止到2014年5月16日的K线图

第二节　主力持仓比例

要想精确地了解主力机构的持仓比例是不可能的，尤其是一只股票有很多主力机构持有的时候，不同主力的买入时间和数量是不同的，持仓比例就是多个主力的平均持仓比例。我们可以通过F10"股东研究"找到持有较多流通股的主力机构，进行测算。但是，一些短期主力快进快出，中长期主力使用多个分散小账户，使得普通投资者很难在F10的股东名册上觅其踪迹，主力的持仓比例也就不那么容易搞清楚了。所以整体来说，并不是所有股票的主力持仓都能计算得清楚明白。

尽管如此，我们还是可以通过使用一些具体的方法来粗略估计主力机构的持仓比例，它是通过主力机构所吸纳的筹码数量与总流通股本的比例计算得到的，也叫作主力控盘比例。我们判断一只股票是否有主力高度控盘，就是根据这个指标来分析的。

一、持仓比例多大为好

一般来说，持仓比例越大越好。持仓比例越大，说明主力动用的资金量越大，也说明主力越重视这只股票的操作，该股票日后的升幅越可观。在实践中，我们发现：无论是短线、中线还是长线主力，其持仓比例应该在20%以上，否则做不起来。

（1）如果持仓比例在20%～40%之间，股性最活，但浮筹较多，上涨空间较小，拉升难度较大；

（2）如果持仓比例在40%～60%之间，则这种股票的活跃度更好，空间更大，达到了相对控盘，大多数主力是中线主力；

（3）如果持仓比例超过60%，就属于绝对控盘，股票活跃程度变差，但上升空间巨大，大黑马大多产生于这种控盘区。

所以中小散户投资者要想办法找出主力持仓比例在40%以上的股票。

二、如何计算主力持仓比例

在市场中，投资者往往根据换手率的高低计算主力机构的持仓比例，有以下三种方法。

1. 换手率汇总法

对吸筹期间的换手率进行汇总，同时按照一定比例折算，可大致算出主力的持仓量，计算公式为：

$$主力持仓量 = \sum 吸筹期总成交量 \times 比例常数$$

$$主力持仓比例 = 主力持仓量 \div 总流通股本 \times 100\%$$

即

$$主力持仓比例 = \sum 吸筹期换手率 \times 比例常数$$

比例常数的经验值一般为15%～25%，这个比例隐含这样的假设，即每天的成交量中有15%～25%是主力吸筹所为。

吸筹期可以按日、周或月成交量进行计算。此种方法的难点在于需要搞清楚主力是从哪一天开始吸筹的。一种粗略的方法是从技术图形上判断，如果一只股票的周K线图出现了多头排列，或者月MACD出现底部金叉，基本上就可以粗略判断是主力开始吸筹了。

例如，科泰电源 2013 年 1 月 11 日创出 8.99 元/股的新高以及 27.95% 的换手率，且月 MACD 开始金叉（前复权），于是可以初步判断主力开始进场。大约历时 7 个月，到了 2013 年 8 月份，成交总量为 12960.1 万股，按照当时的流通总股本 7571.50 万股，以及 15%～25% 的比例常数计算，主力持仓介于 1944 万～3240 万股之间，主力持仓比例介于 25.65%～42.75% 之间；按照折中的 20% 的比例常数折算，主力持仓 2592 万股，持仓比例为 34.2%，如表 2-1 所示。

表 2-1 科泰电源 2013 年 1—7 月的总成交量和换手率

月份	流通股本/万股	总量/万股	换手率/%
1	7571.50	3880.7	51.25
2	7571.50	2502.8	33.06
3	7571.50	1370.6	18.1
4	7571.50	509.7	6.73
5	7571.50	2561.1	33.83
6	7571.50	1340.3	17.7
7	7571.50	794.9	10.5
总计	7571.50	12960.1	171.17

2. 根据换手率推算主力持仓比例

这里的推算是这样做的，从周 K 线出现多头排列，此时认为主力开始收集筹码。开始累计换手率，几周后总的换手率达到了 100%，认为主力持仓比例为 20%。以后继续累计，周换手率每增加 100%，主力持仓比例再增加 10%。

根据这个原则推算，科泰电源主力的持仓比例为 27.1%。

3. 另一种根据换手率计算主力持仓比例的方法

第一种方法认为比例常数是 15%～25%，有些人认为比例常数应该在 10% 左右，他们认为"成交量 = 买量 + 卖量"，其中买量中有主力主动性的买盘，也有其他散户等的买盘；其经验是将成交量缩减 1/3 作为买盘，再将买盘缩减 1/3 作为主力吸货，这样主力的持仓比例就变成了"换手率/9×100%"。

按照这种方法，上表中 7 个月的换手率总计为 171.17%，除以 9，就是 19.02%，即主力的持仓比例。

4. 这三种方法的比较

将上述三种方法得出的结果进行平均计算，得出的就是平均的主力持仓比例，即（34.2% + 27.1% + 19.02%）÷3 = 26.8%，这就是科泰电源主力 2013 年 1—8 月吸筹后的持仓比例。

这三种估算主力持仓比例的方法中，第一种方法偏宽，第三种方法偏严，第二种方法居中。因此在实战中，投资者可以直接用第二种方法进行估算。

5. 同花顺系统提供的主力持仓比例

同花顺行情分析与交易系统中，单击 F10，系统给出"主力控盘"，可显示出一个时期内有多少家不同类型的主力机构及其持有股票的数量、控盘比例数量。但是这个比例是根据前十大流通股的持仓量除以所有理论上可以流通的股票总数得来的，本章第一节已经说到，事实上，大股东为了保持自己的控股地位，其所持有的可流通股在很大程度上是不会全部流通的，主力机构吸筹吸的不是大股东的这部分筹码，而是中小散户以及一些大户的筹码，即不坚定的筹码。所以，在计算真实的控盘比例时，要在分母上减去主要股东持有的、名义上流通实际上不流通或者流通较少的那部分股票。也就是说，同花顺提供的这个控盘比例实际上是偏小的。

例如中航机电，同花顺提供的数据是"截止到 2014 年 9 月 30 日，前十大流通股东持有 11700.03 万股，占流通盘 39.96%，主力控盘度一般"。但是，由于第一、第二大流通股东分别是"中国华融资产管理股份有限公司"和"中国航空救生研究所"，持股比例分别是 19.28% 和 11.74%，这部分股票依然是没有流通的，所以，要计算主力实际持仓比例，就要在分母上减掉这部分股票。经过计算，实际的主力持仓比例应该是 57.9%，属于"主力控盘程度较高"。通过这种计算方法判断出来主力持仓比例很大，才可以解释该股票作为军工概念股能够在 2014 年 7 月份以后的一段时间股价近乎翻番的良好表现，如图 2-3 所示。

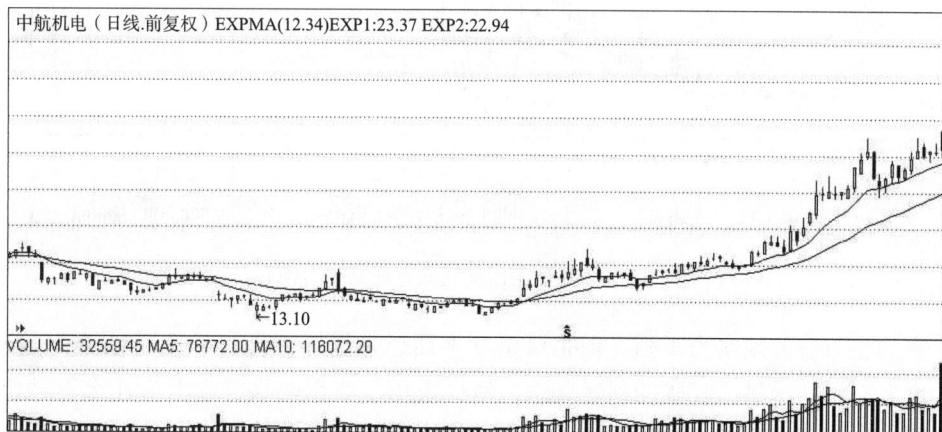

图 2-3 中航机电截止到 2014 年 9 月 26 日的 K 线图

读到这里，可能会有读者提出这样的问题：既然有一部分股票属于名义流通实际不流通的股票，那为什么不在分子上也减去这部分股票呢？为什么只在分母上减去呢？

我们知道，分子表示的是所有参与这只股票的主力机构所拥有的流通股数量的总和，由于主力机构往往是证券公司、公募基金、私募基金、投资公司等，甚至是上市公司本身或者上市公司的股东等，这些机构吸筹吸纳的是那些不坚定的筹码，因此所有主力机构持有的流通股数量都存在于分子（机构持有）之中，而分母（实际流通部分）要因为一部分流通股的实际不流通而进行必要的去除。

当然，从一个更大的视角来看，本书所提供的判断或测算主力持仓比例的上述各种方法都仅仅是为投资者买卖股票提供一个参考，投资者不可以仅仅根据所测算的主力持仓成本而买卖股票，还应该结合其他方式方法进行全方位的分析和处理。

三、高控盘股票一定涨得高吗

在考虑问题时，我们一定要应用辩证思维。高控盘股票一定涨幅最大吗？低控盘股票一定涨幅很小吗？

可能主力对某只股票的筹码搜集很多，资金实力也很强，但是有可能这只股票基本面不争气，或者不属于市场追逐的热点，强庄入驻，反而会产生滞涨现象。例如中路股份，见图2－4，2013年4月份公布的年报业绩太差，主力想拉升它，但它既无业绩支撑，也无题材吹捧，于是主力只好弃子而逃。

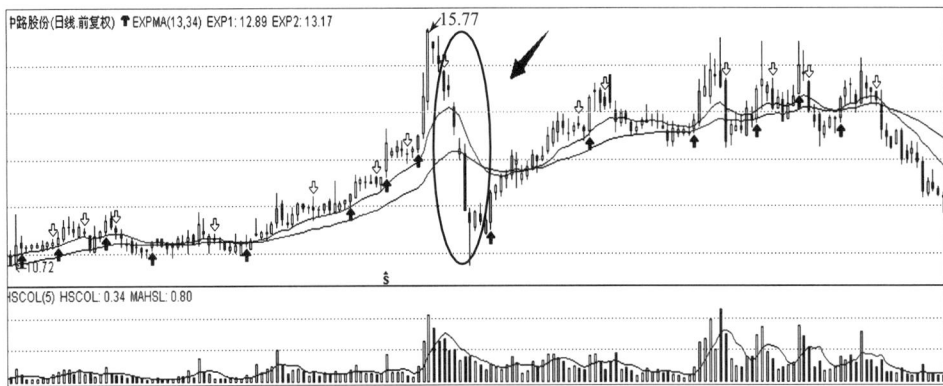

图2－4　中路股份因业绩太差遭到主力抛弃

有的主力看起来实力不强，但是股票基本面越来越好，或者正好赶上国家重点扶持，或者有一些模糊、朦胧的利好概念，使得市场气氛很热络，主力为什么不趁机再次拉升，赚得更多呢？

例如北斗星通，见图2－5，2012年12月以来，主力借助国家提高军事实力的利好，以及嫦娥二号卫星成功实现对"战神"探测的消息，短短4周时间内从17.07元拉升至41.45元。

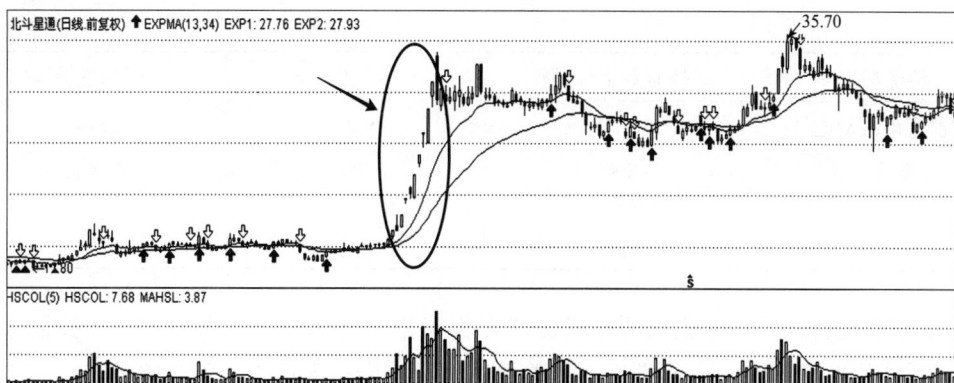

图 2-5 北斗星通 2012 年 12 月 25 日—2013 年 1 月 17 日快速翻倍行情

所以对于中小散户来说，一方面要能够在买入股票之前了解到是否有主力的痕迹，以及主力实力的大小，粗略计算出这只股票的主力持仓比例，这对以后他构建盈利系统中的选股环节有非常大的帮助；另一方面，要尽量追逐市场当中的热点板块和机会，远离非主流的冷门板块。

四、举例：科泰电源[①]

该股于 2010 年 12 月 29 日上市，上市前公司总股本为 6000 万股，上市公开发行不超过 2000 万股流通股，发行后公司总股本不超过 8000 万股，均为流通股，如表 2-2 和表 2-3 所示。

表 2-2 发行前股本情况

发行人股东	持有数量/万股	持有比例/%	股东性质
科泰香港	4206.00	70.10	公司
荣旭泰投资	1374.00	22.90	公司
汕头市盈动电气	420	7	公司
总股本	6000	100	

表 2-3 发行后股本情况

流通股股东	持有数量/万股	持有比例/%	股东性质
科泰香港	4206.00	52.575	公司
荣旭泰投资	1374.00	17.175	公司

---

① 本书所举所有例子均不构成任何投资建议，如投资者以此入市，风险自担。

流通股股东	持有数量/万股	持有比例/%	股东性质
汕头市盈动电气	420	5.25	公司
新发股份	2000 （含400万股法人配售）	25	公众股
总股本	8000	100	

上市前发行人及主要股东所持股份"限售安排及自愿锁定承诺"如下：控股股东"科泰香港"以及其他法人股股东、高管股东等都承诺在3年或1年之内不转让手中持有的科泰电源股票。

我们已经判断出有主力机构在2013年1月至7月之间已经坐庄了科泰电源这只股票，之后就可以根据上述的表格、公告、减持等信息，来分析在市场中实际流通的股票的数量。

截止到2013年7月底，根据上述公式计算出主力机构的持仓比例为26.8%，但是我们还需要计算市场中"实际流通"的股份有多少。

在2011年4月29日10送转10以后，总股本变成了16000万股，其中第一、第二、第三大股东共计持有12000万股，流通在外的有4000万股。科泰电源的第一大控股股东所持有的股份在2013年12月31日才能解冻（锁股期三年），第二、第三大的发起人股东（锁股期一年）的股票已经解冻，但截止到2013年7月底都没有减持。第二、第三大股东没有减持，相当于锁仓，因此在2013年7月底市场中"真实流通"的股份只有4000万股。

我们在测算主力持仓比例时得出的数字是26.8%，那是根据总流通股本7571.5万股计算而来的，算出主力持有股份26.8%×7571.5万股=2029.16万股。

实际上，"真实流通"的只有4000万股。根据这个"真实流通"的4000万股来计算，主力真实的持仓比例已经达到了50.7%（26.8%×7571.5万股÷4000万股×100%=50.7%），这是个很高的持仓比例，主力完全可以在2013年8月启动大规模的拉升行情。

但是2013年8月份以后的一段时间内，科泰电源仅有小幅度的上涨，因此可基本判断外部主力与上市公司之间没有达成默契，例如大股东认为减持的时间窗口没有与股价形成共振等，或者还没有充分挖掘到可以信赖的概念题材等。

截止到2014年3月31日，科泰电源前十大流通股股东情况有了一些变化，如表2-4所示。

表 2-4 科泰电源前十大流通股股东

流通股股东	持有数量/万股	持有比例/%	股东性质	股份性质
科泰控股	8412.00	52.58	公司	无限售 A 股
荣旭泰投资	2473.20	15.47	公司	无限售 A 股
汕头市盈动电气	811.92	5.08	公司	无限售 A 股
夏期长	130.57	0.82	个人	无限售 A 股
厦门国贸集团	100.00	0.63	公司	无限售 A 股
沈惠华	55.84	0.35	个人	无限售 A 股
陈亚军	41.26	0.26	个人	无限售 A 股
中融神州 1 号	40.50	0.25	私募基金	无限售 A 股
严国平	38.36	0.24	个人	无限售 A 股
陈国民	30.03	0.19	个人	无限售 A 股

第一大股东科泰控股持有 8412 万股，并一直保持着其大股东的地位，自上市以来是没有减持行为的。不过我们注意到科泰电源于 2014 年 4 月 28 日发布公告称"因资金周转需求，公司控股股东科泰控股有限公司（简称'科泰控股'）计划半年内通过大宗交易或集中竞价减持公司股份，减持数量不超过 1000 万股，不超总股本的 6.25%"。

至于第二、第三大股东，我们并没有见到它们或其他高管股东减持的公告。但是 2013 年 12 月 31 日公司资料显示，科泰电源第二大股东荣旭泰投资持有 2540.6 万股，仅仅过了一个季度，到了 2014 年 3 月 31 日，第二大股东荣旭泰投资持有的股份变成了 2473.20 万股。也就是说，2014 年第一季度第二大股东减持了 67.4 万股科泰电源股票。有意思的是，2014 年 1 月 8 日，海通证券上海普陀区枣阳路证券营业部恰好有一笔 67.4 万股的抛单，成交价格为 8.95 元/股，成交金额为 603.23 万元。我们不得不怀疑这种没有公告的减持是有瑕疵的——尽管这点儿股票对我们计算主力持仓量似乎不值一提。

假设第二、第三大股东在未来半年内不减持公司股票，那么，实际流通在外的只有 4286 万股（15983.50 万股 – 8412.00 万股 – 2473.20 万股 – 811.92 万股 ≈ 4286 万股），加上第一大股东未来计划减持的 1000 万股，共计 5286 万股。按照 40% 的持仓比例，主力持仓 2114.4 万股（5286 万股 × 40% = 2114.4 万股）就可以控盘科泰电源这只股票。

假设第二、第三大股东都减持的话，当然会按照国家规定事先公告，一般不会短时间内全部减持，此时主力会与它们协商，或请它们锁仓，或请它们不要过多减持。按照最坏的估计，它们全部减持了，实际流通的股份共计 8571.5 万股（15983.50 万股 – 8412.00 万股 + 1000 万股 = 8571.5 万股），剩余的 7412 万股仍为控股股东"科泰控股"所持有。按照 40% 的持仓比例，主力持仓 3428.6 万股就可以控盘科泰电源这只股票。

总之，到了 2014 年 6 月底，虽然总股本，也就是全流通的股份变成了 1.6 亿股，但是该股股价一直处于一个相对偏弱的行情中，主力依然会逐渐吸纳浮筹，如图 2 - 6 所示，读者可以根据上述方法测算主力的持仓成本，不排除当各方面条件具备以后，主力会采取动作，股价会有出色的表现①。

图 2 - 6　科泰电源截止到 2014 年 6 月 28 日的周 K 线图

第三节　主力的成本

主力的成本包括持仓成本、利息成本、拉升成本、公关成本、交易成本等五项。

一、持仓成本

持仓成本就是上文提到的吸筹过程中的成本，主力的持仓成本决定了其日后可能拉升到的价位。在持仓比例很高的情况下，持仓成本越低，拉升的位置越高。主力进驻一只股票以后，其拉升幅度会在 50% 以上，一般为 100% 甚至更高。为什么有这么高的拉升幅度？在本节最后部分有叙述。

相对而言，持仓成本比较容易估计，一般将 28 周的移动平均线的价格作为主力的成本价，上下可以有 10% 左右的误差。将此价格乘以主力的持有数量就是主力的持仓成本。但是对于那些主力介入时间很长、反复操作的股票，期间有多次送转配股以及

①　笔者作图 2 - 6 所示截图的时间是 2014 年 6 月份，约 4 个月后，科泰电源的价格已经从 2014 年 6 月 30 日时的 10.90 元/股涨至 16.55 元/股。

分红等，主力成本可以简单地通过复权后按照上述方法进行估算。

例如一只流通1亿股的股票，主力持仓比例为50%，即需要吸筹5000万股，假如吸筹期间平均价为10元/股，那么持仓成本就是5亿元。

二、利息成本

除了少数自有资金充足的机构外，大多数主力的资金都是通过各种渠道筹措的短期借贷资金（1年以下），要支付相应的利息，有的借贷资金还要从投资盈利中按比例抽成。因此操作越久，利息支出越高，持仓成本也越高。有时主力借款到期，而股票没有获利，那只好再找资金，拆东墙补西墙，或被迫平仓乃至亏损出局。

此利息涉及的利率不是央行的基准年利率，而是市场利率，目前中国的资金成本普遍在年利率12%以上，影子银行的成本甚至高达年利率25%以上。

因此，这项成本对无法获得"便宜资金"的主力来说，是一项非常重要且庞大的成本。

三、拉升成本

主力在低价区域吸筹达到一定比例以后，将这部分廉价筹码作为压箱底，以在拉升到较高的位置派发。拉升是操作能否成功的非常关键的环节，题材支持配合股价拉升才能为今后的派发出货奠定牢固的基础。拉升股价需要付出成本，这个成本就是拉升成本。

由于拉升过程包括了"洗盘、主升、派发"等各个阶段，因此拉升成本就是这些操作行为所产生的成本之和。

假如主力持仓比例为50%，控股股东持股比例一般为25%～30%，我们认为，大股东为保持自己的控股地位，这25%～30%的股份是不动的，那么主力就需要再付出成本，对市场当中20%～25%的浮筹进行控制，以达到控盘目的。由于一般认为50%的持仓比例可以实现控盘，那么20%～25%的浮筹的50%就是10%～12.5%的比例，也就是说，主力需要再控制10%～12.5%的筹码用于拉升阶段。在实际操盘时也是如此，因为只要10%左右的换手率就可以反复拉涨停的股票比比皆是。

洗盘和派发是在拉升股价过程中确保价格按照主力意图运行的核心手段。在股价拉升的初期，主力往往通过自买自卖的方式，来制造虚假成交量和显示价格上涨的态势。一般情况下，主力会尽可能快速地在题材的配合下拉升股价，但是价格上升到一定程度会出现获利回吐的压力，同时主力也不情愿为更多的投资者抬轿，所以会通过洗盘的手段将上涨的股价拉下来，让股价不至于涨得太快①，但同时也要确保市场中的热络气氛以及良好的技术图形，否则中小散户和技术派投资者都拔腿走人的话，主力坐庄就可能惨遭失败。洗盘的手法就是通过控制10%～12.5%的筹码，通过使用"高卖低买"和"高买低卖"两种方法，确保浮动筹码的经常性换手，以刺激市场人气，提高市场活跃度，制造"赚钱效应"。

"高卖低买"很容易理解，就是主力在价格上升到一定高度后，抛压较重，价格出现滞涨，会顺势高价卖出一部分浮筹，同时在一些关键点位通过买入一部分价格较低的股票，以维持价格的平稳运行状态，这样做的结果就是提高了市场持股成本，同时自己也增加了一部分持仓量。

"高买低卖"则是这样的操盘手法：在拉升时主力预先在较高价位埋下较大抛单，然后拉升股价，如果跟风盘很旺盛，主力会主动吃掉价格很高的卖盘（包括自己预先埋伏的抛盘），这就是高买；如果跟风盘不积极，主力会撤掉预先埋伏的高位抛单，而在较低价位处抛出大单，这就是低卖。实践中，"高买低卖"的模式还有许多变种，视流通盘的大小和主力控盘程度的深浅，以及主力操盘手个人操作风格而定。

无论"高卖低买"和"高买低卖"各有多少种模式，也不管发生在洗盘阶段还是派发出货阶段，正所谓万变不离其宗，所有的这些操盘手法都是主力通过控制浮筹，尽量提高跟风盘的市场成本，制造市场热络假象，实现主力与中小散户的筹码换手而已。

就此考虑，在拉升阶段，主力付出的成本并不是很高。粗略估算就是在比持股成本略高价格处所吸纳的10%～12.5%的筹码的平均成本。

例如一只流通1亿股的股票，持仓比例为50%，吸筹期间平均价为10元/股，持仓成本就是5亿元。再以12元/股的平均价格吸筹10%（1000万股）用于拉升，其拉升成本就是1.2亿元。

在实际操盘时，我们可以用主力持仓成本的25%～30%来估算其拉升成本。据此计算，拉升成本就是5亿元×（25%～30%）=1.25亿～1.5亿元。

四、公关成本

与媒体、上市公司、证券交易所和政府相关部门等进行沟通与协作都是需要成本的。这项成本一般较低，当今已经不是庄股横行的年代，更多的机构偏向于价值投资

---

① 因为主力持有40%～50%的底仓，10%～15%的浮筹，主要使用浮筹进行拉升。推算结果是：如果每天的换手率在3.5%左右，主力会感觉到抛盘压力；如果每天的换手率在6%左右，主力会感觉到抛盘压力很大；如果每天的换手率在10%左右，主力会感觉坐庄压力陡增，从而反手做空。注意，这个换手率是以实际流通盘为基础进行推算的，而且上述推算的换手率数字属于参考性数字，会因股票流通盘大小不同而有所差异：流通盘小的，上述换手率可以向上浮动；流通盘大的，上述换手率可以向下浮动。

和长期投资，但是机构一般也会列支此项成本，用一个具体的数字来估算，例如500万元、800万元等。

如果主力属于明显的操纵股价、违规操作，犯了"不可原谅的错误"，那恐怕再多的公关成本也是无济于事的。

五、交易成本

交易成本主要是交易佣金和印花税。大多数主力在吸筹、试盘、洗盘、拉升、出货等各个阶段，都需要使用复杂的手法进行操作，不管是盘中对倒放量制造股票成交活跃的假象，还是高买低卖吓退短线客，交易费是少不了的。由于主力资金量巨大，可以与证券公司协商交易佣金比例或数量，但是1‰的印花税是必须要缴纳的。

不过整体来讲，此部分成本并不高。举一个最极端的例子，一只股票每天都是主力自买自卖，以12%的换手率连拉8个涨停板，从10元/股拉升到21.4元/股左右，按照1亿股的流通股本，1‰的印花税，0.01‰的交易费（与证券公司协商后的比例），按照下面的公式计算，交易成本不足200万元。

$$交易成本 = \sum_{i=1}^{8} 涨停价格 \times 换手率 \times 总流通股本 \times (印花税 + 交易费)$$

当然，如果投资时间很长，那么成本也会随之增加。但总体来说，此项交易成本在主力整体成本中占比很小。

六、主力成本与拉升目标

由主力这五项成本以及估算结果，我们不难发现，主力除了持仓成本以外，需额外加上15%～25%的利息成本，25%～30%的拉升成本，3%～5%的公关和交易成本，那么主力的总持仓成本就会增加43%～60%，难怪主力必须把一只股票拉升50%以上了，因为拉升到这个位置，主力才仅可能保本。如果主力还想获得30%～40%的净利润，就必须把一只股票拉升到原来价格的100%左右。

第四节 主力的操盘风格

我们都知道一句话叫作"文如其人"，即看一篇文章，就可以判断这篇文章作者的个性特征。股票也是这样，通过看一只股票的走势，我们就可以发现操盘该股的主力具有什么样的风格。本书根据股票的主要走势特征，将主力操盘风格分为三种。

一、稳健型

稳健型的主力操盘手法老道、稳重，显示出主力操盘手个性沉稳、厚重。具有这样的主力操盘风格的股票走势往往比较符合标准的道氏理论或波浪理论，一波三折，大涨小回，普通投资者与这类主力共舞，需要有足够的耐心。例如长春一东，自 2013 年 9 月份以 7 元/股启动以来，周 K 线走势一直沿着 13 周均线上升，以 34 周均线为支撑，到了 2014 年 8 月 14 日，创出了 16 元/股的高点，价格在 1 年内已经上涨了 126%，同期上证综指仅上涨了约 5%，如图 2－7、图 2－8 所示。

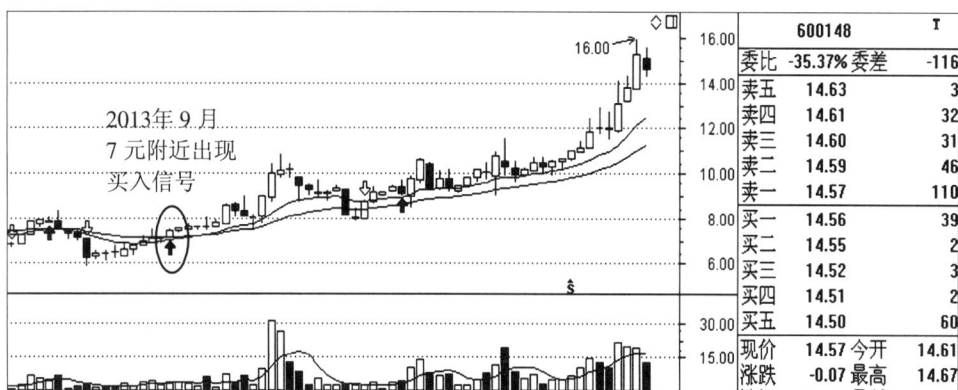

图 2－7　长春一东截止到 2014 年 8 月 13 日的周 K 线图
（图中圆圈处对应的时间为 2013 年 9 月）

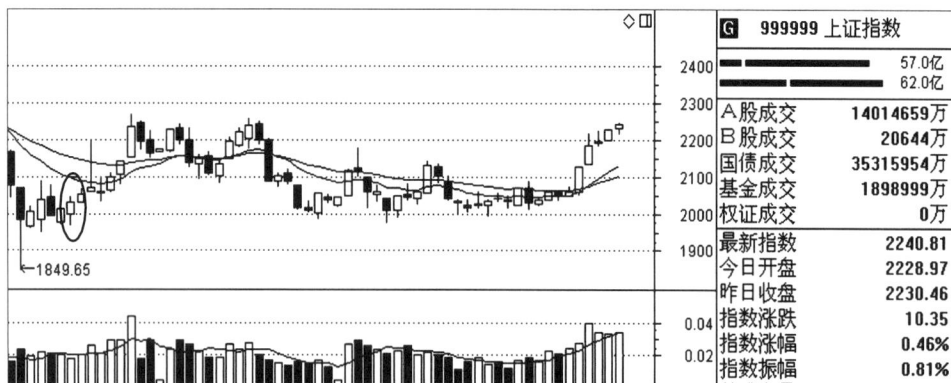

图 2－8　上证指数截止到 2014 年 8 月 13 日的周 K 线图
（图中圆圈处对应的时间为 2013 年 9 月）

二、凶悍型

凶悍型的主力操盘手法怪异，股价走势表现得与大盘走势极不合拍。分时图上经常出现单笔大量；或者日 K 线时而巨幅拉升，时而巨幅下跌；或者出现 V 形反转。运气好的投资者可能买入一只股价翻几倍的股票，运气差的可能买入一只跌势凶悍的股票。总之，股价走势非常奇怪，令人心惊肉跳，如图 2-9、图 2-10 所示。

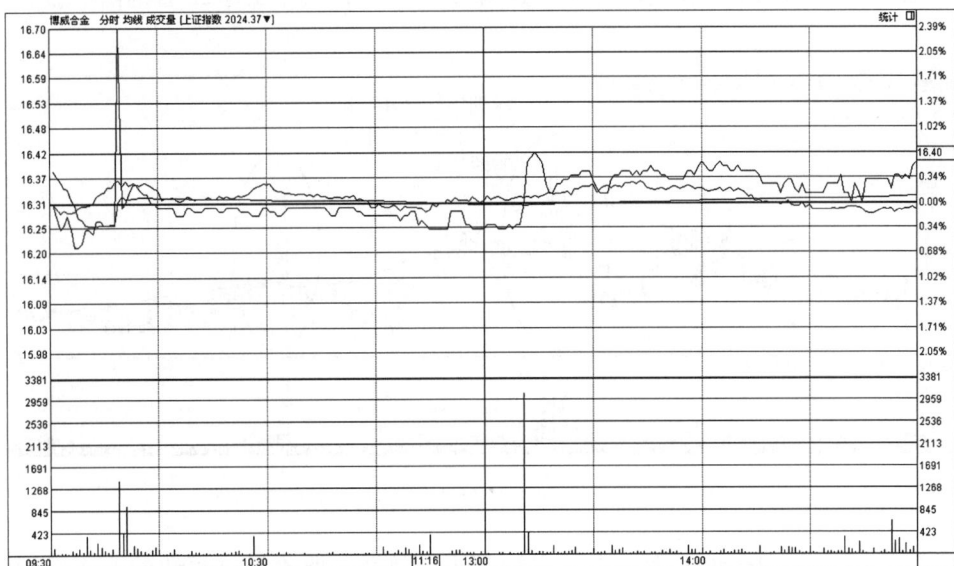

图 2-9 博威合金 2014 年 6 月 23 日全天分时走势图

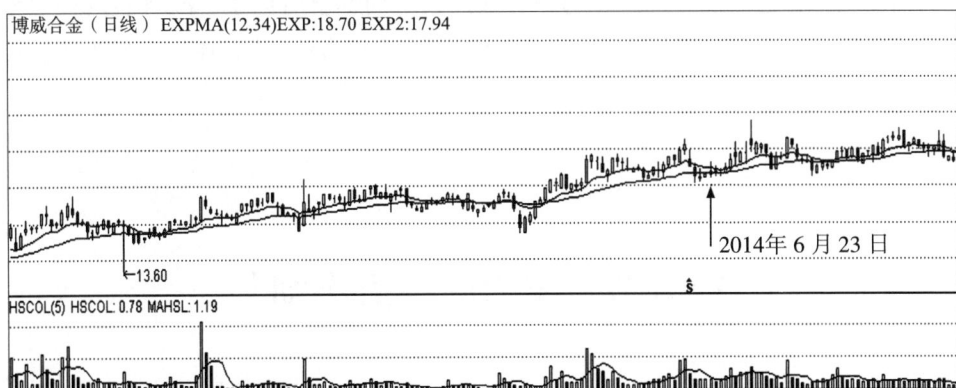

图 2-10 博威合金截止到 2014 年 8 月 29 日的 K 线图

三、短炒型

短炒型的主力操盘，往往是由于主力资金不足，或者对未来基本面因素缺乏信心，抑或是为了长期坐庄进行试探。短炒的特点是利用短暂的利好刺激，或者无理由的拉升，使得股价在短时期有一个快速的上涨，一般涨幅在50%以下，主力利用市场短线炒客的追捧拉抬后快速离场。

图2–11显示的就是深圳燃气在2014年3月21—27日、5月22日的两次短炒。

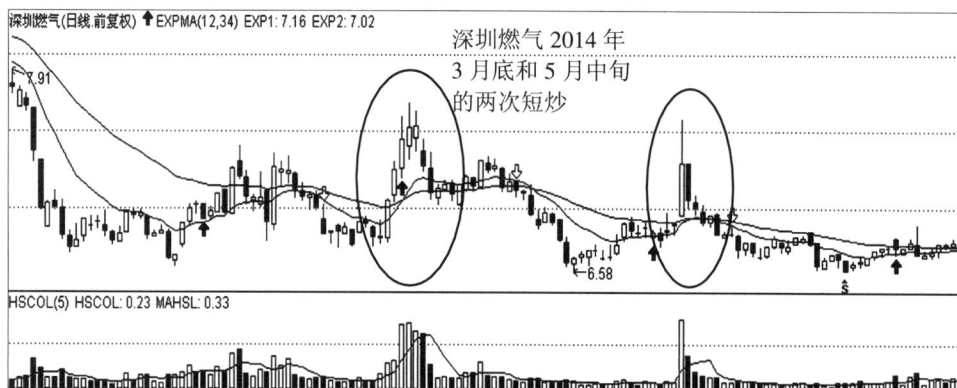

图2–11 深圳燃气截止到2014年7月24日的K线图

客观地讲，任何短炒或者凶悍的操作都不能持久，股价经过短暂的非正常走势，一定会回归到比较平稳的态势上来。读者不必去刻意寻找稳健、凶悍、短炒等操作类型，只需要根据自己的投资理念，选择合适的投资周期就可以了。况且后两种类型主力操控的股票短期内走势怪异凶险，属于短期内的"异常波动"，往往会成为监管层重点打击的对象。

第五节　主力的"五不知"

尽管主力具有资金、人才、信息、技术上的优势，但是面对风云变幻的资本市场，他们也不能肆意妄为，很多难以预料的情况会直接或间接影响到主力投资的时机、吸筹的成本、拉升的时间以及派发的难度等。具体来说，主力有"五不知"。

一、不知道能捡到多少便宜筹码

尽管主力在坐庄一只股票之前都有一个完整的规划，但是在一定的时间里吸纳到多少比较便宜的筹码，主力也不敢打包票，尤其是在参与机构很多的情况下。例如，当股票下落到 7 元以下的时候，主力通过 0.8% 以下的换手率判断行情极为清淡，成交量极为稀少，开始小幅拉升来吸纳较多的割肉盘，出现了换手率很高（如 20% 以上）的盘面走势，通过这样的试盘判断浮筹依然不少，于是继续打压股价，使之再次形成空头排列，但是无论采用怎样精确的手法，主力也不可能以事先准备好的资金正好完成计划好的持仓比例，总会有 5%～10% 的误差。如果有其他更有实力的主力愿意以 7 元以上的价格吸筹的话，原来的主力将不得不顺势以更高的价格买入。

二、不知道大盘行情会怎样走

主力选择股票的时候，一定会选择已经下跌很久、价格相对较低的股票。这类股票的主要特征有：技术上空头排列，绝对价格偏低，流通盘子适中，市场关注度低，有时候还可能出现诸如公司财报亏损、大股东陷入债务纠纷等"负面消息"等。瞄准以后，主力会悄无声息地在比较低的位置吸筹，时间短的 1 个月，长的达 1 年，吸筹时间的长短取决于主力的资金筹措是否顺利、该股票流通市值的大小等因素。

尽管主力机构吸筹的价位相对较低，但是大盘的走势也会对该股票价格有极大的影响，可能会造成股票价格的再次顺势下跌，好让主力机构趁机在更低的价格捡到更多廉价的筹码，例如千足珍珠有长达一年的吸货周期，如图 2-12 所示。

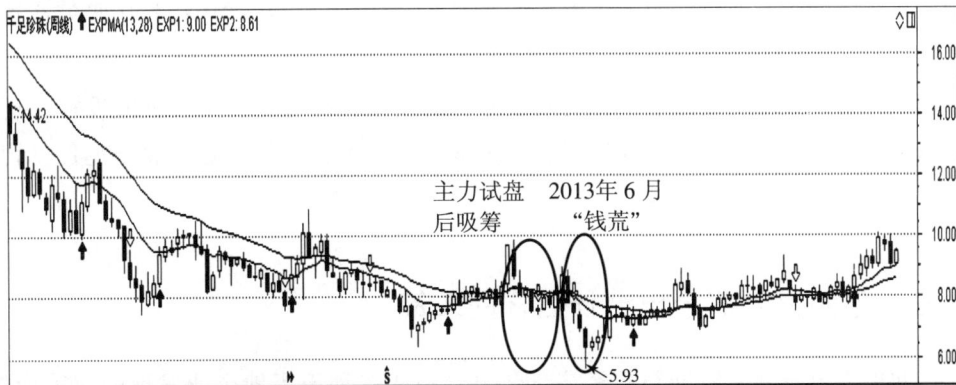

图 2-12 千足珍珠截止到 2014 年 6 月 27 日的周 K 线图

主力机构在 2013 年 3 月份对千足珍珠试盘后进入吸筹阶段，价格在 8 元/股附近。

但是主力没有预料到的是，一个月以后，即2013年4月以后，国家接连出台收紧流动性的政策文件，外汇管理局发布《关于加强外汇资金流入管理有关问题的通知》（即20号文），银保监会出台《关于规范商业银行理财业务投资运作有关问题的通知》（即8号文），导致基础货币供应减少，四大商业银行的流动性亦被戴上紧箍咒，同业隔夜拆借利率从2013年3月份时的2.67%迅速飙升到10%、13.4%，坊间传言最高达到了20%。这直接导致了2013年6月中下旬以来的"钱荒"问题。资本市场也因为市场缺钱而心惊胆战，于是大盘出现暴跌，创出了自2009年以来的新低1849点，如图2-13所示。

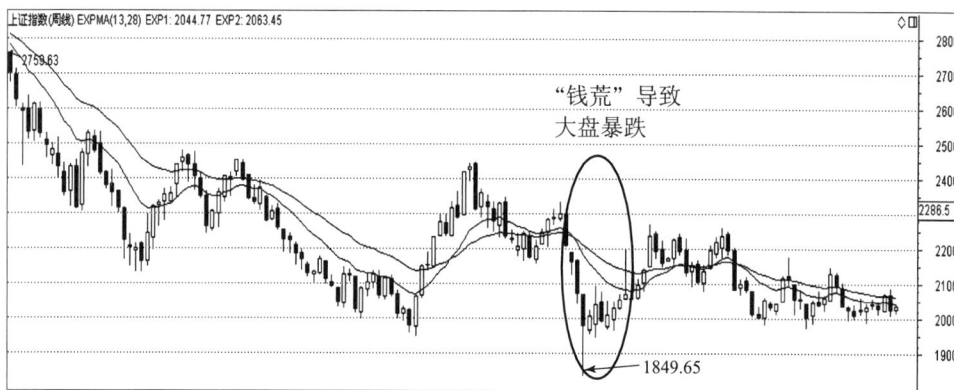

图2-13　上证指数周K线图

这就是大盘下跌所导致的系统性风险，超级主力也难以抵抗，唯一能做的就是顺势而为。因此千足珍珠的主力趁势继续打压吸货，在7元/股左右又捡到很多筹码，很快股价被拉至8元/股左右，主力又重新开始按部就班、不紧不慢地吸筹，期间的一些利空因素，例如中期业绩大幅度下滑、控股股东减持等消息都被用作打压吸筹或洗盘的工具。

当然，这样业绩不佳的上市公司并非所有的投资者都喜欢，在"价值投资"理念越来越被人们推崇的时候，不少投资者偏爱业绩优良的白马股，这就属于见仁见智的问题了。

三、不知道政府会出台什么样的政策

一些地方政府为了发展当地经济，会出台一些有利于当地企业发展的政策措施，这些措施往往需要报请国务院批准，但能不能被批准、什么时候批准谁都不知道，例如一些地方搞的保税区、自贸区、综合开发区等，这些政策能不能被批准直接影响该地区上市公司的股价。如果主力正好在底部积极吸纳，面对这些突然的利好，主力不得不顺从民意，拉升一把，甚至不得不拉高吸货，重新修改目标价位，这无疑会扰乱事先的坐庄计划，增加坐庄的成本开支。有时候主力也会利用一些利空消息打压股价进行吸筹。有时候一些巨大的、突如其来的利空消息，则会迫使主力放弃原来的投资计划。

　　2013 年 7 月 13 日，国务院常务会议原则上通过了《中国（上海）自由贸易区实验区总体方案》。该消息公布后，上海本地的"自贸区概念股"出现了一波集体快速拉升的行情，上海物贸就是其中之一，如图 2 – 14 所示。

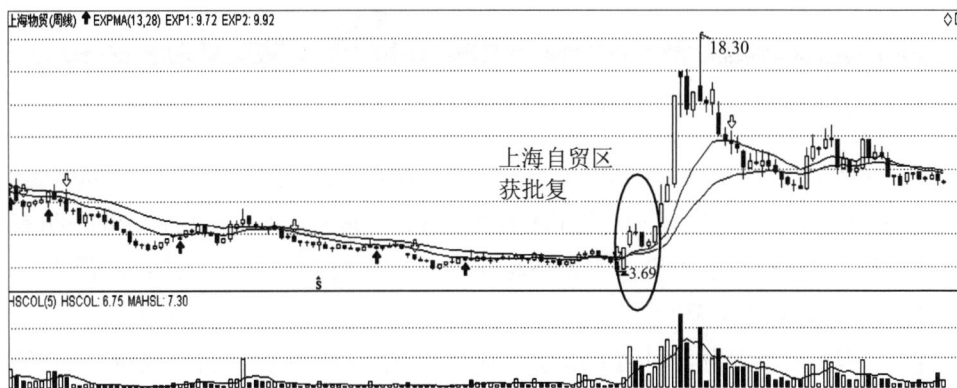

图 2 – 14 　上海物贸周 K 线图

　　由于主力机构的信息更为超前，具有先知先觉的能力，因此在 2013 年 7 月初该股主力就高举高打，快速进驻，虽然短时间内从最低 3.69 元/股拉升到了最高 6.63 元/股，短期升幅达到 80%，利润已然可观，但是主力机构志在高远，利用所谓"利好兑现即利空"的常见心理，快速洗盘三周，在 2013 年 8 月 8 日以后又开始了疾风骤雨般的攻击行情，到 2013 年 9 月 25 日，创出了 18.30 元/股的最高价，用时短短 8 周，最高升幅达 320%。随后股价进入阶段性出货的下跌行情。

四、不知道上市公司会出现什么动静

　　一些上市公司突如其来的消息会导致股价大幅度震荡，甚至连续跌停。

　　例如，湘酒鬼在 2012 年 11 月 21 日发生"塑化剂"事件，如图 2 – 15 所示。根据国家市场监督管理总局网站的消息：国家市场监督管理总局通报，经湖南省产商品质量监督检验院对 50 度酒鬼酒样品进行检测，DBP（邻苯二甲酸酯类物质，俗称塑化剂）最高检出值为 1.04mg/kg，如参照卫计委对于食品塑化剂限量标准，酒鬼酒的塑化剂"超标"247%。

　　受此消息的影响，湘酒鬼股价以 4 个跌停板的方式开始了疯狂的杀跌出货行情。应该讲，本来湘酒鬼股价已经到达 48 ～ 61 元/股的高位区间，主力已经开始分步骤地高位

图 2-15　湘酒鬼周 K 线图

出货，如果没有塑化剂事件的影响，绝大多数机构都可以有充足的时间和空间完成出货的，但是猝不及防的塑化剂风波打乱了主力的步骤，于是出现了疯狂的杀跌出货的惨状。

事实上，就这种股票来说，如果是聪明的中小投资者，早就应该在股价 48～61元/股的高位区间逃之夭夭了。

当然，有些股票主力会利用上市公司发布的消息进行拉抬或打压股价，不管这个消息是利空的还是利多的，只要有需要，主力机构就会借题发挥，达到洗盘或者拉抬的目的，如图 2-16、图 2-17 所示。

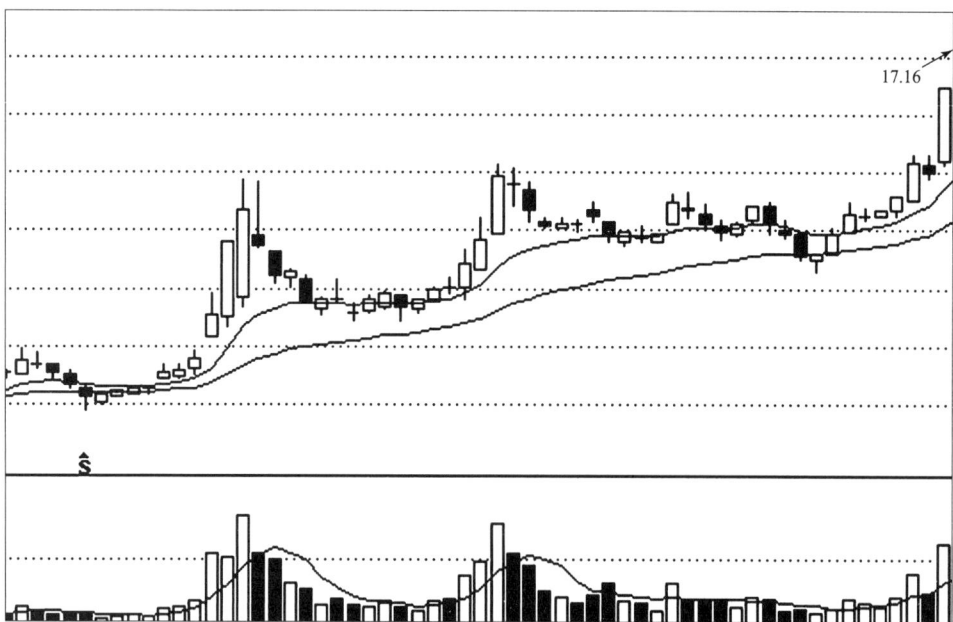

图 2-16　联环药业日 K 线图

2014 年 9 月 11 日仅仅公布了公司审议通过了"关于公司 2014 年非公开发行股票的议案"
的消息，这个消息只是以前早已公布要增发股票信息的延续，即便如此，
也被主力用作拉抬股票的借口，当日封至涨停

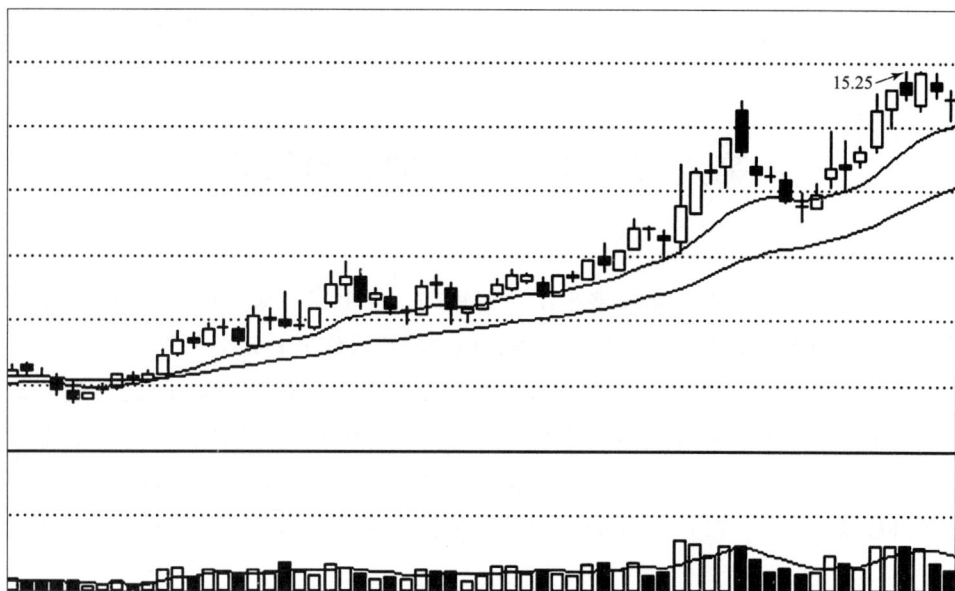

图 2－17　风帆股份日 K 线图
2014 年 9 月 10 日公布了公司审议通过了"关于公司 2014 年利润分配的议案"的消息，
这个消息也是以前早已公布要分配利润的信息的延续，
但被主力用作洗盘的工具，当日下跌 1.03%

五、不知道其他主力的动向

对于那些很多机构主力参与的个股来说，正是由于参与主力很多，介入时间有早有晚，介入的价格有高有低，介入的资金有大有小，对该股未来的目标设定有高有低，等等，因此，单凭任何一家主力都难以将股价拉升或打压至自己理想的价位。现实情况是，任何一只股票都会有很多主力参与其中。

就此意义上讲，任何已经买入股票的主力，无论实力多么强大，都不会轻易地一意孤行，都会充分考虑其他主力的运作可能性。这些都表现在股价运行的技术图形上，在关键点位会有支撑，在特殊的区域会有压力，或者突然打破技术支撑位寻求更低的位置等，所以任何主力都会顺势而为，不会盲目冲杀。这也为普通投资者提供了重要的操盘参考，即普通投资者也应该顺势而为，按照技术图形显示的相应信号进行操作，同时立足于中长期投资的思路，这正是本书所强调的盈利系统的关键所在。

第六节 主力也会遭遇滑铁卢

一般认为，主力机构买卖股票是不会赔钱的，但事实并非如此。主力在操盘时由于计划不周，或者其他不可控因素的出现，也会导致操作失利，甚至犯下严重的错误。

例如，银鸽投资在2014年3月拉高吸筹并试盘后，股价从3.4元/股升至4.2元/股，波动范围约24%，但主力发现市场浮筹较多，遂利用手中筹码，将股价逐波打压，并创出了3.33元/股的新低，将日K线底背离的技术形态破坏，市场绝望之时，反手再次拉升股价至4元/股以上，宽幅震荡后又回落至3.5元/股附近，如图2-18所示。

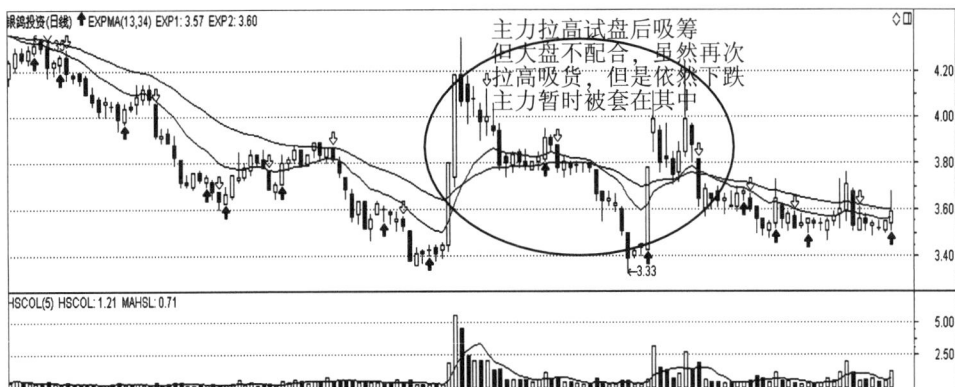

图2-18 银鸽投资日K线图

根据之前"如何测算主力的成本""如何测算主力持仓"来进行推算，截止到2014年6月18日，主力持仓量约为14%，成本价在3.75元/股左右，即主力存在约7%的亏损。假如主力实力雄厚，后续资金庞大，没有过大的融资成本，或者没有触及坐庄计划中10%的止损线的话，当时的暂时被套倒是还有解套的机会。

如果我们把这种情况理解为主力"仍然处于吸货区间"，那么这种暂时的被套更是可以接受的。但是如果主力的资金链条断裂，或者出现不可预见的巨大利空的话，那么这种被套将是长期的。为避免这种长期的套牢，主力只有壮士断腕，认赔了结。

对该股的这种走势，我们也可以理解为多个主力参与方相互争夺而导致的急促震荡。

另外，有时候一些主力也会因为计划欠周详而犯下严重的错误，甚至被证券监管机构处罚。

打开中国证监会的网站，我们经常可以看到那些被处罚的事件，例如买入股票后持股比例达到9%而不申报的姜某案件，利用七个自然人账户操作同大股份的案件，上海某投资公司邵某、毛某违法使用个人账户买卖证券的被证监会严重处罚的案件，等等。

所以说，主力有他的优势，也有他的不足。操作成功自然欢天喜地，操作失败则会满地鸡毛。

第七节　主力的投资业绩

在股市当中，我们每天都可以看到涨停的股票，按照一年250个交易日计算，就有250个涨停的股票。我们简单地估算一下，一个普通的投资者，尽管不能天天都能抓涨停，但假设他一年抓了10个涨停股，理论上就可以实现259%的收益！我们也经常能看到一些价格快速上涨，一个月就翻了一番的股票。假设一年有10只这样的股票，你能够抓住2次机会，理论上可实现400%的收益！[①]

但实际上呢，仍然还是"一赚、二平、七亏损"，亏钱的依然是大多数，赚钱的依然是极少数[②]；而在赚钱人当中资金能够翻一番，即实现100%收益的投资者更是屈指可数，寥若晨星。

我们再看看那些让我们又爱又恨、总想一睹芳容、与之共舞的主力机构吧！它们有着庞大的资金、一流的人才、不为人知的消息来源，它们的投资业绩想必一定非常优秀吧！事实证明并非如此，残酷的现实告诉我们：不仅普通投资者的业绩普遍不好，主力机构的投资业绩也不是那么卓尔不群。

我们可以通过以下数据，看看公募基金和阳光私募基金连续三年的收益率情况。考虑一些机构存在宣传的目的，笔者一度有些怀疑这些排名的结果；同时，笔者也坚信真正战绩辉煌的大侠往往是躲在幕后的无名英雄。但是尽管如此，我还是把这些结果仔细对比、分析、计算了一下，结果发现，就是业绩最好的私募基金，连续三年的收益率也才仅仅为124.71%，平均年收益率为31%，仅此而已，如表2-5、表2-6、图2-19所示。

① 此类计算均不考虑交易费、印花税等费用。
② 笔者组织学生连续四年开展的市场调查也证明了这一点。

表 2 – 5　一般股票型公募基金业绩前十名

基金简称	基金成立日期	2013 年净值增长率/%	成立以来净值增长率/%
中邮战略新兴产业股票	2012/6/12	80.38	88.50
长盛电子信息产业股票	2012/3/27	74.26	63.45
银河主题策略股票	2012/9/21	73.51	92.60
景顺长城内需增长股票	2004/6/25	70.41	751.99
景顺长城内需贰号股票	2006/10/11	69.14	316.83
华商主题精选股票	2012/5/31	63.42	59.50
华宝兴业新兴产业股票	2010/12/7	60.43	46.36
农银汇理消费主题股票	2012/4/24	58.19	65.07
银河行业优选股票	2009/4/24	53.85	103.38
易方达科讯股票	2007/12/18	51.80	5.00

数据来源：银河证券，截止日期为 2014 年 1 月 2 日。

表 2 – 6　股票型阳光私募至截止日近 3 年收益率前十名

基金名称	管理人	基金经理	托管人	成立日	净值截止日	截止日净值（元）	至截止日近 3 年收益率/%
呈瑞 1 期	呈瑞	陈欣添 沈守传	兴业国际信托	2010/10/25	2014/1/3	1.1639	124.71
泽熙 3 期	泽熙	徐翔	山东信托	2010/7/7	2014/1/3	1.2771	105.71
泽熙 1 期	泽熙	徐翔	华润深国投	2010/3/5	2014/1/3	1.1435	94.26
泽熙 5 期	泽熙	徐翔	华润深国投	2010/7/30	2014/1/3	106.52	80.78
恒复趋势 1 号	恒复	刘强	山西信托	2009/1/20	2013/12/31	1.3177	61.07
泽熙 4 期	泽熙	徐翔	华润深国投	2010/7/7	2014/1/3	100.97	53.50
扬子三号	世诚	陈家琳	中融信托	2010/12/30	2014/1/3	1.5270	52.70
富恩德 1 期	富恩德	——	中融信托	2010/11/15	2014/1/3	1.5620	52.18
神农 1 期	神农	陈宇	中信信托	2010/7/28	2014/1/3	150.17	51.03
泽熙 2 期	泽熙	徐翔	山东信托	2010/6/11	2013/12/31	1.0983	45.85

数据来源：好买基金研究中心，截止日为 2014 年 1 月 9 日。

非结构化阳光私募近3年收益率排名前十					公募基金近3年收益率排名前十			
排名	产品名称	成立时间	基金经理	近3年收益率/%	排名	产品名称	成立时间	近3年收益率/%
1	华润信托·展博1期	2009/6/15	陈锋(券商派)	102.92	1	华夏策略精选	2008/10/23	49.22
2	重庆国投·翼虎成长	2008/3/12	余定恒(券商派)	87.63	2	华夏大盘	2004/8/11	47.11
3	中信信托·精熙	2009/2/23	夏宁(券商派)	86.07	3	诺安灵活配置	2008/5/20	36.09
4	华润信托·林园3期	2007/9/20	林园	78.68	4	易方达增强债券A	2008/3/19	30.28
5	华润信托·林园2期	2007/9/17	林园	73.60	5	嘉实增长	2003/7/9	29.44
6	中融·混沌2号	2009/6/22	王歆	71.05	6	易方达增强债券B	2008/3/19	28.58
7	中海·海洋之星1号	2007/9/30	周博胜(券商派)	69.88	7	银河行业优选	2009/4/24	27.72
8	华润信托·林园	2007/2/28	林园	59.88	8	国联安增利债券A	2009/3/11	26.00
9	六禾光辉岁月1期	2009/2/6	夏晓辉(券商派)	55.95	9	中银增利	2008/11/13	25.95
10	中融·乐晟精选	2008/7/8	曾晓洁	47.82	10	嘉实优质	2007/12/8	25.63

起止时间:2009年6月30日—2012年6月30日。　　　　　　　　　　　　　　　柳灯据相关资料整理

图2-19　基金排名情况

所以说，我们一方面了解了主力的基本情况，另一方面知道了主力的投资业绩不过如此，不需要对主力机构有过分的崇拜。我认为，作为一个智力正常的投资者，通过本书的学习，每年做到30%的收益率应该不是一件困难的事，而这竟然等同于最好的私募基金的实战业绩！

本 章 小 结

本章虽然讲述了很多有关主力操盘手法的内容，但主旨并非引导投资者去辨别一只股票是否有主力、主力有多强，如何与庄共舞。

主力的行动总是很诡秘，普通投资者很难得知。很多散户自以为的"庄家痕迹"，未必就那么准确。

例如，根据F10里的资料，散户看到主力已经扎堆，"股价应该会涨"，其实股价未必会上涨，因为很多大牛股在启动之前，筹码显示的数据并不是很集中。很多股票价格抗跌、走势独立、涨多跌少等，并非都是主力刻意所为，可能只是随波逐流的结果，甚至该只股票就没有实力强大的主力，可能是多个主力相互争夺筹码出现的走势。最重要的是，即使你知道有超级主力在其中运作，你能判断它什么时候启动，以什么样的方式启动吗？

说得再明白点，每天都有涨停的股票，你知道哪一只是试盘，哪一只是初升，哪一只是主升，哪一只只是一种反弹吗？你能分清一只股票的运作周期有多长吗？即使你都知道，你能从盘面上看出来这只股票在哪个时间节点上启动的吗？

很多介绍如何"擒庄""克庄"类的书籍，似乎给你这样一个印象：如果你知道了主力的操作手法，就一定可以战胜主力，永远立于不败之地。

事实上，并非如此。主力也要看大盘的脸色，并非我们想象中的可以一意孤行，想怎么干就怎么干。如果大盘行情不妙，主力介入很深的股票也会随之下跌。在下跌

时，你很难分辨它是打压吸筹，还是缓慢出货——无论如何，下跌是会造成亏损的。就算是打压吸筹，谁知道它要再吸多长时间呢？是三五天，还是三五个月？要是很长时间的话，是划不来的，干脆先走好了，换只更好的股票，或者等跌到一定程度再行买入，岂不更好？

对于中小投资者来说，最重要的是根据自己创建的盈利系统找到具有买点的股票，并且在很多具有买点的股票中判断哪些股票有主力机构的活动，同时测算主力的持仓比例、持股成本，尽可能准确地找到主力启动股票的时间节点，亦即投资者最佳的买入区域——我们打造的盈利系统就是要尽量准确地找到"未来牛股的买入点"。因此，本章内容宜结合第八章进行学习。

第三章　盈利系统的构建思路

黑夜给了我黑色的眼睛，我却用它寻找光明。

——顾城

股市是散户与主力对决，做空与做多之间较量的场所。其实无论是做多，还是做空，股票的价格走势与形态一定会有迹可循，并非毫无线索，让人一无所知。因此，聪明的投资者就是那些迅速发现了这些蛛丝马迹并实时监控、择机介入的人。

然而市场当中有几千只股票，而且数量在不断增加，如果没有一个优秀的"股票筛选器"，光靠在电脑上一页一页地翻，一天下来恐怕也翻不过来，即使能完整地看一遍，那又如何？哪些股票值得关注，哪些股票处于上升通道，出现哪些形态是最好的买入时机，这些你都知道吗？

因此，我们必须根据现有的条件，为自己打造一套能发现即将上涨股票的系统，这个系统就是本书一直强调的盈利系统。

第一节 什么是盈利系统

盈利系统，其他的著作中也叫作交易规则、交易系统、盈利模式等，我之所以这么称呼，主要是认为一种交易模式必须要保证投资者获利，而且是持续、稳健的获利——这是最基础的，否则就没有任何意义。而之所以能够盈利，往往是因为这种交易模式中体现了很多的交易思想、交易策略，同时综合了许多分析和预测方法和技巧的运用。

一、盈利系统的基本概念

本书所强调的盈利系统，是一种确保投资者持续稳定获利的、符合投资者自身特征的投资知识、投资策略和投资心理的总和。由于投资者属于单独的个体，可以说是形形色色、千差万别，具有不同的经验、知识和能力，所以任何一种盈利系统都是具有独特个性的。**让每一位投资者读完此书后都能够打造自己的盈利系统，才是作者的最终目的。**

1. 投资知识

要想构建盈利系统，投资者必须具备与投资有关的诸多知识，如金融经济类、企业管理类、技术分析类、宗教哲学类的知识，目的在于理解"市场的本质"及"中国市场的本质"，发现价格运行的内在规律，为自己的投资获利服务。古人云："书到用时方恨少。"平时的学习、积累、总结是必不可少的，成功的经验固然值得庆祝，也值得再次发扬，但是错误的操作、惨痛的经历也是重要的财富。只要投资者能够从胜利和失败中找出原因和规律，总结经验教训，发现弱点，改正不足，扬长避短，逐渐升华，必将为日后构建盈利系统打下坚实的智力基础。

2. 投资策略

投资策略即实战中的具体安排，主要包括如下内容。

（1）通过行情软件的筛选构建股票池。这是第一步，由于市场中的股票数量太多，需要使用一种方法，将可能上涨的股票找出来，是这一步骤的关键。

（2）进场时机。筛选出来的股票依然很多，需要找到最可能上涨股票的最合适的买入点。

（3）投资组合。即买入多少只股票，什么类型的股票？由于中国股市具有板块轮动的特点，在构建投资组合时，投资者不宜将所有资金集中投资于同类板块中，且要将股票数量控制在合理的范围之内。

（4）资金进场比例。从安全角度考虑，资金进场时要先经过试探，当各种信息表明比较安全的时候，再分批次全线杀入。

（5）止损位。这是为避免做错后资金进一步亏损而采取的壮士断腕的措施，具体可以使用关键支撑位、固定比例、均线死叉等技法来确定止损位。

（6）出场时机。即卖出时机、自己手中的股票以合理价位出手的时机，具体可以根据震荡指标、大势指标、均线指标或自产编写的程序公式等进行操作。

由于投资者已经普遍使用行情分析与交易软件进行操作，故在上述步骤中，可能有一些步骤会多次反复，有一些步骤可能会同时发生。投资策略主要针对大资金而言，千万级以上的大资金需要这么繁杂的技巧，对于百万级以下的小资金，一般主要关注"筛选股票""进场时机"和"出场时机"就可以了。

3. 投资心理

任何一个投资者的投资行为都是心理活动作用的结果。无论资金大小，不管是不是机构，其都是对市场、人气、基本面等所有信息进行分析和判断以后形成的投资决策的反映。因此，投资者的情绪、知觉、态度、信念等都会影响投资行为和投资结果。事实上，很多的经济学者、心理学者已经证明：人类在做有关金钱的决策时往往是不理智的、非理性的，而且这种非理性是有规律的。所以说，投资者需要对心态进行调整与锤炼，重构一种全新的心智模式，主要目的是"了解自己，正视自己的错误，改正自己的错误"，使自己能够在投资实战中更好地把握机会，笑傲股海。

盈利系统是应用多种知识后创造出来的投资工具。这种工具浸润了投资者本人的个性心理特征，因此它不仅可以保证持续性盈利，还具有独特的个性。这也就是说，每个人创造出来的盈利系统都是不一样的，同样的盈利系统在被不同的投资者使用时，结果也是不一样的，即不同的投资者在同一时间投资同一只股票，其收益率也是不一样的。用公式表示就是：盈利系统＝胜算＋减少亏损率＋较小的回撤＝具有投资者个性特征的持续性收益。

二、盈利系统的六边形

任何一个成功盈利系统的构建，都需要从以下六个方面加以考虑。

1. 交易机会的次数

交易机会的次数，就是系统所发出的买入卖出信号的次数，例如有的盈利系统每年能提供100次交易机会，有的系统只能提供12次交易机会。很明显，不同数量的交易机会，对盈利结果的影响是不同的。

显然，长期投资者的盈利系统发出的交易信号较少，短线投资者的盈利系统发出的交易信号较多，中线投资者的盈利系统发出的交易信号数量居中。

2. 加减仓技巧

由于价格波动不是直线式的，而是波浪式的、随机性的，在趋势产生之前没有人知道已经出现了趋势，如果一次性全部买入，风险很大，因此，即使判断出股票有上升的趋势了，也有变盘的可能性，就算没有变盘，在上升中也存在多个买入的机会。所以一些投资者会根据盘面走势，使用分步骤加仓的技巧，这会使得每次买入投入的资金比例不同，即实际购买的股数有所不同。这就是加仓的技巧。

同样，在减仓的时候也是如此，需要多次减仓。

之所以出现多次的加仓、减仓，是因为价格波动具有非理性和随机性的特质，它迫使投资者从资金的安全性角度考虑使用这样的投资技巧。

3. 交易成本

交易成本主要包括佣金、印花税及心理成本等。这里，印花税不可减免，交易佣金可以根据账户资金数额和交易次数与证券公司协商减少一些。心理成本主要针对投资者在交易过程中所投入的时间、精力等而言，尤其是那些短线交易者，短时间内进行分析、判断、决策，频繁地买入、卖出，会产生较大的心理压力。

4. 盈亏比

盈亏比是指每一手买卖收益与亏损的比值。比如，A、B 两个人都投资 1 万元，假如 A 投资失败，则亏损 1000 元，投资成功，则盈利 2000 元，那么 A 的盈亏比为 2:1；假如 B 投资失败，则亏损 1000 元，投资成功，则盈利 5000 元，那么 B 的盈亏比为 5:1。很明显，B 的盈亏比要高于 A 的盈亏比，B 的盈利系统就是更好的系统。

5. 胜算（可靠性）

胜算就是盈利系统发出指令后，据此操作盈利次数与亏损次数的比值。如果一个系统每年发出 100 次交易指令，投资者据此操作，有 80 次是盈利的，20 次是亏损的，就说明这个系统的胜算为 80:20，即 4:1。

可靠性，是胜算的另一种说法，是指盈利系统发出交易指令以后，投资者据此操作，盈利比例有多高。如果一个系统每年发出 100 次交易指令，投资者据此操作，有 80 次是盈利的，20 次是亏损的，就说明这个系统的可靠性为 80%。

无论是胜算还是可靠性，当然都是越高越好，但是读者不要单纯追求胜算（可靠性）指标，盈亏比也是一个重要的指标。我们还拿上面的例子说明问题。A 系统的盈亏比为 2:1，B 系统的盈亏比为 5:1，假如 A 系统的可靠性为 80%，B 系统的可靠性为 60%，通过计算，最终的结果依然是 B 系统的总获利大。

A 系统总获利 =（80 次盈利 × 每次盈利 2000 元）-（20 次亏损 × 每次亏损 1000 元）

=14 万元

B 系统总获利 =（60 次盈利 × 每次盈利 5000 元）-（40 次亏损 × 每次亏损 1000 元）

=26 万元

总体而言，盈利系统是投资者个人长时间学习、总结、磨炼、提高以后的结果，具有自己的特征，是别人拿不走的。盈利系统的六边形，尤其是胜算、盈亏比、加减仓技巧、回撤交易机会的次数等是在构建时需要考虑和验证的重要方面。

6. 回撤

回撤是指资金净值从一个高点回落到一个低点的变动幅度，它往往是随着投资标的的价格变动而发生的，是证券投资中必然发生的一种现象。从投资心理上讲，它往往代表投资者能够容忍的资产净值的最大跌幅，如图 3-1 所示。

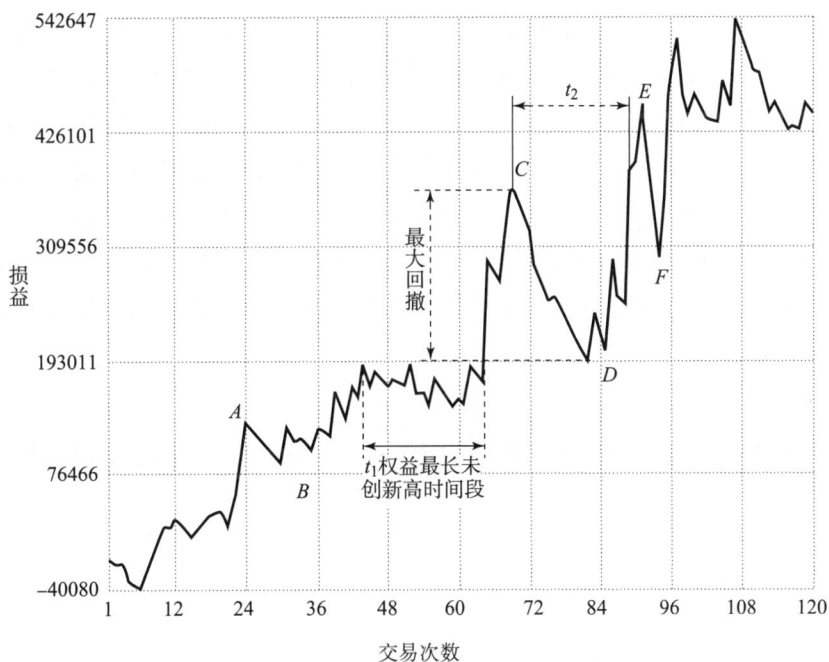

图 3-1　损益曲线图

在实战中，投资者一般使用"最大回撤"或者"最大回撤比"来衡量最大回撤的多少，并以此来检验一种交易策略"是否稳健"。例如，对于趋势跟踪型交易策略，出现的最大回撤往往意味着此阶段价格出现了反复的震荡行情，交易信号频繁发出而遭遇了"来回打脸"的行情。

从投资角度来说，我们当然需要尽可能小的最大回撤，但是回撤是不可避免的，我们能做的就是尽可能优化交易策略，来减少回撤的幅度。

另外，由于风险偏好不同、投资标的不同、杠杆率不同等，不同的投资者对于

"最大回撤比"的容忍度不尽相同。一般认为，在高杠杆的外汇、期货、贵金属等交易中，可以接受的"最大回撤比"为 10% ～ 15%；而在中国股市当中，为 30% ～ 50%——这只是笔者的一个推断，因为我发现很多基金公司对"最大回撤比"似乎没有什么概念，有不少基金经理属于"死扛"型的，不亏到清盘那一天绝不收兵！

第二节　盈利系统具备哪些特征

　　投资者最想达到的投资境界是：在最低价处买入，买入后很快进入拉升阶段，且在市场中是涨幅最大的，在最高价处卖出。这轮投资结束以后，使用这个系统又一次"在最低价处买入，很快拉升，涨幅最大，在最高价处卖出"，如此循环往复……

　　这听上去很疯狂，但的的确确是很多人心中美好的幻象。从投资心理角度分析，我们之所以想找到一种"最权威、最赚钱"的交易模式，其实是由于我们内心深处存有对"确定性"的向往——就像一个武林人士一辈子总想找到那本可以令其独步天下的葵花宝典那样。但是价格的变动总是令人迷惑的，让人惴惴不安的。很多投资者心目中这种没有亏损、可以驾驭任何市场的理想模式是不存在的，也不是我们本书中谈到的盈利系统的含义。

一、现实中没有"最确定、最权威、最赚钱"的盈利模式

　　假如现实中存在"最确定、最权威、最赚钱"的盈利模式，那么它的来源有两种可能：一是事先没有，被人们创造出来的；二是本来就存在，后被人们发现的。

　　如果是被创造出来的，那么创造它的人一定会视如珍宝，秘不示人——自己在家里躺着就能挣钱，干吗说出来让别人知道？更不会拿出来让别人使用。

　　如果是被发现的，那么发现它的那个人也一定会藏匿得很深，不与外人道也，怎么可能推而广之呢？

　　所以不管哪种情况，如果有这样一种交易模式，那一定是天下最重要、最稀有、最不可替代的优质资源，是绝不可能让普通大众知道的。

　　所以说，现实中肯定没有这种所谓"最确定、最权威、最赚钱"的盈利模式。如果读者能够在认真阅读且严肃思考的基础上坚持这样的观点，就不会对媒体上那些滔滔不绝夸耀自己交易系统的"权威人士"的故弄玄虚顶礼膜拜了。

二、任何盈利模式都无法保证"在最低点处买入、在最高点处卖出"

1. 最高点和最低点是事后得知的

最高点是在顶部区域形成的，最低点是在底部区域形成的。而"顶"意味着什么呢？只有下跌，我们才知道那是顶部；只有跌下去，我们才能发觉曾经有一个最高点。在实际操盘的时候，只要不下跌，我们就会认为行情会屡创新高，不会抛出手中的股票，只有当我们判断行情开始下跌的时候，我们才会卖出手中的股票，而此时，最高点早已经形成了，我们怎么能根据已经形成的最高点卖出呢？同样，对最低点的分析也是如此，我们也不可能根据已经形成最低点买入。因此我们说，在实际操盘过程中，除非运气好，我们几乎不可能"在最低点处买入，在最高点处抛出"。

2. 最高点和最低点往往是阶段性的高点和低点

例如苏宁云商，如图 3 - 2 所示，在 2013 年 10 月 10 日出现了"最高点"14.33元/股，当日的开盘价、收盘价和最低价分别是 13.38 元/股、13.99 元/股、13.13 元/股，成交 3997845 万手，换手率为 8.08%。随后该股步入较长时期的下跌，在 2014 年 5 月 8 日一度跌至"最低"的 6.12 元/股。

但是你能说 2013 年 10 月 10 日出现的 14.33 元/股就是历史上的最高点吗？同样，你能说 2014 年 5 月 8 日出现的 6.12 元/股就是历史上的最低点吗？不能这样说，因为价格还在一直变动……

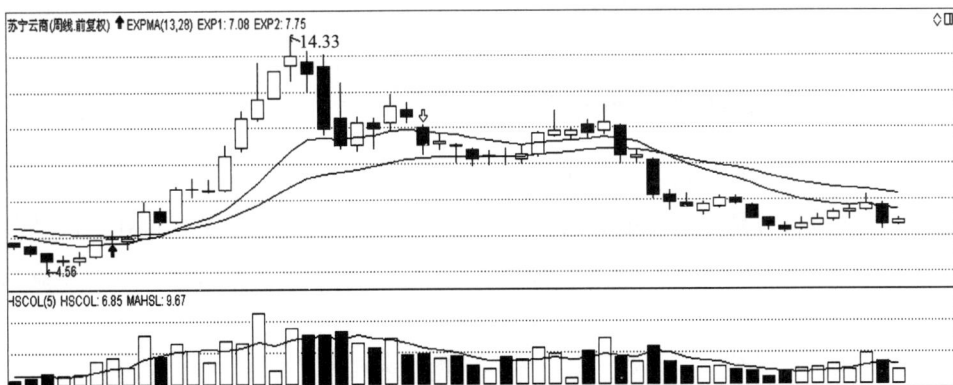

图 3 - 2 苏宁云商截止到 2014 年 6 月 25 日的周 K 线图

3. 最高点和最低点处的成交量往往是有限的

有经验的股民都知道，在交易过程中出现的最高点或最低点处，往往成交数量是有限的，少则十几手，多则上万手，总是有限度的，不可能有一个永远成交下去的最高点或最低点。这意味着，在最高点处卖出和最低点处买入的人的数量是很稀少的，绝大多数的人是卖不到最高点也买不到最低点的！从这个意义上说，最高点和最低点只是具有数字上的象征意义，不具有操盘上的意义。

正是由于以上原因，尽管我们有"在最低点处买入、最高点处卖出，而且知道什么时候出现最高点、最低点"这样美好的愿望，但是这种愿望是不真实的。我们以技术分析为主要手段打造的盈利系统，也无法帮助我们实现这种不切实际的愿望。

我们能做的就是，尽量让系统优化，做到"在比较低的价位买入，在比较高的价位卖出"，并且持续性发现新的投资机会。事实上，作为一个人工构建的系统，它应该具备以下几个特点，也是我们对它的基本要求。

三、盈利系统应能帮助我们选股

股市当中有几千只股票，数量还在不断增加，在这么多只股票中选出合适的股票是比较困难的事情。而且找到"价格处在底部的股票"是一种错误的投资逻辑，因为价格处于底部并不必然说明其会上涨，更不知道其什么时候上涨，等待的时间可是很难熬的！万一价格再跌破底部区间怎么办？

所以正确的投资思路是，让这个盈利系统帮助我们选出价格"即将上涨的股票""处在上涨初期的股票""正在上涨的股票"。但是这样的股票有可能被盈利系统选出来很多，多达几百只，我们依然要辛苦地观看每一只股票的走势图，因此这个盈利系统还应该具有再次筛选以及多次筛选的功能，把最好的股票选出来。最后，我们所建立的股票池里就剩下了数量很少的股票。

四、盈利系统应能帮助我们选时

选时即选择买入时机和卖出时机。

选择买入时机就是尽量以更低的价格买入，选择卖出时机就是尽量在更高的价位卖出。如果这个系统股票选得好，时机选得对，那么让使用它的投资者持续性盈利就是必然的结果。

当然，我们还需要再次强调一下，买入时机和卖出时机往往不是一个，可能有多个，投资者需要根据加仓技巧和减仓技巧进场和离场，谁也别想"买到最低，卖到最高"。

五、盈利系统应该有纠错的功能

我们知道，人造的系统都不可能是完美的，这个系统一定会有瑕疵和纰漏。选股错误或者选时不当，尤其是让投资者出现亏损的时候，这个系统应该有纠正错误的能力，管理学上称之为纠偏，即纠正偏差。

纠错在实盘操作中属于止损功能。止损就是停止损失的意思，由于不同时间周期偏好的投资者在构建盈利系统的时候止损位的设置往往不同，因此止损比例和数额会因系统的不同而有所差别。但是无论怎样，如果系统提示应该卖出了，哪怕是亏损的，投资者也要离场，止损可防止亏损进一步扩大，况且投资亏损是所有交易必不可少的一部分。

纠错功能在构建盈利系统过程中，可以通过行情分析与交易软件进行测试、评估和优化。软件自带的一些功能可以帮助投资者选择比较合适的技术指标、技术参数，这样可以大大简化盈利系统构建的过程，节约更多的时间。

六、盈利系统的核心交易规则

任何盈利系统都具有 4 个核心交易规则，即建立系统、管理风险、坚定不移、简单明了。

（1）建立系统：这里主要说的是你的系统主要适合什么市场，是股票市场还是期货市场，是商品期货还是贵金属期货，是外汇市场还是农产品市场，等等。前边说到的"盈利系统六边形"所包括的胜算，盈亏比以及系统本身发出的入市信号、出市信号都是投资者所应该重点考虑的方面。

（2）管理风险：这里说的风险，是指一切可能导致投资者破产的风险，主要指一连串的失败赔光所有资金的可能性。盈亏比和胜算是降低破产风险的主要武器，只有提高盈利系统的胜算和盈亏比，盈利才具有可持续性；同时，资金比例要控制得当，尤其是在融资融券的时候，因为此时的破产风险会随着赌注的增加而不成比例地迅速放大。

（3）坚定不移：这主要强调的是对盈利系统的自信心和对操盘行为的自我控制能力，最终体现为执行力。虽然没有十全十美的盈利系统，但是有高胜算、高盈亏比的盈利系统，只要坚持就会有成绩，只要自信就会有盈利。经验、知识、智慧等不等于成功，长期坚持才是盈利事业蓬勃发展的桥梁。

（4）简单明了：盈利系统不需要建立得很复杂、很神秘，所谓大道至简。当然，盈利系统也不能保证次次成功，其魅力在于投资者的信任、坚持与胜算。当然，要想达到简单明了的境界，需要投资者付出艰苦的努力，经过长期的跋涉。

七、盈利系统应保证具有每年30%以上的收益率

如果非要用一个指标量化盈利系统的优劣，从目前中国的实际利率，以及本人的

实践来看，一个盈利系统应该保证具有不低于 30% 的年收益率，即投入股市 10 万元，一年下来，账户上应该有不低于 13 万元的资金。

当然，这是一个保守的估计。由于中国股票的数量每年都在增加，可选择的对象越来越多，按照盈利系统的选股思路，每周投资者都可以选出很多可以择机买入的股票，因此只要选好了股票，有了好的买点，以及买入后盈利系统所发出的卖点，实际上每年的收益率会更高。

对于比较大的机构投资者来说，由于资金量庞大，动用的人员较多、成本较大、所协调的部门和人员增加，正所谓船大难调头，因此盈利系统可以确保其每年的收益率在 20% 以上。

不管你是大、中投资者还是小投资者，只要你能根据本书的思路和做法，设计出来具备以上特征的系统，我就认为它可以保证你持续稳定获利，这个系统就是你自己的盈利系统。

第三节　构建盈利系统的基本要求

仅仅了解盈利系统的含义和特征是不够的，我们的目的是构建具有实际操作意义的盈利系统，而构建的步骤建立在投资者对行情分析软件的熟悉，以及掌握基本的技术分析和基本分析知识的基础之上。

一、熟悉你电脑上的行情分析软件

根据中国证券业协会官网数据，截止到 2012 年 3 月 27 日，中国境内的证券公司有 115 家，不管你在哪家证券公司的营业部开户，证券公司的官网都会提供给你一套冠以它们公司名称的行情分析与交易软件。这个软件同时具有股票基金的价格分析与买卖的基本功能，也有其他诸多复杂的使用功能。

市场激烈竞争导致的同质化结果，使绝大多数证券公司提供的行情交易软件大同小异，区别在于个别的技术指标在不同公司的软件上显示不同，在有的公司的软件上能找出来，有的找不出来。

另外，我们也要谈一下市场上充斥的卖价成千上万元的股票软件。当然，这些股票软件在界面上做得确实很好，例如能提示买卖点，颜色显示得很鲜明，或者能显示十档买卖盘等。但是，如果你熟知技术分析的话，其实他们跟证券公司提供的免费的普通软件没有本质上的不同。

每一个行情分析软件都有"选股器"功能，以及"交易系统测试"功能，这是很多投资者尤其是中小散户所不了解，也不会使用的，而这恰恰是我们构建盈利系统要重点用到的功能。当然还有其他功能，所有这些我们在以后的章节中会给予详细介绍。

二、掌握技术分析知识

在进行股票投资的时候，我们都忽略了一点，那就是我们在买卖的时候，其实都是在"看图说话"，也就是根据电脑上显示的价格走势进行买卖。

股票当前的价格固然重要，未来的价格更为重要！我们需要掌握的分析技术能帮助我们对股票价格未来的走向进行预测。常见的技术分析工具有K线理论、形态理论、切线理论、江恩理论、道氏理论、波浪理论、混沌理论等，同时还有很多交易大师发明的技术指标，例如移动平均线MA、相对强弱指标RSI等。

从实战以及构建盈利系统的角度，我们不需要把这些理论和技术指标统统记住，统统会用，只需要熟悉掌握最基本的部分就行了。

三、掌握基本分析知识

另外，我们需要掌握基本分析知识，因为股票是一种公司发行的、可以交易的、有内在价值的证券，它的价格走势必然与公司的发展有内生性的关系。

所谓基本分析，就是对国家的宏观经济政策、数据，国际经济前景，以及发行股票的这家公司所处的行业、市场地位、产品特性、财务报告、战略规划、股本结构等进行全面分析。其目的就是发现公司的内在价值，找到市场中因非理性波动而"价值被低估"的股票，从而选出"正确的股票"。

市场对基本面的分析现在已经系统化、成熟化、概念化，从以前的"绩优绩差股""重组预期股"的判断，演变为现在的各种概念板块，如蓝宝石概念、养老概念、二胎概念、智能穿戴概念等。通过使用这种方式，人们试图发现一些"潜在的价值"，为买卖股票提供心理上的依据和支撑。

所有的行情分析软件都在屏幕下边有"板块"栏可供选择。你可以点击"板块"栏，把市场中已经做好的各种板块和概念尽收眼底，一览无余。而对于单只个股所代表的公司基本信息，按F10键就可以了。

从实战以及构建盈利系统的角度，我们对基本面进行了解和分析所要掌握的知识也不需要过多，但是常见的财务数据，如每股收益、净资产收益率、流通股本、市盈率等是必须掌握的。

四、磨炼投资心理

我们知道，股市价格的波动是由看不见的力量在引导着。这些力量包括国际经济形势、国内经济政策、财政政策和金融政策等，也包括股市本身的如各种机构投资者、中小投资者对价格的不同认知以及资金量是否充沛等因素。

我们可以把股市比作一个在雪夜里前行的人，任何外部环境的刺激都会导致他内在心理发生变化，心理的变化又会影响到他的行为变化，使他决定到底该朝哪个方向走，最终别人看到的就是他在雪地上留下的一行行的脚印……

从这个意义上说，股票价格最终是由人们的心理认知导致的。什么叫作"股价很高"？什么叫作"股价很低"？其实无所谓高低，高低只是人们的判断。如果有实力的机构都认为股价很低，那么底部就不远了；如果绝大多数散户都认为价格依然不高，恐怕顶部也就即将产生了。

心理的磨炼还体现在市场无趋势的时候，这时候是最磨人的，因为这个时候所有的技术指标都已经失灵。市场内的投资者一次又一次地以为盘整即将结束，可是股价一次又一次地回落到一个特定的区域。盼望的突破很多次都没有降临，市场都已经麻木的时候，或许机会很快就会来到了。

另外，当你构建了自己的盈利系统以后，由于任何盈利系统都具有内生性瑕疵，即不能保证你屡战屡胜，在一而再再而三地出现错误、失败和损失的情况下，你能否坚守自己的系统，依然是个严峻的考验。

最终，**只有当投资者去除价格波动带来的心理波动或情绪波动的时候，当投资者只依靠自己的盈利系统发出的信号进行操作时，投资者的心理磨炼才算有所成就。**

以上就是本书认为的构建盈利系统所需要的知识和技能。由此可见，我们炒股并不需要多么高深的学问，不需要像基金经理那样对自己的投资组合进行复杂的高等数学计算，不需要对账户的盈亏有过于强烈的反应。上述三类知识和心理磨炼，一个普通人通过一定时间的学习是完全可以掌握的。本书从第四章开始就是根据这样的逻辑关系讲述"盈利系统构建"全部细节和要求的。

当然，所谓"书到用时方恨少"，尽管本书认为不需要太多的知识，但是多掌握、牢固地掌握一些金融经济类知识，对任何一个人来说都是有益无害的。

第四节　盈利系统的测试、评估与优化

盈利系统的测试非常关键，因为你的知识能不能够良好运用，运用以后对盈利情况进行的分析，全体现在你所设计的盈利系统上。你的盈利系统包括什么？它是个长线系统还是短线系统？有哪些技术指标？有哪些使用要点？有没有违反基本原则的地方？这些问题，都会在你盈利系统的测试过程中，被完全暴露出来。

其中最关键的是，测试以后，你会发现你的盈利系统能在多大程度上保证你获利。因此，这里我所讲的测试，从操作意义上讲，指的是在一定的测试周期内，你的资产总收益率有多大。

盈利系统的测试、评估和优化都是围绕着这几个问题展开的：时间周期、对象、买卖点以及交易规则。

1. 时间周期

时间周期是指测试、评估和优化的时间是一年、两年还是 6 个月，这取决于投资者不同的投资偏好。长线投资者一般至少测试 1 年的数据，短线投资者可以测试 6 个月以内的数据，中期投资者居中。但是由于证券公司提供的行情分析与交易软件具有自动测试功能，故投资者完全可以把这项测试工作交由电脑来完成，只不过在测试的时候需要提前下载以前的价格和成交量的数据。

2. 对象

对象是指测试、评估和优化的是板块、个股、大盘、所有股票还是自己构建的投资组合。一般来说，单纯测试某一板块或个别股票是有失偏颇的，原则上将所有的股票都纳入测试对象更为合理一些。当然，对于一些有着特别偏好的投资者，例如偏好计算机类股票的投资者，那么单纯测试这一个板块也是可以的。但是同时测试一下大盘主要指数以及其他的板块，做一下对比，也不是多余的，这样可以更好地辨别孰优孰劣。

3. 买卖点

买卖点指测试、评估和优化时的买卖条件。投资者设计盈利系统时，是根据什么样的条件买入？什么样的条件卖出？是移动平均线 MA、布林通道 BOLL，还是在几个技术指标同时发出信号后进行买卖？这取决于投资者对技术指标的熟练程度和偏好程度。当然，那些偏重价值分析的投资者一般不屑于根据技术信号入市，但是笔者的建议是，即使你是一个价值投资者，参考一下技术信号也不是多余的事情。

4. 交易规则

交易规则指测试、评估和优化时的买卖规则。投资者设计盈利系统时，出现买入信号时，是投入所有的资金，还是投入 80%？交易成本如何计算？什么样的情况下止损？到测试最后一天是否强制平仓？这些细节都是需要考虑并事先设计好的。

盈利系统的测试、评估和优化可以通过电脑以比较快的速度完成。盈利系统经过测试、评估和优化以后，投资者要按照最优的结果来制订自己的交易策略。本书第八章第六节对盈利系统的测试、评估和优化有更为详细的讲解。

第五节　盈利系统的内生性瑕疵

必须要指出的是，任何盈利系统都不是完美的，因为它都是人（投资者）根据现有的条件（对知识的掌握程度、对软件的熟练操作程度等）设计而成的。

首先，人不是完美的，人造的任何物品也不是完美的，不同之处在于不完美的程度。

人的不完美不仅仅表现在其创造的物品上，还表现在心理上。例如，人们经常性地不承认错误，不愿意改正自己的陋习，不愿意改变自己的观点，不愿意改变自己的价值取向等，都体现了人类自身的固执和偏颇。

在股票投资上也充分体现了这些心理问题，例如明明做错就是死不认错，不愿意止损，宁愿远离股票，认为"眼不见心不烦"，结果亏损越来越大。诸如此类的错误心理还有很多，第七章会专门论述。

从人为设计的角度观察，盈利系统的内生性缺陷主要表现为以下几个方面。

（1）系统选择指标过多，就会出现指标信号间的相互矛盾。

（2）指标选择过少，就会丧失许多明显的逃顶或抄底的机会。

（3）选择的指标参数时间周期太长，操作次数会减少，可能会导致总体盈利的下降。

（4）选择的指标参数时间周期太短，操作次数会增加，但未必导致总体盈利的增加。

（5）在测试盈利系统的时候，测试时间、技术参数、交易规则等都已经设定好。从这个意义上讲，它更像一个不懂变通的机械性系统。且由于测试的时间具有唯一性，故此次的测试结果不等同于任何其他时间的测试结果，这意味着你的盈利系统的测试结果具有暂时性。只有大量的不同时间段的测试结果都是良好的情况下，才能证明你的盈利系统是可靠的。

（6）盈利系统的测试是对历史数据的测试，即使测试结果很理想，也不代表据此系统选择股票进行买卖一定有像测试结果那样好的收益。

由于这些内生性的缺陷不可消除，故投资者需要具有在这样的机械性盈利系统基础上的综合性和灵活性。

第六节　对盈利系统的坚持

根据以上阐述，我们知道，盈利系统是投资者交易思维的技术再现，是其知识、经验、能力通过计算机行情分析软件的图像化表达。正如心理学博士、超级交易员 Van Tharp 所说的：你交易的不是市场，而是有关市场的理念。

所以说，盈利系统可以用好几个公式来表示：

盈利系统＝知识＋策略＋磨炼自己

盈利系统＝胜算＋盈亏比＋较小的回撤

盈利系统＋遵守纪律＝持续稳定获利

但是，只要你坚持了自己的交易系统——无论是简单的还是复杂的，无论是短线的还是长线的，无论是趋势性的还是反趋势性的——只要符合你自己的特点，且经过测试是比较完美的，那么就请你坚持下去吧。

在坚持自己的交易系统的时候，要注意戒贪、改进、在盘整期坚守。

1. 戒贪

有的人贪得无厌，表现在盈利系统上，就是希望这个盈利系统能帮助自己在每一波的行情中在最低价处买入，在最高价处卖出，让自己成为一个永远的、彻底的、永不亏损的赢家！但是本章第五节已经介绍了盈利系统的内生性瑕疵，它做不到完美无瑕，也满足不了这些贪婪且非理性的要求。

2. 改进

这里所说的改进，是指微小的改动，例如参数值的调整，而不是根本性的改动。你不要把自己擅长的短线投资改成长期投资，也不要轻易丢弃自己熟知的技术指标，更换为其他所谓"更好的"指标。

3. 在盘整期坚守

很多人都说在盘整期要高抛低吸，其实这是很可笑的说法——你怎么知道正在发展的行情就是盘整行情呢？只有盘整结束，我们才知道那是盘整行情嘛！那么，如何用盈利系统判断是不是盘整期呢？当你的系统经常让你产生微小亏损的时候，很可能这就是盘整期了。这个时候对人的考验才是最真实、最残酷的，因为眼见着自己的利润一点点被蚕食，这种痛苦的体验是难以言表的。只有认真思考过的人，才会一直坚守。有的人从来没有坚持过，因为他从来没有认真思考过。

本 章 小 结

本章强调了盈利系统的基本含义，并从多个角度来理解和解释盈利系统，同时对盈利系统的简单使用做了说明。

由于本书最终的目的是帮助投资者构建适合自己个性特征的盈利系统，写作思路是按照"发现主力活动迹象，构建盈利系统，最终实现投资获利"这样的逻辑展开的，因此本章只是简要介绍了构建盈利系统的思路，以后的写作就是按照"①熟悉你电脑上的行情分析软件；②掌握技术分析知识；③掌握基本分析知识；④磨炼投资心理"这样的内容逻辑进行铺陈的。所有的重点内容都在以后的章节中有详细的说明，本章对今后的章节起到了提纲挈领的作用。

盈利系统的构建是一项复杂的工作，是投资者所有经验、教训、思考、总结的理论性升华，是与计算机软件相配合的结果。好的盈利系统能够保证投资者大赚小赔，持续稳定地获利；反之，漏洞很多的系统会给投资者带来遗憾甚至惨痛的记忆。

任何盈利系统都不能保证绝对准确，因此读者不必对媒体上那些自吹自擂的交易软件奉若神明。

第四章　熟悉你的行情分析与交易软件

工欲善其事，必先利其器。

————《论语·卫灵公》

中国有句古话"工欲善其事，必先利其器"，意思是说，若想把自己的工作干好，就一定要熟练使用手中的工具。对于股票投资者而言，你的工具就是你的行情分析与交易软件。

投资者在任何一家证券公司营业部开户，相关人员都会提示你安装其行情分析与交易软件，并且其官网上都有比较详细的使用说明。

但是我们组织学生进行的市场调查显示，很多中小散户是不太会使用相应软件的，他们不学习指导说明书，即使学习，也依然对很多技术指标的含义和用法不甚了解。

目前，中国有134家证券公司（含经纪公司），营业部更是多如牛毛，国内使用的行情分析与交易软件主要有钱龙、通达信、大智慧、指南针、核新同花顺等。这些软件的界面、用法、功能、指标数量等方面各有千秋，不好厚此薄彼。下面就以通达信为例做一些简要介绍。

根据自己的经验，我把电脑上显示的图形分为四部分：主图区域、副图及技术指标区域、价格区域、功能区域，如图4－1所示。下面对这四个区域分别加以说明。

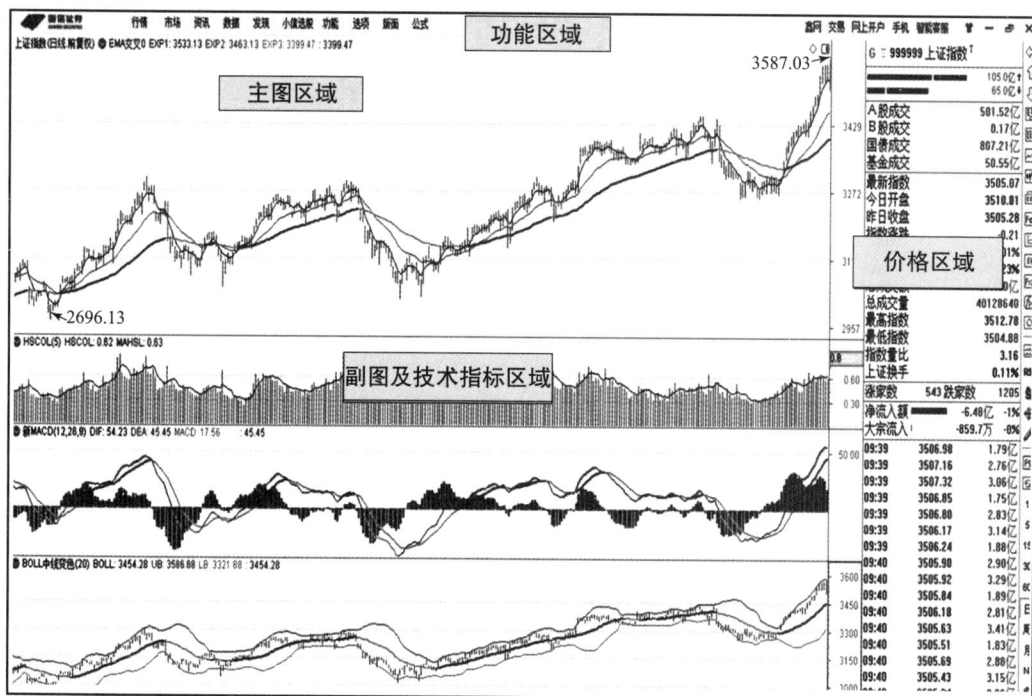

图4－1　行情分析与交易软件界面的四个分区

第一节 主图区域

主图区域是以 K 线图为基本图形的区域，主要功能有：选择主图技术分析指标，选择交易系统，指标模板管理，前后复权，选择分析周期和技术指标窗口数量等。这些功能都可通过单击鼠标右键在对话框里找到。

一、选择 K 线图使用的技术分析指标

技术分析指标如移动平均线 MA、EXPMA 指数平均线等。一般软件在安装后会默认"MA 均线"为界面均线，但是投资者可以根据自己的兴趣爱好选择适合的均线或其他技术分析指标，如图 4 - 2 所示。

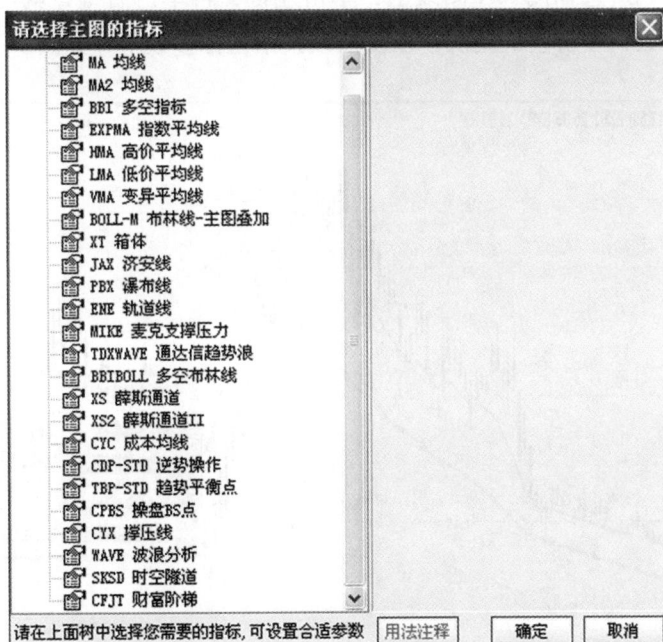

图 4 - 2　选择 K 线图使用的技术分析指标

例如，有的投资者不喜欢这么多根线，将之调整为三根，分别是 10 天、30 天、73 天；有的投资者干脆使用 EXPMA 指数平均线，只使用两根；也有一些人嫌默认的线数太少，根据江恩理论搞了些创新，共计八根，号称"江恩八线"。

有的投资者记不住这么多根线，为了便于记忆，分别给 5 天、10 天、20 天、30 天、60 天、120 天均线起了个好听的名字，叫作攻击线、操盘线、生命线、辅助线、决策线、趋势线。

有的人更绝，据说只使用一根 30 天均线行走江湖，也曾被传扬了一番。

其实，不管使用多少根线，起什么样的名字，其原理都是一样的。如果是普通的移动平均 MA，就是一种数学上的平均值；如果是指数平均 EXPMA，其原理是将股价近期的表现作为重要的参考而参与数学计算，只不过公式略微复杂些而已。

对于投资者来说，尤其是中小散户，本书不建议他们使用默认的均线，使用三根以内的均线即可。

除了调整移动平均线 MA，投资者还可以将 MA 更换成其他的技术指标，例如操盘 BS 点 CPBS、成本均线 CYC 等。

二、技术指标注释与参数修改

我们以移动平均线 MA 为例说明技术指标参数修改与注释等功能。

将鼠标移动到所选择的 MA 图线上，单击左键，再单击右键，就可以调整所选择的技术指标的参数，了解它的用法，以及修改技术指标参数了，如图 4 - 3 所示。

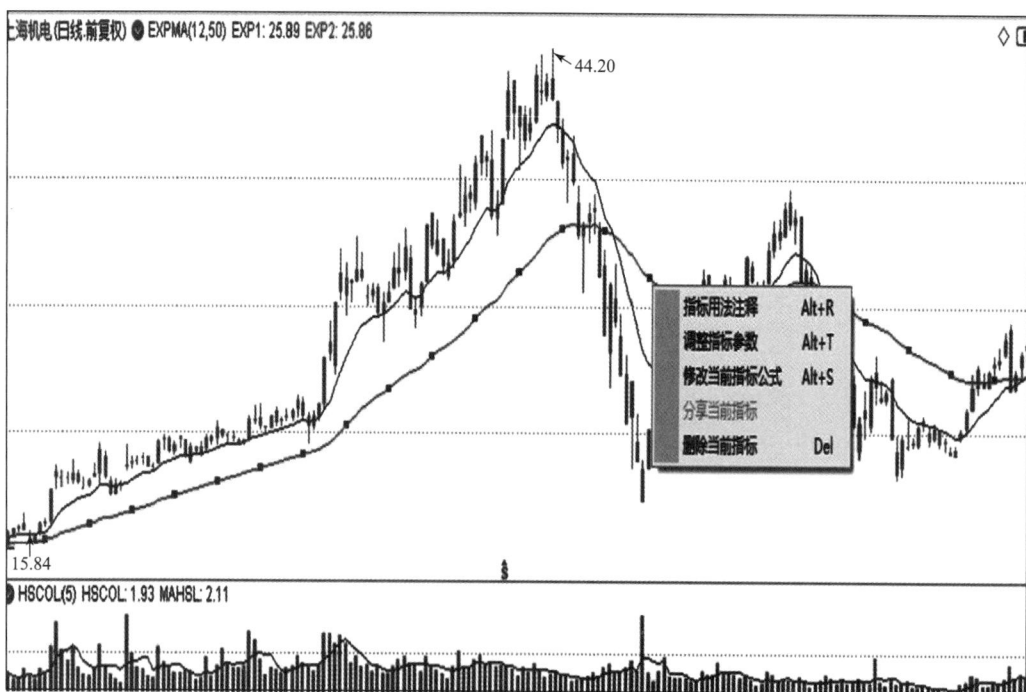

图 4 - 3　技术指标注释与参数修改

投资者可以根据自己的经验和知识修改技术指标的参数，例如可以把 MA（5，10，20，30，60）改为 MA（25，45）等。

如果投资者熟悉计算机算法语言，还可以修改技术指标的写法，以满足自己的看盘需求。不过，对于不熟悉计算机语言的非专业人士，一般不要轻易修改系统默认的技术指标的写法，否则会造成很多麻烦。

三、选择交易系统

行情分析软件一般自带交易系统，供投资者选择或者测试，例如常见的均线交易系统、MACD 交易系统等。

投资者需要明白的是，这些交易系统都是在技术分析的基础上设定的。例如，MA均线交易系统就是严格遵照"金叉买入、死叉卖出"交易规则，这些知识是需要投资者事先具备的，同时 MA 交易系统的那两条均线也是可以根据投资者的偏好进行调整的，如图 4 - 4 所示。

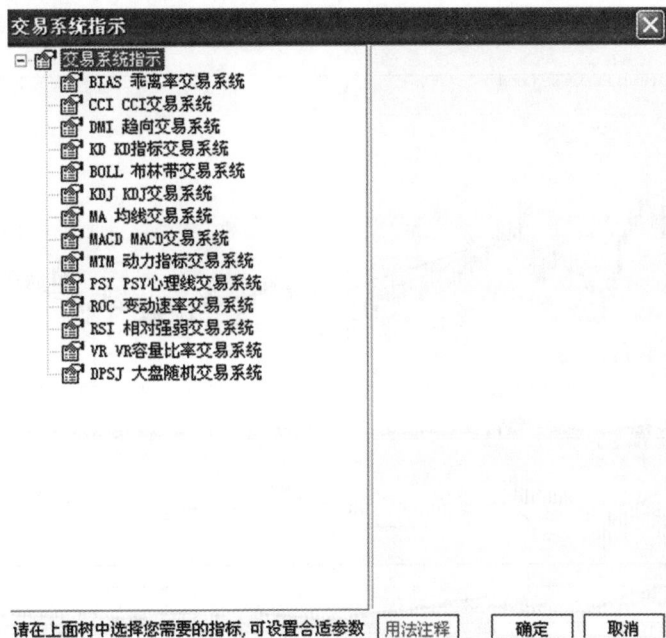

图 4 - 4 软件自带的交易系统

投资者使用什么样的交易系统，取决于投资者对哪种技术指标更为熟知、更为相信。在资本市场的发展历史中，优秀的专业投资者和交易大师发明了很多技术指标，用于技术分析的指标可谓种类众多、形形色色。但是投资者也必须清楚，由于技术指标是以历史价格和成交量为基础进行数学计算的，具有滞后性，因此没有哪一种技术指标是包打天下的。

四、指标模板管理

这是一个非常有用的工具，如果投资者熟悉技术分析以及交易软件，就会应用所学到的知识形成自己的交易策略。

你可以在主图上选择你认为"比较管用"的均线或指标，在副图上选择你认为"比较管用"的指标、窗口数量以及分析周期，将其固定下来，起一个名字，方便以后调用。

例如，你在主图上选择了周 K 线的 EXPMA（13，28），副图上选择了成交量、MACD 以及追踪指标 SAR，且认为这种组合是最好的组合，就可以单击鼠标右键，选择"指标模板""当前组合另存为""我的最爱"，以后再看其他股票的时候，就可以直接使用这个"我的最爱"模板了。

如果你设置了好几个模板，可以把它们都存起来，方便以后随时转换使用，如图 4－5 和图 4－6 所示。

图 4－5　主副图技术指标选择举例

指标模板管理这个功能，充分体现了投资者在使用行情分析软件之前知识储备的多少。如果一个人原来就具备较多的技术分析知识，并知道其用法，他就可以在对行情分析软件的使用摸索中逐渐建立起自己的分析模板，为构建自己的盈利系统打下坚

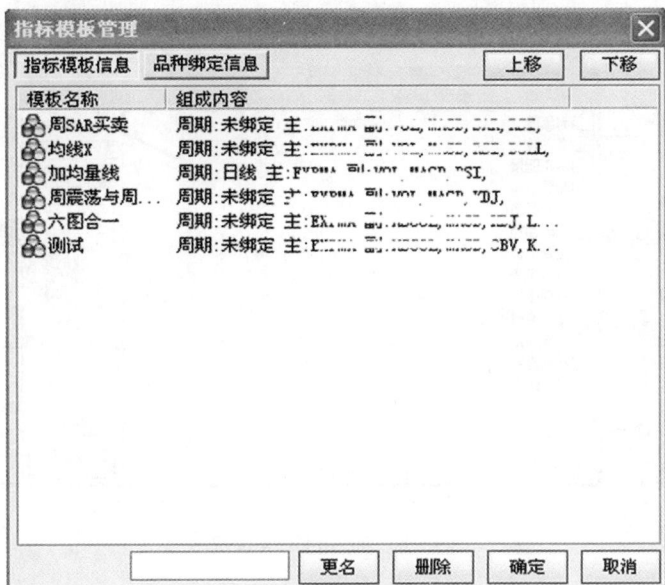

图4-6　模板设定

实的基础。

五、加入板块

投资者可以通过自己的研究对股票进行归类，并起好名字，例如"底部盘整""上升通道"等。如果发现一只股票符合设定的板块特征，投资者就可以把这只股票加进去，如图4-7和图4-8所示。

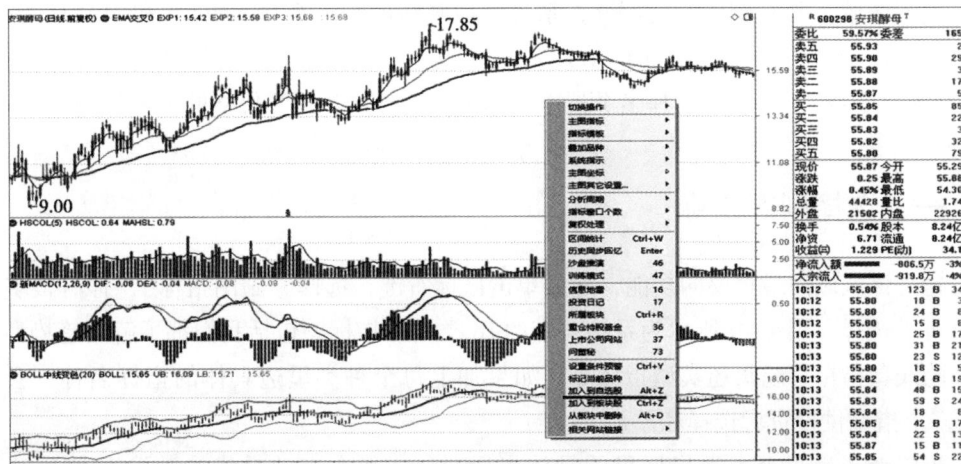

图4-7　加入自选股

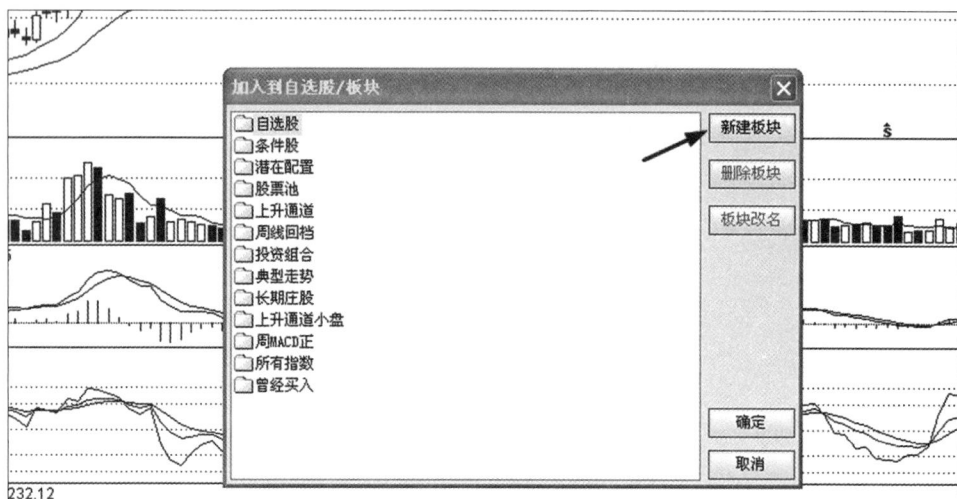

图 4-8　加入自定义板块

除了上面这五个重要的功能以外，主图区域还有其他如"复权"、选择"指标窗口数量"、将股票加入自己设定的"板块"等常见且重要的功能，投资者不可不熟悉掌握。限于篇幅，本书不再介绍。

第二节　副图及技术指标区域

副图区域是 K 线图以下的部分，系统一般默认的是成交量 Volume 和 MACD 指标。有经验的投资者可通过将鼠标移动到副图（或主图）的任意位置，单击右键，选择"指标窗口个数"，即可以选择多个技术指标来共同分析和预测价格的未来趋势。

一、选择副图指标

这是该区域内最重要的功能，通过单击鼠标右键，选择"副图指标"，你有很多个指标可供选择。图 4-9 所示为系统自带的 18 类副图指标，包括我们都了解的趋势型指标、均线型指标、超买超卖型指标等。如果加上每个种类里边具体的指标名称，会有 100 多个指标供投资者选择和添加。

投资者选择每个大类指标里的具体指标时，一般会有"技术参数"和"用法注释"的对话框出现。例如，选择"趋势型"指标中的"DMI 趋向指标"后，单击"用法注释"，就会显示出这个指标的具体用法，如图 4-10 所示。

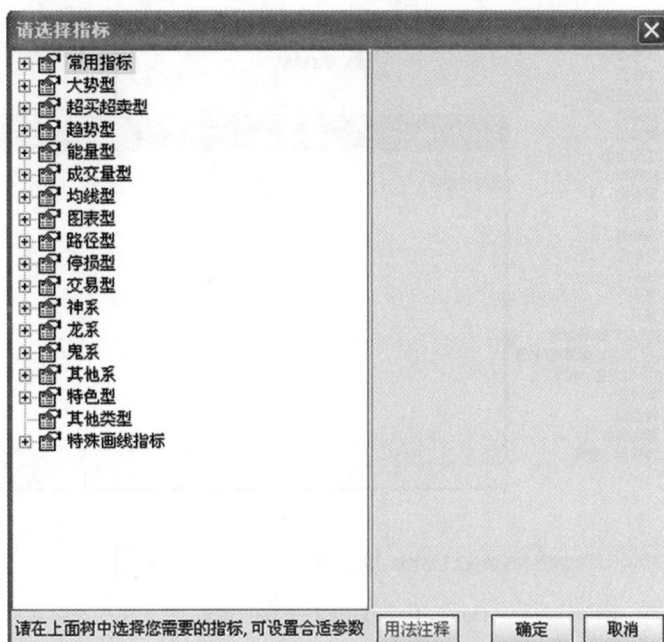

图 4 - 9　副图指标选择

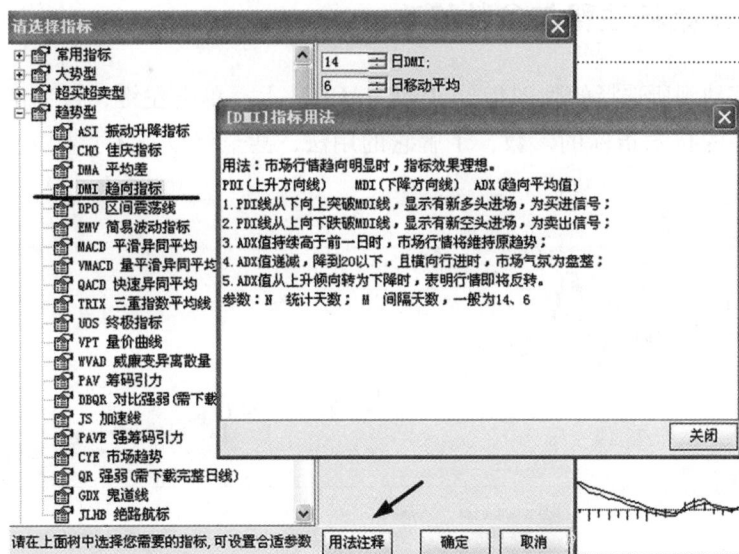

图 4 - 10　副图指标选择举例

　　需要指出的是，也有不少技术指标没有相应的"用法注释"，如图 4 - 11 所示的"主力控盘"指标。这说明了证券公司所提供的服务还有较大的提升空间。

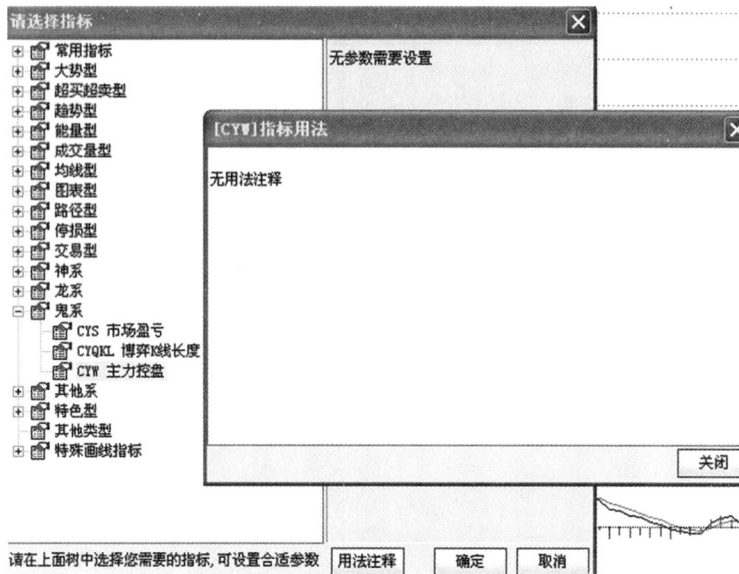

图 4 – 11　无用法注释的指标

二、技术指标注释与参数修改

将鼠标移动到所选择的副图指标（如 MACD）上，单击左键，再单击右键，就可以调整所选择的技术指标的参数，了解它的用法，甚至修改技术指标了，如图 4 – 12 所示。

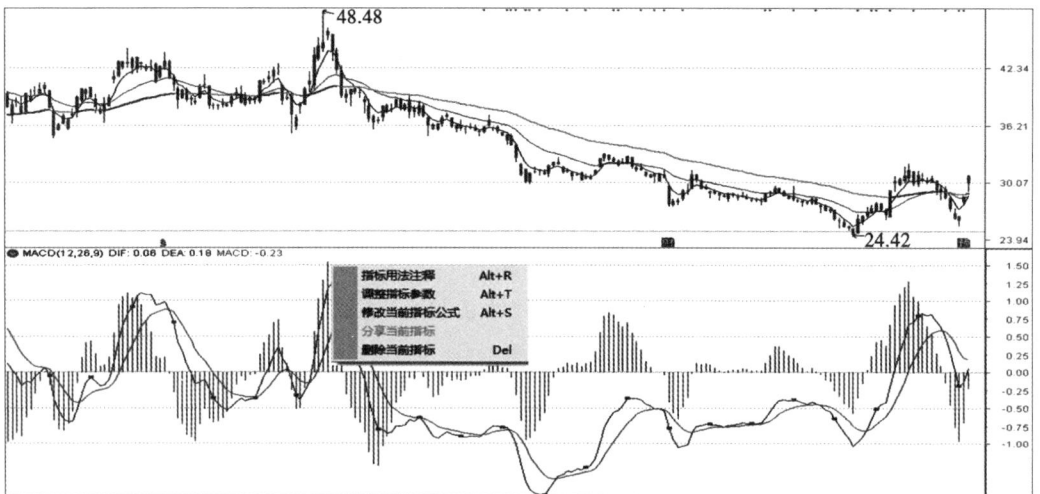

图 4 – 12　修改技术指标的参数

投资者可以根据自己的经验和知识修改技术指标的参数，例如可以把 MACD（12，26，9）参数改为 MA（5，15，4）等。

同样，对于不熟悉计算机语言的非专业人士，不要轻易修改技术指标的写法，以免造成不必要的麻烦。

三、其他功能

其他功能如模板管理、窗口个数、前后复权、将股票添加到特定的板块等，与主图区域用法一致，无须多说。

第三节 价格区域

价格区域相对而言比较简单，从上至下的价格和成交量等信息都可以看得明白。

一、分时特征

分时特征主要有委比，委差，五档买卖盘，价格随时波动曲线以及随时变化的最高价、最低价、最新价，等等。

投资者需要了解的主要是委比和委差、内盘和外盘、量比等方面的知识。下面通过图 4－13 进行说明。

000672		I
委比 -21.89%	委差	-538
卖五	6.03	445
卖四	6.02	122
卖三	6.01	305
卖二	6.00	612
卖一	5.99	14
买一	5.98	17
买二	5.97	392
买三	5.96	163
买四	5.95	153
买五	5.94	235
现价	5.99 今开	5.64
涨跌	0.32 最高	6.15
涨幅	5.64% 最低	5.54
总量	63340 量比	2.59
外盘	37999 内盘	25341

图 4－13　委比和委差、
外盘和内盘、量比

1. 委比和委差

委差就是用五档买盘相加减去五档卖盘相加；委比的计算公式为：委比 ＝（委买手数 － 委卖手数）/（委买手数 ＋ 委卖手数）× 100%。

图 4－13 中，五档买盘相加为 17 ＋ 392 ＋ 163 ＋ 153 ＋ 235 ＝ 960（手），五档卖盘相加为 445 ＋ 122 ＋ 305 ＋ 612 ＋ 14 ＝ 1498（手）。

委比就是（960 － 1498）÷（1498 ＋ 960）× 100% ＝ － 21.89%。

委差就是 960 – 1498 = –538（手）。

通过公式我们可以看出，委比本质上是买盘占总成交量的比例。该值如果是正值，说明买盘多于卖盘，如果正值很大，说明买盘比较踊跃，后市股价会继续上升。委差的含义与委比类似。

投资者要注意的是，由于公式只计算了五档买卖盘，很显然是不够的，主力机构会利用这个公式的漏洞来迷惑普通投资者。例如，主力要出货时，在卖出第六档上挂出极大的卖盘，而在买入第五档上挂更大的买盘，制造出数字很好的委比和量比，吸引投资者蜂拥进场，他好在高位套现，随后撤掉第五档的买单，达到胜利撤退的目标。

2. 内盘和外盘

正是由于委比和委差有一些弊病，所以软件又提供了另一种方法，即内盘与外盘。

所谓外盘，就是以委托的卖价进行成交的成交量总和，注意是以卖方的价格成交。这个数字越大，说明买家越踊跃，愿意以卖方的出价成交，属于主动性买入。

内盘的概念与外盘正好相反，是以委托的买价进行成交的量的总和。

一般的买卖规则是买方愿意以更低的价格买入，卖方愿意以更高的价格卖出。外盘大，说明买方不再与卖方讨价还价了，卖方出价多少，买家就出价购买，所以是主动性买入。内盘大，说明卖方不愿意跟买方讨价还价了，你愿意低价买，我就卖给你得了，所以内盘大说明主动性抛盘大。

一般的规律是：外盘大于内盘，说明主动性买盘多，预示股票上涨；反之，预示股票下跌。

3. 量比

量比是判断市场活跃度的一个指标，它的计算公式是：（当天即时成交量/开盘至今的累计 N 分钟）÷（前 5 天总成交量/1200 分钟）。它的含义是将目前的成交量水平与以前的平均成交量相比较，如果这个值很大，意味着目前的成交量水平远远超过了以前的平均成交量，市场交投非常活跃；如果很小，说明目前成交量不足，交投清淡。

一般来说，如果量比数值大于 5，则要引起注意。值越大，说明主动性买盘越大，预示着后市股价越可能上涨。由于量比是以 5 天的成交量进行计算的，因此说明它是一个短线指标，可以用来监控主力在短时期内的动向，尤其是当主力吸筹或洗盘完毕以后的期间，如果能够通过量比数值的监控发现巨大的量比数字，则很有可能判断为拉升前期，投资者可以积极参与，如图 4 – 14 所示。

但是投资者切不可以仅仅通过量比的大小来简单判断，盲目参与，因为主力机构往往比普通投资者更加狡猾，投资者还要结合其他技术指标进行分析，才可能得出更

	代码	名称		涨幅%	现价	涨跌	买入价	卖出价	总量	现量	涨速%	换手%	今开	最高	最低	昨收	市盈(动)	总金额	量比
1	600982	宁波热电	×	6.08	5.41	0.31	5.40	5.41	499020	112	0.18	11.88	5.25	5.58	5.20	5.10	34.45	2.70亿	8.78
2	000576	广东甘化	×	-0.73	10.85	-0.08	10.83	10.85	118936	100	0.46	4.64	11.00	11.30	10.41	10.93	352.09	1.30亿	8.34
3	600807	天业股份	×	5.93	9.11	0.51	9.11	9.12	85491	13	-0.32	2.78	8.61	9.35	8.56	8.60	150.19	7708万	6.82
4	000797	中国武夷	×	5.65	7.29	0.39	7.28	7.29	110511	35	-0.13	3.31	6.88	7.39	6.86	6.90	29.71	7902万	4.83
5	600738	兰州民百	×	-0.33	5.98	-0.02	5.97	5.98	202043	1	0.50	7.71	5.93	6.22	5.89	6.00	16.38	1.22亿	4.80
6	601918	国投新集	×	7.01	3.51	0.23	3.50	3.51	204.2万	350	-0.56	7.88	3.15	3.61	3.12	3.28	--	7.86亿	4.68
7	300360	炬华科技	T	9.44	39.29	3.39	39.28	39.29	44203	23	0.51	14.82	38.00	39.45	37.61	35.90	29.91	1.72亿	4.45
8	600697	欧亚集团		1.85	17.58	0.32	17.58	17.59	21210	15	0.00	1.37	17.20	17.79	17.21	17.26	17.62	3742万	4.27
9	600057	象屿股份		5.59	6.61	0.35	6.60	6.61	155843	96	0.15	5.37	6.22	6.65	6.19	6.26	23.41	1.01亿	4.24
10	600857	工大首创	×	8.37	13.33	1.03	13.32	13.33	135833	38	-0.96	6.06	12.95	13.50	12.72	12.30	72.93	1.77亿	4.19
11	600814	杭州解百	×	-2.36	7.02	-0.17	7.01	7.02	79147	2	-0.14	2.55	7.15	7.45	7.19	34.72	5660万	4.12
12	600340	华夏幸福	×	6.95	28.17	1.83	28.17	28.18	209706	17	0.10	4.01	26.14	28.90	25.78	26.34	15.00	5.79亿	3.85
13	000862	银星能源	×	10.08	7.10	0.65	7.10	--	93673	10	0.00	3.31	6.78	7.10	6.63	6.45	--	6587万	3.84
14	002198	嘉应制药	×	-4.50	8.49	-0.40	8.50	240601		55	0.23	7.39	8.72	8.83	8.45	8.89	65.58	2.87亿	3.80
15	600595	中孚实业		5.53	4.01	0.21	4.01	4.02	407275	87	0.00	3.78	4.17	3.77	3.80	63.70	1.63亿	3.80

图 4 - 14　2014 年 7 月 18 日收盘时的量比排名

为可靠的结论。

图 4 - 14 中，2014 年 7 月 18 日量比排名第一的是宁波热电，量比值为 8.78；排名第二的是广东甘化，量比值是 8.34。

尽管宁波热电和广东甘化的当日量比都很大，但用其日 K 线、周 K 线的走势以及其他技术指标来分析，可以发现这两只股票当日换手率都很大。宁波热电日 K 线上影线较长，意味着上档抛压较大；广东甘化日 K 线则是高换手率的阴线。但是这两只股票的周 K 线图尚平静，依然在 12 周均线附近，但可能会下跌考验 34 周均线。所以，喜欢短线投资的投资者短期内是不会轻易参与这两只股票的，而喜欢中期投资的投资者可以在观察它们的价格是否跌破中期支撑线后决定是否进入，如图 4 - 15 和图 4 - 16所示。

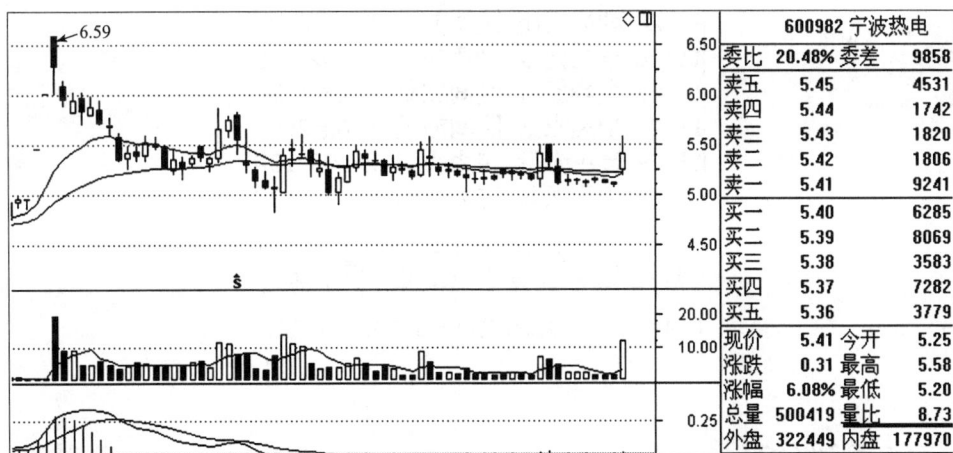

图 4 - 15　宁波热电 2014 年 7 月 18 日的量比（前复权）

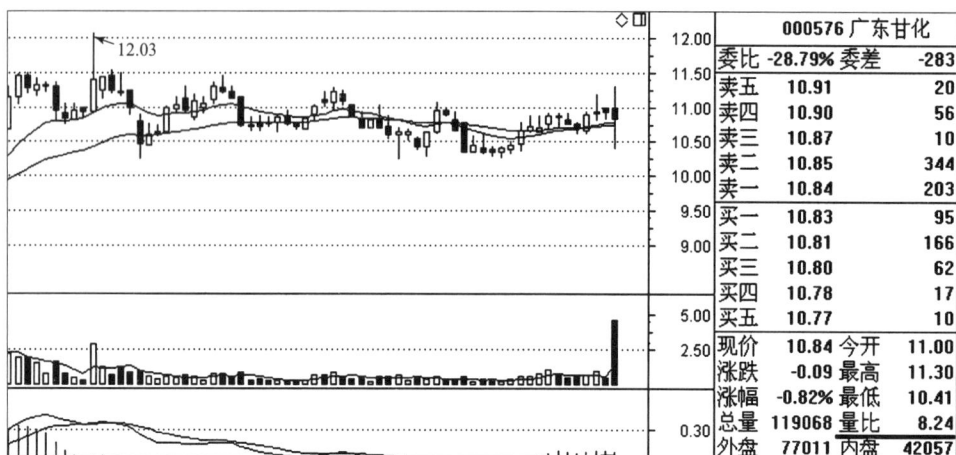

图 4-16　广东甘化 2014 年 7 月 18 日的量比（前复权）

4. 其他

另外，投资者根据软件界面右下角的"笔、价、细、盘、势、联、值、主"可以选择该只股票的"即时成交、每笔成交"等信息。

需要注意的是，在分时图上，右下角最后一个显示的是"主"，是"主力监控"指标，表示在每一天的分时走势图上有哪些股票出现大幅拉升、跳水或者振幅巨大等情况，从这些股票价格的大幅度波动中我们可以窥视主力的动向，如图 4-17 所示。

图 4-17　主力监控精灵显示有异动的股票

二、筹码分布

在日 K 线图上，软件右下角最后一个显示的是"筹"。我们需要了解这个"筹"，如图 4-18 所示。操作时，将鼠标箭头移至"筹"处并单击，上部会出现各种山峰状的条码，下部会出

图 4-18　在日 K 线图上显示"筹"

现观察的日期、获利比例、平均成本等字样，如图 4 - 19 所示。

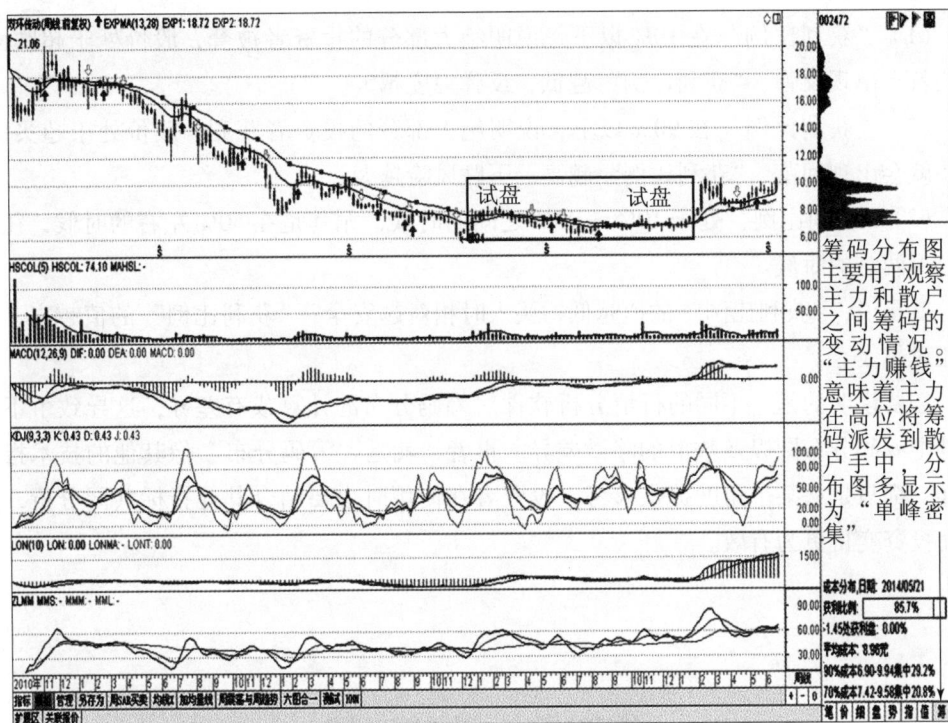

图 4 - 19 双环传动筹码分布情况

"筹"就是筹码分布的意思，筹码就是股票，"炒股"可以理解为主力庄家与散户之间充分交换股票的过程。主力坐庄时从底部吸筹到高位出货就是这样的过程。

筹码很集中，图 4 - 19 右上显示的就是非常明显的"单峰密集"，底部单峰密集表明筹码主要集中在主力手里，顶部单峰密集说明筹码主要集中在散户手里。如果峰不密集，出现多个高低相差不大的峰，则表明无主力介入、正处于下跌通道或者主力吸筹的初期。

筹码分布图，在投资实践中给我们提供了一些参考，具体来说是这样的。

1. 观察是否出现单峰密集

如果出现了单峰密集的图形，则筹码已经集中了，投资者需要看 K 线图显示的历史价格走势，判断目前的价位是高位还是低位。如果是高位，说明筹码已经从主力手里转移到散户手里了，此时千万不要介入；如果是低位，说明主力在底部已经吸足了筹码，拉升指日可待，投资者宜积极介入，与庄共舞。

2. 根据图 4 – 19 所示的"获利比例"进行判断

比较有把握的是以下两种情况。

（1）"获利比例"在 10% 以下，说明绝大部分的投资者被套，股价处于超跌区，很快就会出现反弹，"获利比例"越低，反弹力度越大。

（2）"获利比例"在 90% 以上，说明绝大部分的投资者获利，股价处于超买区，很快就会出现回落，"获利比例"越高，下跌风险越大。

（3）"获利比例"处于 10%～90% 之间的时候，尤其是在 50% 左右的时候，往往是上下两难的时候。

就是说，"获利比例"的值越低，买入时相对越安全；"获利比例"的值越高，风险相对越大。

需要说明的是，不同的行情分析软件对筹码分布的计算或有差异，这导致了不同软件中筹码分布图以及数值的略微差异。再者，就是"筹码分布"像其他的技术指标一样，都只是从某个角度提供参考，投资者在使用时也要结合其他指标共同分析，才能使投资变得更为有效。

第四节　功能区域

通达信软件的功能区域就是电脑最上边和最左边（有时是最右边）的边框，主要的功能有网上交易、专家系统、选股器、画线工具、分析周期、阶段排行等。下面一一进行简单介绍。

一、网上交易

投资者单击此按钮，根据自动弹出的对话框，输入自己的账号、交易密码、通讯密码等，就可以进入买卖股票的系统，如图 4 – 20 所示。

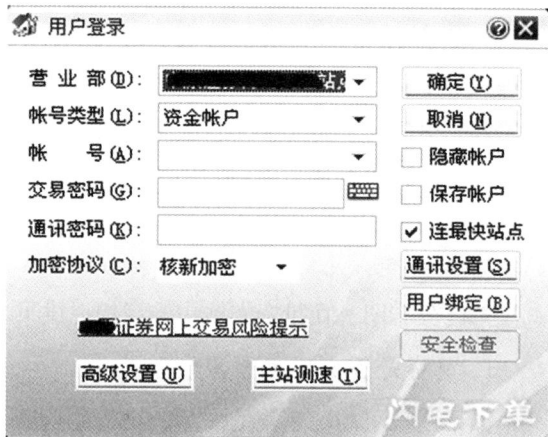

图 4 – 20　交易界面

二、专家系统

投资者可以通过系统默认的交易系统，设定一些简单的交易规则，从而探索收益良好的交易系统。这既是寻找好的交易系统的过程，又是评估系统默认交易系统优劣的过程（图 4 –21）。

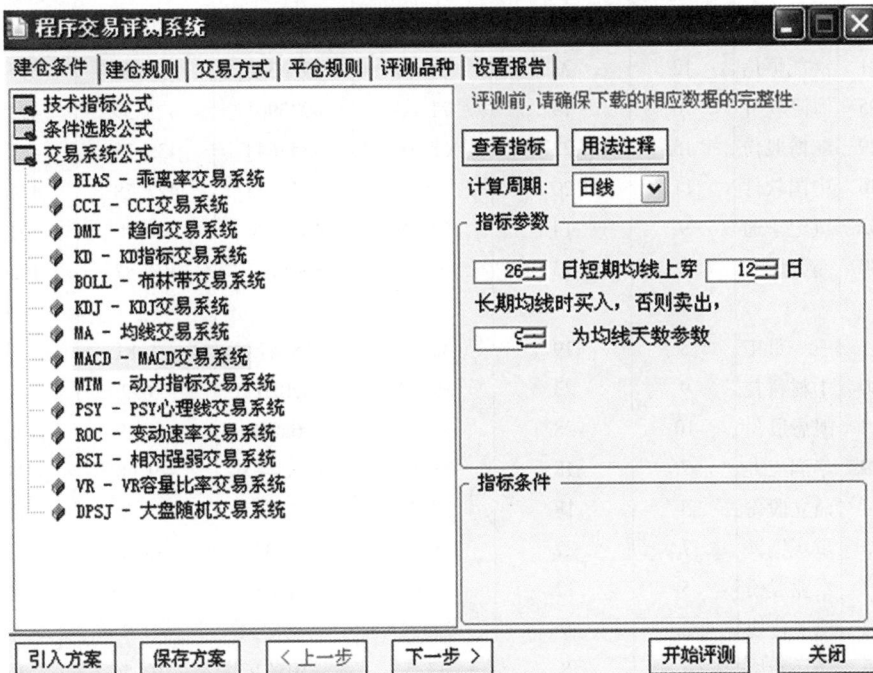

图 4 – 21 程序交易评测系统

例如，系统默认的 MACD 交易系统的交易规则是①分析 MACD 柱状线，由红变绿（正变负）为卖出信号，由绿变红为买入信号；②参数：LONG（长期）、SHORT（短期）、M 天数，计算 MACD 时用，一般为 26、12、9。投资者还可以根据"建仓规则、交易方式、平仓规则、测评品种、设置报告"等进行符合自身特点的交易模式的选择。

笔者曾经对 MACD 参数进行多次修改，发现小参数的测试结果比较良好：参数越小，盈利越大；参数越大，盈利越小。表 4 –1 就是其中一个测试结果，时间是从 2013 年 6 月 21 日到 2014 年 6 月 21 日的一年之内。

测试结果显示，重新设定参数的 MACD 交易系统的年利润率和年回报率都达到了 65% 以上。其中，年回报率最高的股票是 300226 上海钢联，为 886.91%；回报率最低的是*ST 贤成，为 – 55.6%。从数量上看，回报率为正值的股票有 2481 只，占 98.8%；回报率为负值的股票有 29 只，占 1.15%；回报率为 0 的股票有 2 只，占

0.05%，如表 4 – 1 所示。

很显然，这是一个令人激动的测试结果。

表 4 – 1　测试结果

股票代码	股票名称	盈利次数	总交易次数	胜率/%	总利润/元	利润率/%	年回报率/%
300226	上海钢联	12	18	66.67	8903049	890.3	886.91
002240	威华股份	6	8	75	4973020	497.3	763.5
600074	中达股份	1	1	100	602010.8	60.2	714.2
300191	潜能恒信	12	22	54.55	5964346	596.43	594.16
002195	海隆软件	10	14	71.43	4933901	493.39	491.51
002229	鸿博股份	15	22	68.18	4353644	435.36	449.13
600536	中国软件	11	20	55	4277795	427.78	426.15
002602	世纪华通	9	14	64.29	4063986	406.4	404.85
002280	新世纪	8	13	61.54	3948732	394.87	402.59
⋮	⋮	⋮	⋮	⋮	⋮	⋮	⋮
600031	三一重工	8	19	42.11	−58147.6	−5.81	−5.79
002080	中材科技	9	23	39.13	−62020.3	−6.2	−6.18
002012	凯恩股份	10	28	35.71	−62868	−6.29	−6.26
000999	华润三九	7	18	38.89	−96844.6	−9.68	−11.23
600614	鼎立股份	5	18	27.78	−118522	−11.85	−11.81
601005	重庆钢铁	7	27	25.93	−136335	−13.63	−13.58
002517	泰亚股份	5	12	41.67	−119657	−11.97	−20.82
002712	思美传媒	2	9	22.22	−98983.1	−9.9	−23.7
300383	光环新网	3	8	37.5	−105626	−10.56	−26.01
600381	*ST贤成	0	2	0	−51127.8	−5.11	−55.6

读者根据这个 MACD 专家系统进行交易的时候，要注意以下几点。

（1）当行情处于中期多头排列时，由于并不清楚这种多头排列能走多远，所以应该严格按照 MACD 专家系统提示的"买""卖"指令进行操作。中期一般以 30 天以上均线为基本参照。

（2）当行情处于中期空头排列时，即使 MACD 发出的是买入信号，是否参与也要根据具体情况而定。空头排列有三种情况。

①下跌初期，此时中长期均线刚刚形成死叉不久，一般不太可能立即掉头向上，所以即使 MACD 出现买入信号，也尽量不要参与。

②下跌中期，股价在下跌，我们无法事先知道股价会在什么时候止跌企稳，MACD 出现买入信号时也要非常警惕，尽量不要参与，如参与要快进快出。

③下跌末期，事实上我们是不知道什么时候是"下跌末期"的，基本的判断方式

就是技术指标（例如 MACD、RSI、KDJ 等）出现底背离。此时投资者可以参与，入市资金量控制在 50% 以内。

软件给了我们比较好的基础交易系统，我们需要根据自己的知识应用并合理修改。只有这样，才能够在股市中持续地获利。

然而很多投资者在买入股票以后，眼睛整天盯着自己的股票，股价每天的波动搞得他精神恍惚、坐卧不安。即使他曾经学习过技术分析的相关知识，也知道什么时候应该卖出。由于不能控制自己的心神，也不明白波段或趋势的真实含义，于是他经常在股价的微幅波动中进进出出，实在是不值得。

笔者在这里想告诉投资者，这些交易系统是技术分析手段计算机处理的结果，本质上就是技术分析手段，是有比较高的准确度的，千万不要因为自己的知识匮乏或者情绪不稳而认为这些工具没有用。事实证明，你如果彻底放弃了技术分析，你的投资胜算将极度降低。很多投资大师之所以能够持续盈利，不断增值，就是因为没有放弃技术分析这个工具。

三、选股器

选股器是一个非常重要的功能，系统默认的有"条件选股、智能选股、定制选股、综合选股"等功能。投资者可以根据自己的投资理念和运用得当的技术指标在沪深市场、中小板、创业板中选择相应的股票，初步构建自己的股票池。

有的投资者偏好小盘股，有的投资者偏好寻找价格处于底部的股票，有的投资者喜欢连续上涨的股票，有的投资者喜欢没有亏损的股票……无论投资者有什么样的选股偏好，都可以通过使用选股器这个工具，选择中意的股票。

同时，投资者还可以通过技术指标选择合适的股票，例如移动平均线 MA、震荡指标 KDJ 等。

就一般情况来说，投资者的偏好往往具有多面性，以使自己的投资具有更大的胜算。如投资者可以选择"不超过 10 亿流通股、J 值低于 0、市盈率小于 40 倍、MA5 上穿 MA20"的股票。进行这样的过滤后，在全部股票中，可能就剩下 300 多只了，这就是你的股票池。

需要注意的是，系统执行选股操作的时候，你最好设定一个板块，起个名字，然后将系统选好的股票一并放到你设置的板块里，等下次打开电脑的时候，很容易就能找到你的股票池。当然，你也可以不设置新的板块，直接将系统选好的股票放到"自选股"里，下次打开电脑，一样可以找到自己的股票池。

在选股的过程中，还有一个重要的问题，那就是如何再次优选。譬如，我们使用刚才的方法选出了 300 只股票，依然还是很多，该怎么办呢？

这时候，就需要投资者结合主力进出情况、是否市场热点概念、下次公布的业绩是否增长等多种因素进行分析，再次优选（具体使用参见本书第八章的详细介绍）。

四、阶段排行

阶段排行也是比较重要的分析工具，包括"区间涨幅、区间换手、区间量幅、区间震荡"等，主要用于分析一个时期内（默认为 3 个月的时间）哪只股票涨幅最大，哪只股票跌幅最大；哪只股票换手率最高，哪只换手率最低等。虽然这是一个"事后诸葛亮"的排名，对投资者提前布局毫无帮助，但是看到跌幅最大的或换手率最小的股票后，我们有可能找到即将见底的股票；通过对高换手率股票的观察，我们也可能会发现价格即将到顶的股票，从而避免"买到最高，卖到最低"。

五、其他工具

在"功能区域"，还有"画线工具""分类"等很多功能。

使用画线工具可以画出趋势线、支撑线、压力线，也可以画出黄金分割线。

使用图表左下角处的"分类"，我们可以找到"所有指数"这个内容。投资者经常需要了解"今天是哪些板块启动或者领涨？""本周资金流向前三名的是哪些板块？"，因此就要知道这些指数在软件上所在的位置。现在板块分类较多，不同的机构都会发布一些指数，例如常说的医药板块就有"医药生物""医药 100""全指医药""国证医药""1000 医药"等诸多分类，投资者可以根据自己的偏好进行选择，最好的方法是将这些指数设置成一个板块名字，把这些指数都放进去，这样就好找了。

第五节　几个特别的技术指标

在通达信软件里还有一些比较特别的指标，这些指标一般人了解得不多，使用得也不多，但是在实战中往往有着无可比拟的威力。

一、主力控盘 CYW

这是一个通过量价关系来判断主力对一只股票控盘能力大小的指标。它通过对每天的收盘价、最高价、最低价的比较，结合成交量，综合 10 天的平均值，计算出主力控盘程度的 CYW 值，如图 4 – 22 所示。

当 CYW 指标显示为红色，即 0 轴以上为正值时，表明有主力控盘，值的大小（红柱的长短）表明主力控盘的程度。

反之，当 CYW 指标显示为绿色，即 0 轴以下为负值时，表明无主力控盘。

CYW 指标的用法很简单：

（1）红柱（0 轴以上）买入，绿柱（0 轴以下）卖出；

（2）红柱回落不破 0 轴线，再次增长，则是另一个买入点。

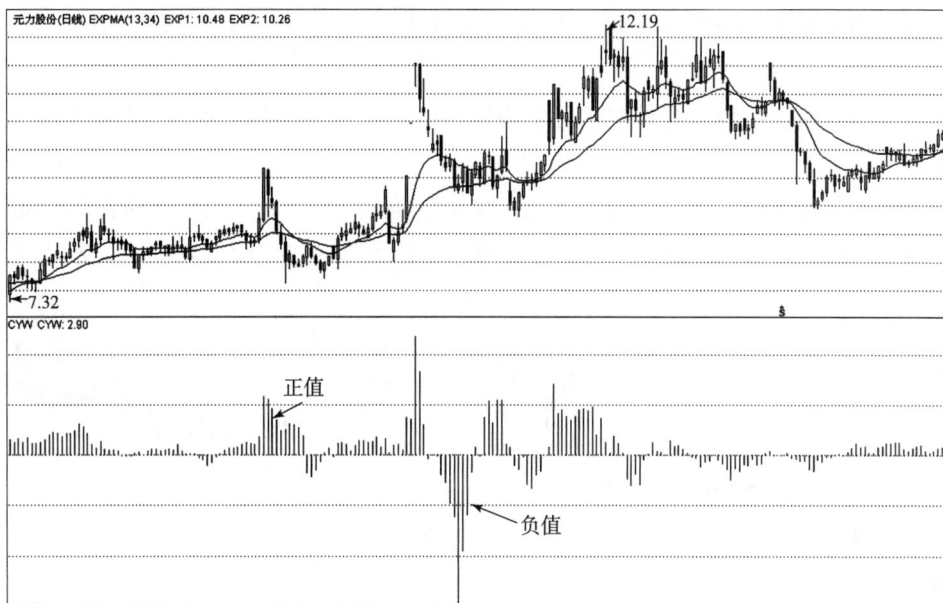

图 4 – 22　副图显示主力控盘（CYW）指标

CYW 指标的用法与 MACD 有相似之处，只不过 CYW 是一个量价指标，而 MACD 是一个纯价格指标。由于 CYW 是一个量价指标，其走势既受价格因素的影响，也受成交量的影响，故其柱状图中往往有比较突兀的长柱子，这是与 MACD 不同的地方。

二、主力买卖 ZLMM

主力买卖指标可以理解为仅仅对收盘价做的二元次的移动平均值。第一次移动平均将近期的收盘价赋予较大权重进行计算，第二次移动平均将周期拉长后再次赋值与计算，如图 4 – 23 所示。

作为普通的投资者，我们只需要理解"白线为短期趋势线（MMS线），黄线为中期趋势线（MMM线），紫线为长期趋势线（MML线）"就可以了。这三条线的具体用法如下。

（1）主力买卖与主力进出（ZLJC）指标配合使用时，准确率较高。

（2）当底部构成发出信号，且主力进出线向上时判断买点，准确率极高。

（3）当短线上穿中线及长线时，形成最佳短线买点交叉形态（如底部构成已发出信号或主力进出线也向上且短线乖离率不大时）。

（4）当短线、中线均上穿长线，形成中线最佳买点形态（如底部构成已发出信号或主力进出线也向上且三线均向上时）。

（5）当短线下穿中线，且短线与长线正乖离率太大时，形成短线最佳卖点交叉形态。

（6）当短线、中线下穿长线，且主力进出已走平或下降时，形成中线最佳卖点交叉形态。

（7）在上升途中，短、中线回落受长线支撑再度上行之时，为较佳的买入时机。

（8）指标在0线以上表明个股处于强势，指标下穿0线表明该股步入弱势。

图4-23　副图显示主力买卖（ZLMM）指标

三、龙系长线LON

这是一种根据价格和成交量计算的趋势指标，其作用在于测量近期资金动向。它能够有效过滤掉频繁操作的短线信号，比较准确地提示出中线买入和卖出信号，如图4-24所示，具体用法如下。

（1）指标曲线向上交叉其平均线，视为长线买进信号。

（2）指标曲线向下交叉其平均线，视为长线卖出信号。

（3）本指标可搭配 MACD、TRIX 指标使用。

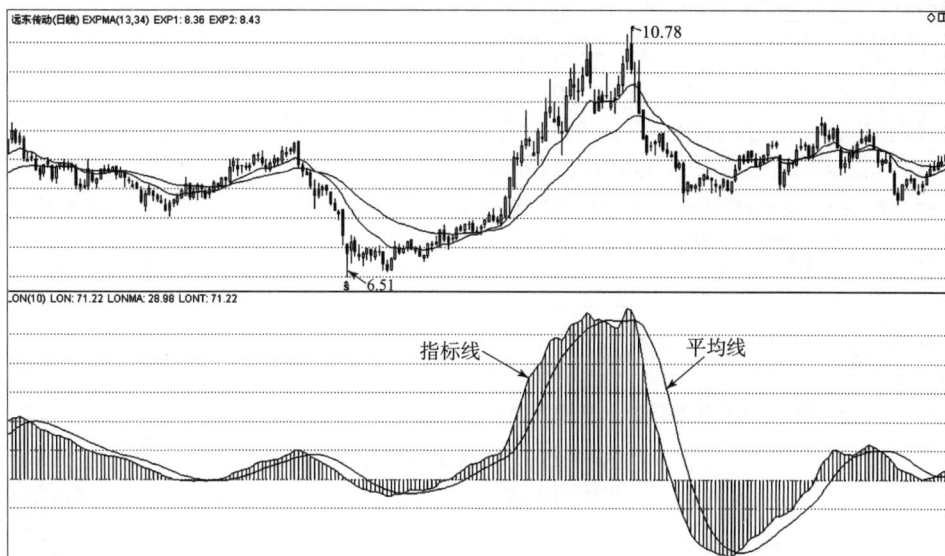

图 4-24　副图显示龙系长线（LON）指标

值得注意的是，上述三个指标在用法中大都没有注释，投资者不知道怎么使用这些指标，有些指标也没有具体的计算公式。这一方面可能是软件提供商担心商业机密泄露，另一方面也说明软件提供商在客户服务上水平仍有待提高。

第六节　F10 的用途

F10 里涵盖一只股票的几乎所有公开资料，在电脑上单击 F10 会出现图 4-25 所示的界面。其中有关公开的资料共计 16 项，分别是"最新提示""公司概况""主力追踪"等。

受篇幅所限，本书只介绍几个比较重要或者平时投资者不太关注的模块，并提出自己的看法。

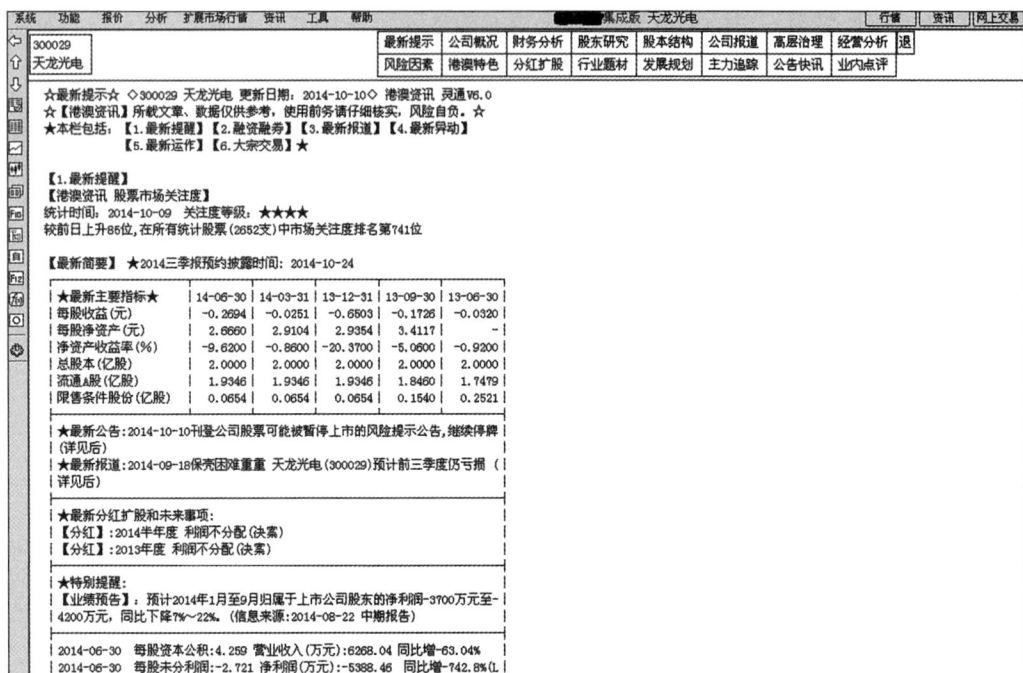

图 4 – 25　个股资料 F10 举例

一、财务分析与经营分析

"财务分析"模块里显示了上市公司所有公开的财务数据，除了众所周知的比较重要的每股收益、净资产收益率等之外，还包括进行财务分析的其他指标，如"净资产增长率""净利润增长率""毛利率""应收账款周转率""资产负债率"等数据。通过这些数据，投资者可以评估股票价格是否被低估，该股票在行业内的地位如何等。

投资者也可以通过"经营分析"，查看公司各个产品的收入、利润率、所占比例等情况，从而判断其产品集中度，以及其主业是否清晰。有时候，主业不清晰的股票被重组的机会更大一些。

对于能否使用 F10 里的财务数据来判断该公司业绩好坏，并指导投资行为，笔者的观点是这样的。

一方面，上市公司做假账的情况屡见不鲜，业绩优良的上市公司极为稀缺。曾经辉煌的四川长虹、琼民源、环保股份、东方电子、亿安科技、银广夏等再也难振雄风，除了因产业周期循环、经营不善等导致业绩滑坡，也不能排除它们中有相当部分的业绩造假而导致绩优神话破灭。

当然，另一方面，我们也应该相信，随着监管力度的加强，业绩造假事件将越来越少。

总体来说，中国股市里的"高成长"股票，基本上是一个主观的、在企业分析基础上的概率性预期。但因存在屡禁不止的假账现象，所谓的"高成长"股票往往是可遇而不可求的。

所以有人说：永远不要和中国股票谈长时间的恋爱（不要持有一年以上）。因为每年都有新热点，每年都有翻倍的股票，为什么要在一棵树上吊死呢？

二、股本结构

股东股本情况，主要看该股票大股东的身份以及持股比例、流通股的数量以及集中程度。

一般来说，如果大股东属于国有股，且身份高贵（如是国务院国资委直接控股），则无论如何，这样的上市公司一般不会有破产的可能性，业绩实在太差的话，通过并购重组、资产注入等方式实现"咸鱼翻身"的机会也是比较大的。

如果大股东持股比例不高，且是民企，同时股票价格很低，则被收购的机会也是蛮多的。

在股权集中度方面，股权越集中，流通股越集中于少数人的手里，股价短时间内翻一番甚至翻几番的可能性就越大。

但是，一般主力会通过时间差、账户分散等技法，改变 F10 里股权集中度的实际数字，主力是不愿意让散户了解到股权集中度的。即使股东里有所谓的"基金入驻"等，也是股价上涨的必要条件，而不是充分条件。况且，如果公募基金是为私募基金解套——利益输送的话，通过 F10 了解到的"股权集中度"就更加不可靠了。

最可靠的还是通过上述这些基本信息，结合技术分析，构建自己的盈利系统，判断什么时候买入，什么时候卖出。

三、其他内容

在"公司报道"和"业内点评"模块中，主要浏览该公司一些重大的事项，尤其是一些涉及重组、并购、增发等的信息。对于一些机构的评语，要辩证地看，不宜盲从，尤其要关注发布信息的日期以及当时股价的表现，因为一些新股民往往会根据已经失去时效性的专业机构评价和推荐买入。

在"分红扩股"模块中，投资者应该注意该股的每股资本公积金和每股未分配利润情况。具有较高资本公积金和未分配利润的公司，有送配的潜力，尽管送配对于上市公司业绩而言没有任何意义，但是在中国股市往往会成为一个炒作的题材。

本 章 小 结

　　本章介绍了如何使用证券公司提供的行情分析与交易软件的相关功能。受篇幅所限，本书只介绍了一部分功能，没有介绍的其他功能也建议读者尽可能地熟悉和掌握，毕竟我们买卖股票主要靠的是这个软件所提供的这些信息和功能。

　　初学者在自己的电脑上安装行情分析与交易软件以后，面对花花绿绿的界面往往会不知所措。不要紧，慢慢学，一回生，二回熟，只要你付出了时间和精力，就一定会有收获。学习软件功能与学习证券相关的经济、金融、企管、技术分析理论与工具等方面的知识是相辅相成、相互促进的事情，掌握了知识后就需要在软件上使用，而掌握了软件的功能会更好地体会和理解所学到的相关知识。

　　不过，需要指出的是，软件提供的一些信息，尤其是F10里边的信息，建议有选择地使用，毕竟证券公司也不能保证所有信息都是准确无误的。

第五章　技术分析

不要看任何财经新闻，不要关注公司的诸如盈利分配等信息，不用研究宏观形势、行业基本面，忽略各种充斥在华尔街的谣言以及所谓的内幕消息。

——［美］理查德·D. 威科夫

笔者认为，在实现长期稳定获利的投资道路上，技术分析是最重要的工具。这是因为技术分析是建立在对历史价格轨迹分析基础上的对未来价格的概率性预见，颇有些"研究历史，应对未来"的哲学意味。同时，所有的基本面因素，例如消息、事件等，所有的资金面因素，例如成交量、换手率等，所有的心理面因素，例如信心、悲观等，都会以技术图形的方式呈现出来。从这个意义上讲，技术分析涵盖了影响市场（价格和成交量等）变动的所有因素，因此只有分析技术图形才能够"预测"价格的未来走势。除此之外，我们实在找不出比技术分析更可靠的方法。

当然，市场中也有一些对技术分析不屑一顾的人，坚持认为"仍然带有浓厚政策市特征的中国股市根本用不着技术分析，研究好政策，同时搞到一些内部消息才是'投资的法宝'"。当然，市场中还有一些对技术分析缺乏长期认真研究分析和运用的人，他们表面上是根据技术分析进出，其实最终还是根据自己的感觉买卖，然后将自己买卖的盈亏以及对机会的把握与丧失等归咎于"技术分析的不靠谱"。

其实，这两种投资者都是对技术分析缺乏认真研究的人：因为不熟悉，所以不认可；因为不是真懂，所以随意批评。笔者以十多年投资实战的经验告诉读者，在包括股票在内的所有证券投资中，技术分析的的确确是最需要掌握的工具。最起码，在你认真学习和应用它之前，不要轻易地否定它。

第一节　技术分析概述

一、技术分析的含义与发展

技术分析是一种专门对市场自身行为进行研究，以股市最基本的"量""价"为分析对象，使用数学、统计学等工具对市场行为进行分析判断后，"预测"未来价格走势的一种分析方法。这些针对"量""价"的研究主要分为三个方面。

一是针对价格水平的时间序列分析，使用动态的数据处理方法发现随机数字排列中的规律。这种规律往往被解释为价格运行的趋势，因此交易时采用趋势交易策略（trend strategy），例如操作时以价格突破移动平均线为主要买卖依据。这种分析主要依据人们投资时的从众效应和近期偏好心理。

二是对价格与成交量在预计收益过程中的信息价值加以分析，采用的交易策略有逆势投资策略（contrarian strategy）等。实际操作时，买入长期表现很差的股票，卖出表现良好的股票。这种分析的依据是人们心理上的锚定效应和过度自信现象。

三是动量交易策略（momentum strategy），又称为惯性策略，即预先对股票收益和交易量设定过滤准则，当股票收益和交易量同时满足过滤准则时就买入或卖出股票的投资策略。动量交易策略的提出，源于对股市中股票价格中期收益延续性的研究，研究认为股票价格具有向某一方向连续中期变动的动量效应。动量交易策略分析的依据是人们在交易时的反应不足和保守心理。

很多研究报告显示[1]，在中国的股票市场中，专业的机构投资者往往在市场下跌时，倾向于采取动量交易策略；在市场上涨时，则倾向于采取逆势交易策略。对此的解释主要有：机构投资者的风险厌恶程度随着财富的减少而减少，随着财富的增加而增加，因此当市场下跌时，机构投资者会采取更加稳健的投资策略，执行动量交易策略；而在市场上升后，执行逆势投资策略。机构投资者更关注股票的历史价格，而不是基础价值。机构投资者相对于普通投资者而言更属于"知情交易者"。

对于技术分析的内在本质含义，技术分析大师普林格认为技术分析方法是这样一种思想的反映，即股票价格按照一种由投资者随经济、货币、政策和心理力量变化不

---

[1]　徐捷、肖峻（2006）《证券投资基金动量交易行为的经验研究》，王翼（2007）《动量交易策略和反向交易策略绩效研究》，王磊、陈国进（2009）《机构投资者动量交易与市场效率研究》，等等。

断改变的态度所决定的趋势运动。由此可以看出，一方面，技术分析并不排斥基本面分析；另一方面，技术分析相信市场的基本面会受到非理性因素（即态度）的干扰，股票价值或多或少的随机变化都会伴随着某种潜在的趋势，只要这种变化是缓慢消失的，那么投资者就可以利用这种变化来获得超常收益。这个导致价格偏离价值过大的非理性因素被称作市场噪音，往往来自投资者的心理，是与基本面因素变动无关但可能影响股价，使之产生非理性波动的错误信息。

从技术分析的发展历程上看，技术分析经历了形态分析、指标分析和技术交易系统三个从定性到定量的不同发展阶段。

形态分析是通过对价格运行时形成的各种价格形态进行分析，配合成交量的变化推断出现存的趋势将会延续还是反转。形态理论认为，股价的运行是市场中多方与空方的力量对比引起的，多空双方的激烈较量会形成相应的轨迹，这些轨迹呈现出来的就是某种形态。总体来说，形态分为反转形态和持续形态。反转形态表示的是市场多空双方经过一段时期的争夺后，反方完胜正方，股票价格改变原有趋势朝相反的趋势方向发展；持续形态则表示市场多空双方经过一段时期的争夺后，正方完胜反方，股票价格将顺着原有趋势的方向发展。

指标分析是通过技术指标进行分析的方法，目前常见的技术指标有趋势型、大势型、震荡型以及人气型。证券公司提供的行情分析与交易软件上有很多技术指标，我们所说的指标分析中的指标指的就是这些指标。但是投资者要清楚，技术指标是对成交量和价格利用数学、统计学方法计算出的冠以名称的分析工具，它们进行数学计算的数值来源是价格和成交量，是已经发生的、成为历史数据的价格和成交量，因此所有的技术指标都具有滞后性。

技术交易系统，也叫作机械性交易系统、量化交易系统、程序化交易系统，也是本书所说的盈利系统，是利用技术指标产生的买卖信号进行买卖的交易系统。在此系统中，科学计算盈亏比（收益/风险），优化技术指标参数与搭配，过滤掉了人的情绪化和非理性，严格按照交易系统出现的信号进行买卖，即使出现短暂的大幅度亏损也毫不在乎，此系统追求的是长期的有效性以及在此基础上的长期收益率。在软件比较成熟的时候，投资者可以设置自动买卖信号，此时的系统也叫作自动交易系统。

相对于基本面分析而言，技术分析有简单、直接、见效快的特点。

二、技术分析的目标

技术分析的目的是寻找买点和卖点，这也是我们研究技术分析的唯一意义。

投资者进入股票市场，是以盈利为目的的。不管他们是否具备基本的股票投资知识，能否熟练应用行情分析软件，他们中的绝大部分都以电脑屏幕显示的价格走势图为基本的判断依据，参考或者不参考市场当中的其他因素，对所选股票进行价格变化方向的预先评估，从而为股票买卖提供心理依据。但是大家对价格变化方向的判断是不一样的，市场中永远存在着买家和卖家，永远有对价格变化方向有截然不同判断的两种力量，所以才形成了价格永不停歇的上下波动、涨涨跌跌。

从股价的运行角度来分析，没有永远上涨的股票，也没有永远下跌的股票，股票价格就是一种时而上涨、时而下跌的行情。无论多大级别的升幅，都是一天一天的上涨堆积而成的；无论多么惨烈的下跌，都是一点一点的下跌累积而至的。**从下跌尾声到开始上涨，从上升末期到开始下跌，这种涨跌的转折一定有某种可以被发现的迹象！谁能够最先发现这些迹象，谁的投资就有较大的胜算；谁发现得越晚，则获利空间越小，亏损的可能性越大。**如果投资者能够通过某种工具或方法，发现未来行情涨跌转折的蛛丝马迹，那一定会为他的投资带来巨大的利益！

但是，怎么才能发现价格涨跌转折的蛛丝马迹呢？

本章讲述的技术分析，就是发现未来行情涨跌转折的工具。它通过分析价格与成交量的变化，来发现股票价格涨跌转换的迹象，实现投资盈利的目标。价格和成交量的变化以及据此被一些投资大师研究出来的各种技术指标，就是我们学习的重点。技术指标和买点、卖点，在证券公司提供的行情分析与交易软件上是可以显示出来的。

技术分析是以价格和成交量为研究对象的。我们知道影响价格和成交量的因素非常之多，但是不管有多少种因素，我们都认为价格和成交量本身已经蕴含着所有这些影响因素了，这就是技术分析的基本假设。

1. 市场行为包含一切信息

市场行为就是价格和成交量这两个最基本的数字，所有影响这两个数字的因素都会通过投资者的"买"和"卖"从价格和成交量上体现出来。我们也很难证明市场行为还没有包括哪些因素。从这个意义上说，技术分析本质上也属于心理分析，技术分析也在间接地研究基本面。

2. 价格沿着趋势运行

股票价格的变动源于买入或卖出力量的推动。如果买入的人越来越多，按照最基本的经济学规律，"在商品数量有限的约束前提下，需求越大，价格越高"，则股价节节攀升；如果卖出的越来越多，价格就会越来越低。于是股价就在买卖力量的不断消长中形成了上涨或下跌的趋势。按照物理学中的惯性原理，这个趋势一旦形成，就会一直发展下去，直到有另外的一种力量改变它为止。改变上涨趋势的最直接因素就是随着价格的逐渐上升，抛售的人越来越多，当多到足以改变上涨趋势程度的时候，行情就走到了尾声。同样，改变下跌趋势的因素是随着下跌趋势的发展，抛盘越来越少，买盘越来越多，下跌就进入了尾声。

3. 历史会重演

为什么历史会重演呢？因为价格和成交量这两个基本数字的变化，淋漓尽致地反映出了人性的贪婪与恐惧：在价格处于较低位置，几乎没有成交量的时候，人们小心翼翼，不敢买入，即使买入，也会为一两分钱的盈利或亏损而喜忧不定；在价格逐渐上升的过程中，追涨怕被套，不追怕失去利润，一有风吹草动立即出局，价格疯狂上涨时不敢再买；等到了高位的时候，又听从一些股评家的建议，准备长期持有；等股价跌下来的时候，不舍得割肉，扬言自己是"理性的价值投资者"，提倡长期投资；直到股价被腰斩，又被腰斩的时候，才痛苦异常地卖出股票，似乎心里能踏实一些，但是不久以后，却发现股价又一飞冲天了……历史会重演，就是因为人性不变，表现为价格循环式涨跌，成交量重复性增减。

第二节　常见的技术分析工具

技术分析工具就是一种经过图像总结或者数学计算后的分析手段，是历年众多投资大师经过精心研究总结设计而成的，饱含着诸位大师的心血，在投资实践中发挥着重要的指导作用。

我们学习技术分析工具的目的不仅仅是理解它们的基本含义和用法，更重要的是，需要仔细体会大师创造这个工具的初衷、思路及其应用技巧、计算公式、价值所在以及不足之处。笔者发现很多普通投资者对技术分析工具的理解非常表面化、随意化，买入股票以后，经常忘记技术指标的指导作用，整天看着自己手中股票价格的波动而心神不宁，大涨或大跌都会让他坐立难安、夜不能寐，然后就根据自己的主观想象（**对此，这些投资者不自知，甚至不承认**）认为价格"应该"会走到哪里，"应该"在什么样的价格处再次买入，或者干脆换一只股票。他们经常以主观的想法来操作，早已把技术分析工具显示的"买入"信号、"持有"信号或者"卖出"信号忘到九霄云外去了，最后自己亏钱还埋怨技术指标不管用，而不承认自己没有真正学到家。

受篇幅所限，本章主要讲述的技术分析工具[①]有 K 线图，道氏理论，移动平均线以及四个改进指标，震荡类指标等。

---

① 出于实战考虑，本书不拘泥于"理论"与"工具"的字面之争。

一、K 线图

K 线又称为阴阳线或蜡烛线，最早起源于日本德川幕府时代的米市交易，经过二百多年的演变，现已被广泛应用于证券市场的技术分析中，形成了完整的形式和理论，成为技术分析中最基本的方法之一。

K 线的形成取决于每一计算周期中的四个数据，即开盘价、最高价、最低价、收盘价。根据计算周期的不同，K 线一般分为月 K 线、周 K 线、日 K 线与分钟 K 线等。对此，证券公司提供的行情分析与交易软件上会自动生成不同周期下的 K 线图形式。

对于单根 K 线的意义，以及多根 K 线的组合用法，一些通行的教科书或实战书籍中都有介绍，如图 5-1 所示。但是由于通信和互联网技术的发展，以及庄家欺骗手段的花样翻新，原来流行的一根或多根 K 线的战术用法已经落伍了，似乎也并不适合中国的国情。

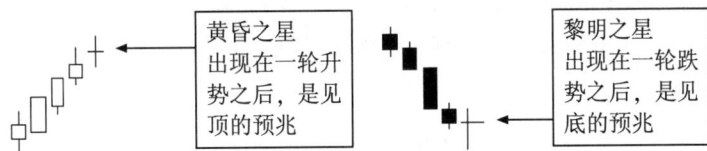

图 5-1 单根 K 线以及 K 线组合的简单应用

其实我们在实践中可以见到大量的与图 5-1 所示不一样的结果。该图中的上涨形态在实战中很可能结果是下跌，下跌形态的结果往往又会是上涨，如图 5-2 所示。

因此，笔者的观点是对 K 线及其组合的使用要谨慎，毕竟仅靠单根或者几根 K 线就能判断某种结果显得有些草率。一些特定的交易品种，例如外汇、期货等，属于 T+0，双向交易，杠杆操作。市场中的参与者多以短线投机为主，其持仓时间很短，很多都是日内交易者，因而传统的那些 K 线以及 K 线组合的用法是适用的。而在中国的股市当中，中小投资者的交易主要是以 T+1、单向交易、无杠杆为主要特点，大多数参与者持有的时间都为若干天及以上，因此 K 线图这种技术分析工具似乎用处不大，

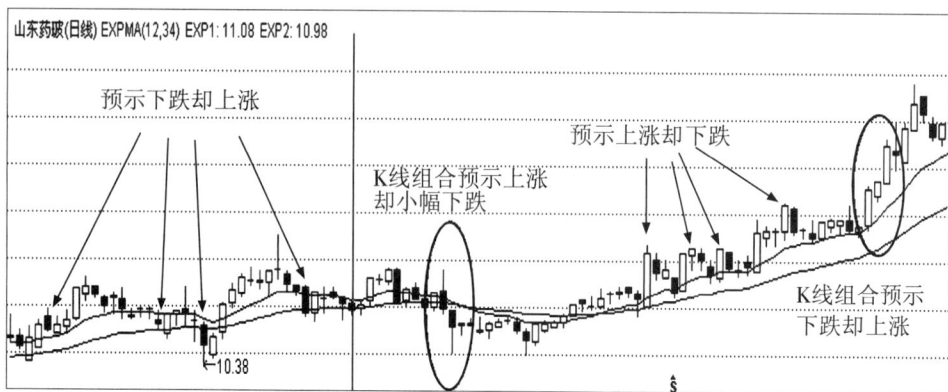

图 5-2　山东药玻截止到 2014 年 8 月 21 日的 K 线图

大概只适用于热衷于频繁买卖股票的短线或超短线交易者。

所以本节只想重点讲述一下 K 线组合背后隐含的能量这个问题，通过 K 线组合所蕴含的能量变化来理解市场力量的变化，同时结合其他技术指标为价格的预测提供一些指导。

一根 K 线包含四个价格，是在一个周期内（年/月/周/日/小时/分钟）所有参与者对价格高低争夺的结果。以 60 分钟 K 线为例，一根 K 线里包含了这一个小时内所有的卖出价和买入价，而这简单的买进卖出，包含了太多的内容：参与者买进或卖出这只股票的动机不同，有的想主导这只股票的价格走势，有的只是超短线进出，见好就收；有的按照技术指标的提示操作，有的根据自己的心理感觉买卖；有的参与者实力雄厚，有的只是普通散户；有的心理承受力强，有的心理承受力弱；有的基于投资目标，有的就是基于投机心理；有的是恐慌性地杀跌，有的却踊跃低位承接……最终，所有的参与者有意或无意争夺的结果会形成一个特定的或阴或阳、实体或大或小、上下影线或有或无的 K 线图，有人形象地称之为蜡烛图。K 线图里有看不见的刀光剑影，有听不到的厮杀呐喊，有多少人的欢声笑语，就有多少人的暗自叹息。

一根 K 线尚且如此，那么很多根 K 线组合而成的图形表达出来的意义就更加复杂了。K 线还组合有上述单根 K 线所蕴藏的更为复杂的参与者特征，从实战角度，我们还需要判断 K 线组合代表着什么。

首先，我们要理清两个重要的概念：什么叫上涨？什么叫下跌？有人会觉得很可笑：什么？我连什么是上涨、什么是下跌都不知道了吗？我想让你冷静下来以后，再想想以下问题：什么是上涨？你凭什么认为它在上涨？什么是下跌？你凭什么认为它在下跌？

根据笔者对 K 线的理解，当发现第二根 K 线出现了新的高点的时候，无论在第一根 K 线运行过程中发生了多少可歌可泣的事迹，有多少不得不说的故事，但只要第二根 K 线出现了新的价格高点，并且它的低点高于第一根 K 线的低点，就意味着上涨！

这就是上涨。如果以后第三根、第四根、第五根等都出现了价格屡创新高、K 线最低点也越来越高的状况，我们就会知道，上涨的趋势已经形成了……

同样，下跌也是这样的情况，只要后来的 K 线的低点越来越低，最高点也越来越低，下跌的趋势就形成了……

只看结果的投资者不管 K 线是怎么制造出来的，他们只关注价格的运动方向。但是，由于 K 线图反映的是各种各样的投资者在各种各样投资心理下发生的行为总和，最后形成的是一个简单的由四个价格组成的蜡烛图，故 K 线以及 K 线组合所折射出来的多空力量的对比、争夺、较量就一览无余了。如果 K 线组合是小阴小阳，价格上下震荡，则多空双方力量相当，处于平衡状态，盘面显示多位震荡整理行情，如图 5－3 所示。如果 K 线组合是小阴小阳，但是价格不断创出新高，涨幅不大，就是明显的上涨趋势了。在上涨趋势中，如果 K 线呈大阳线小阴线组合，且大阳线多，小阴线少，那就是明显的加速上涨趋势了，如图 5－4 所示。下跌时道理同上，不再赘述。这就是 K 线组合的速度问题，即 K 线上升或下降的速度是快还是慢的问题。

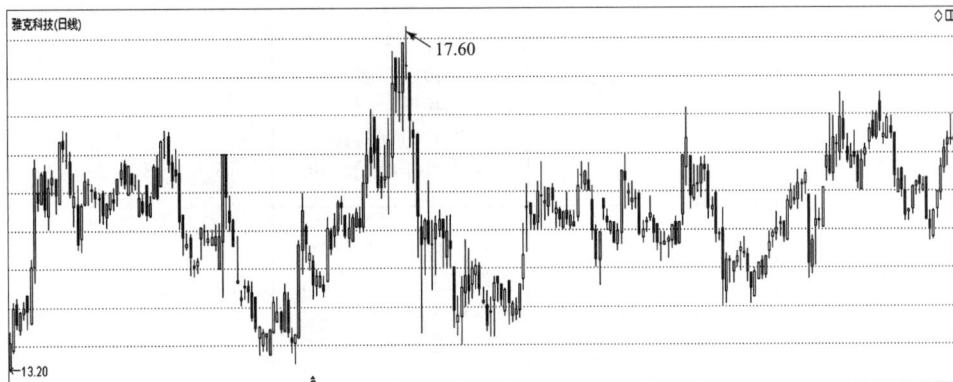

图 5－3　雅克科技 2012 年 12 月 25 日至 2014 年 1 月 29 日 K 线图

投资者要关注的另一个问题是 K 线组合上升或下降角度的问题。角度就是以时间为横轴，以价格为纵轴形成的夹角。这个角度越大，意味着上涨或下跌的幅度越大。

用速度和角度这两个维度来描述 K 线组合，会出现四种情况，如图 5－5 所示。

在这四种情况中，以 1 和 3 最为常见，2 和 4 两种情况不多见。K 线组合的速度和角度变化意味着市场当中多空双方能量在发生着变化。有时这种变化有些缓慢，例如第 1 种情况；有时变化急促，例如第 3 种情况。投资者宜根据这种能量的变化和转移制订好投资策略，相机而动。

还有一点需要说明，一种趋势是由若干根日线（或者周线、分钟线等）组成的，前一天的 K 线图形成之后，第二天会形成什么样的 K 线图谁也不知道。就算今天某股票涨停，你也不能很有把握地说明天继续上涨。因此，如果每天盯盘的话，投资者将

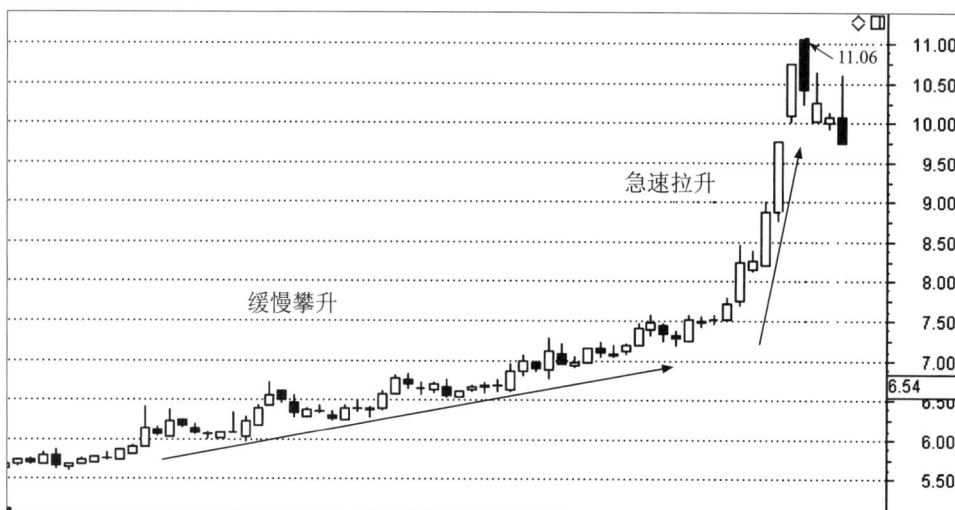

图 5-4　大冶特钢 2014 年 6 月 20 日至 9 月 16 日 K 线图

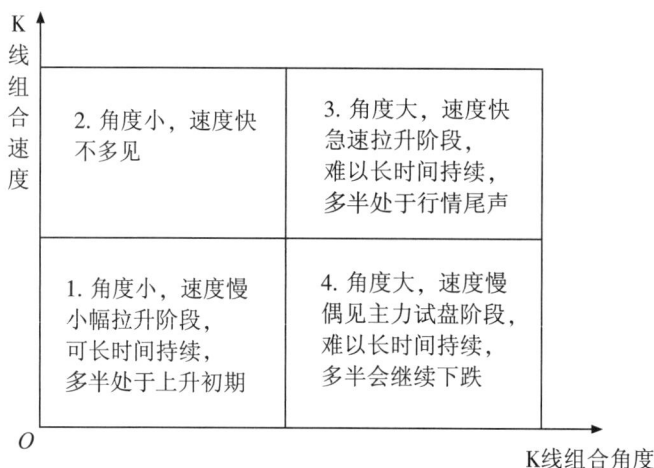

图 5-5　K 线组合速度和角度

会承受较大的心理压力。投资者经常会把股价的下跌（尤其是跌幅很大，价格到了自己的买入价或小于买入价的时候）看作行情的结束或者进入长时间的盘整而难以忍受，眼红其他上涨的股票，从而卖出依然处于牛股趋势的股票，自动放弃这只牛股的潜在收益。从长期看，这是得不偿失的。因此，投资者从每天的 K 线图的组合中要看到趋势或者趋势的结束，而不要因为害怕而中途放弃。

二、道氏理论

一般认为道氏理论由查尔斯·道创立，并由威廉·彼得·汉密尔顿和罗伯特·雷亚继承、改进和发扬，是通过对道琼斯工业指数和运输指数这两个经济部门的历史数据进行研究，来预测股票价格未来走向的一种理论工具。尽管一些研究者认为道氏理论只是一种用于提升投资者知识的助手或工具，并不是一种可以脱离基本条件与市场状况的严格的技术理论，但是在一些崇拜者看来，道氏理论是可以比较精确预测未来经济活动和推测股票价格行为的重要的分析工具，甚至认为它就是技术分析的鼻祖。其实无论对道氏理论持有什么样的态度，如果能够认真研究道氏理论，投资者就能够发现其精髓所在。

道氏理论作为研究整体趋势的理论，有极其重要的"三个假设"以及"五个定理"。

假设1：人为操纵是指指数每天的波动可能会受到人为操纵，次级折返走势也可能会受到这方面有限的影响，但主要趋势不会受到人为操纵。

假设1的意思很明白，就是主要趋势不会受到人为操纵，但是每天的走势可能有人为操纵的痕迹，即使时间较长、级别较大的次级折返行情（即修正行情），也会受到人为操纵的影响。

这一点对投资中国股市有着重要的指导意义，因为趋势主要指几年的上涨或下跌，人为操纵的可能性不大。但是对于单只股票，以及短时间的走势，在包括中国股市在内的资本市场中，人为操纵的情况都会出现，只不过在监管严厉的发达市场中，人为操纵的情况少一些；在正处于发展期的中国股市中，人为操纵的情况多一些。

假设2：市场指数会反映每一条信息。每一位对金融事务有所了解的市场人士，他所有的希望、失望与知识，都会反映在道琼斯运输指数与道琼斯工业指数每天的收盘点位波动中，因此，市场指数永远会适当地预期未来事件的影响。如果发生火灾或地震等灾害，市场指数也会迅速对其加以评估。

所有市场参与者的知识和技能、希望与理想、恐惧与贪婪、信念与紧张，都通过一个个拿着鼠标的手，体现在市场走势上。他们随时准备将一系列资金投入或撤出这个市场，使得股市指数出现这样或那样的走势。即使出现了灾害、战争，或者利率提高、市场扩容、机构违规、股票退市等，市场指数也会迅速地对其加以评估和反映。因此，市场对大多数人来说总是难以理解和把握的。

但是对于严肃认真而又头脑聪明的投资者来说，市场并不是空中随风飘荡的风筝。就整体而言，市场指数的走势代表了严谨思考、逻辑清晰、计划周详的心理活动的结果，对于长期趋势而言更是如此。所以任何一个个体投资者都不要跟长期趋势相背而行，因为长期趋势一旦形成很难改变；也不要随便猜测市场价格会上升还是下跌，只要掌握了长期趋势，整体而言你就是个赢家。

当然，假设2使用的语句是"市场指数永远会适当地预期未来事件的影响"。这说明了市场指数并不会像数学那样严密地、百分百准确地把握价格的走向，只是反映价格的大体方向。事实上，什么叫作"适当地预期"，似乎也是仁者见仁、智者见智的话题。例如，制造业经理人采购指数 PMI 出现了三次下跌，并接近历史最低点 48.7，工业股票指数似乎应该接着下跌，但实际情况是：工业股票指数在消息公布后小幅下探，最后以最高点收市。你能够说工业股票指数下跌属于适当的预期，还是属于不适当的预期吗？不能这么说。无论上涨还是下跌，都属于适当的预期。因此，索罗斯有句名言：重要的不是消息，而是市场对消息的反应。

假设 3：这个理论并非不会错误。道氏理论并不是万无一失的可以击败市场的理论。成功地利用它协助投机或投资行为，需要深入研究并客观地综合判断，绝对不可以让一厢情愿的想法主导思考。

股票市场是一个如果你卖出就几乎随时有人买入的市场，你不知道承接自己股票的是什么样的人；同样，那个买入相应手数股票的人，也不知道买的是谁的股票。就买卖而言，如果一个人对了，就意味着另一个人错了。然而市场是聚集着众多参与者的市场，**就大部分情况而言，市场指数代表了客观思考和严肃行动，是集体智慧的结晶。**但是即便如此，大多数人也会犯错误，自以为是的人为操纵可能会犯错误，对消息的不恰当反映也可能犯错误。总之，在市场正在运行的时候，由于对消息、图像、数据等的不同理解，投资者会主观地采取买入和卖出的行动。

然而，道氏理论是客观化的分析理论，成功利用它可以协助投机或投资行为，但是需要深入研究和客观判断。当投资者主观使用它时，就会不断犯错，不断亏损。很遗憾的是，市场中 95% 的投资者运用的是主观化操作，这 95% 的投资者绝大多数属于"七赔、二平、一赚"中那"七赔"中的人士。

对道氏理论三个假设的基本理解是：市场的主要趋势是存在的，这是严肃认真、聪明智慧的市场参与者，对几乎所有信息进行研究、分析、判断后达成的共识，每日的行情，以及次级的折返行情往往会受到人为操纵或者市场消息的影响。我们应该重视消息对市场的影响，但是不要主观判断价格应该上涨还是下跌，关键要看价格在消息出现过后的走势，因为这种走势也是理性的投资者达成的共识。

道氏理论还有五个定理，分别阐述如下。

请读者注意，道氏理论的五个定理是汉密尔顿和雷亚根据道的假设在后来的著作中逐渐整理总结出来的，并且在这五个定理中的用词是"走势（movement）"，而不是"趋势"（trend）。"趋势"（trend）在英文中意味着时间更长，"走势（movement）"则意味着时间很短或较短。但是我们在本书的汉语语境下一般不做明确的区别。

定理 1：道的三种走势。市场指数有三种走势，三者可以同时存在。第一种走势最重要，它是主要趋势，整体向上或向下的走势被称为多头或空头市场，时间可能长达数年；第二种走势最难以捉摸，它是次级的折返走势（也叫修正走势），是主要多头市场中的重要下跌走势或主要空头市场中的反弹，通常会持续三个星期至数月；第三种走势通常较不重要，它是每天波动的走势。

定理 1 告诉投资者，任何市场的股票指数都有三种走势：短期走势，持续数天至数个星期；中期走势，持续数星期至数月；长期走势，持续数月至数年。在任何市场中，这三种走势同时存在，彼此的方向可能相反。

对于投资者来说，长期走势比较重要；对于投机者来说，中短期走势较为重要。中短期走势依附于长期走势且存在于长期走势当中，只有投资者搞清楚长期走势的中短期走势状况，投资结果才会有利。如果将次级折返走势认作长期走势的改变，投资者将会失去好的介入机会。

图 5-6 显示的是上证指数 2009 年 7 月 10 日到 2014 年 9 月 2 日之间的走势，在下跌的主要走势中有次级折返行情发生。

当然，随着互联网科技和数学模型的进步，我们已经可以使用一些技术分析工具来判断主要走势和次级折返走势了。

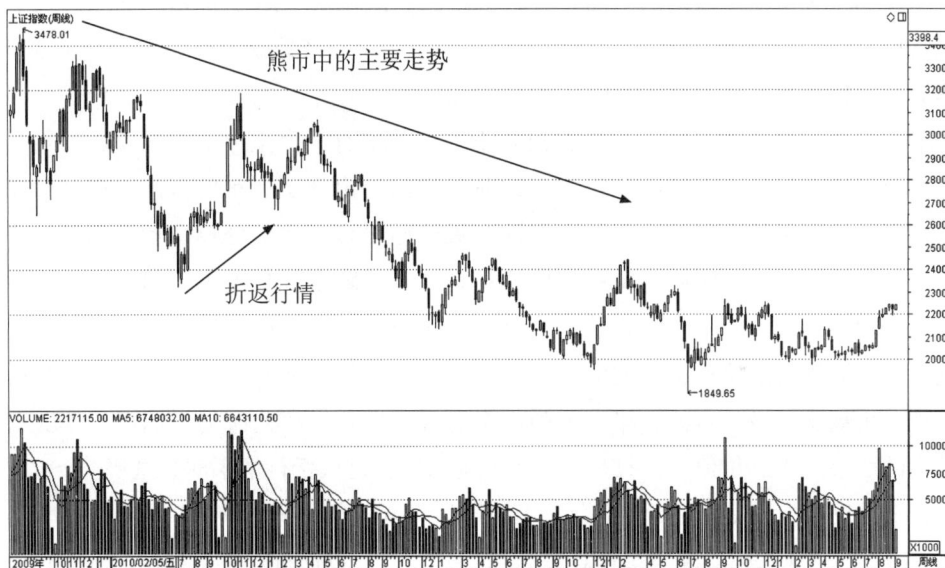

图 5-6　上证指数 2009 年 7 月 10 日至 2014 年 9 月 2 日周 K 线图

定理 2：主要走势代表整体的基本趋势，通常被称为多头市场或空头市场，持续时间可能在一年以内乃至数年之久。正确判断主要走势的方向，是投机或投资行为成功的最重要因素。没有任何已知的方法可以预测主要走势的持续时间。

了解主要走势是长期投资者胜利的起码条件，同时选择好进场时机，长期投资者就会获得不菲的收益。主要走势的持续时间可以长达数月甚至数年，目前还没有一种方法能够预测主要走势会在什么时候结束（有些推崇江恩理论的人认为，时间＝价格，即在什么样的时间就会有什么样的价格，如果这个理论真实的话，买卖股票就变得轻而易举了。——作者注）。

在股市中，我们经常可以听到"上涨不言高""下跌不言底"的股谚。在上涨趋势中，你不知道它会持续多久，也不知道行情什么时候结束；在下跌的时候，依然如此，你想买到地板价，还会出现地道价，你想买到地道价，还会出现地狱价。

图 5-6 显示的就是至少长达 5 年的下跌，至 2014 年 9 月 2 日，投资者还难以断定 2014 年 8 月以来的上涨是折返行情（反弹）、熊市结束前的预热，还是新一轮牛市的产生。

定理 3：主要的空头市场是长期向下的走势，期间夹杂着重要的反弹。它来自各种不利的经济因素，唯有股票价格充分反映可能出现的最糟情况后，这种走势才会结束。空头市场会经历三个主要阶段：第一阶段，市场参与者不再期待股票可以维持过度膨胀的价格；第二阶段，卖压反映出经济状况与企业盈余的衰退；第三阶段，来自健全股票的失望性卖压，无论价值如何，许多人都会急于对所持的一部分股票求现。

主要的空头市场即长期向下的走势，包含三个阶段的下跌以及相应的反弹（次级折返行情）。空头市场的形成主要是由于市场共同认为经济数据不好，未来经济前景看淡，股票价格指数出现逐级下跌的行情。

下跌也不是直线式下泄，而是波浪式下跌，其中有三个重要的下跌阶段。第一波下跌在经济景气度最高涨的时期出现，此时经济已经出现了严重的泡沫，股票价格虚高，管理层提高利率、减少贷款等紧缩性政策开始出台，一部分投资者开始怀疑虚高的股价能否持续，并开始抛售手中的股票；第二波下跌主要是上市公司业绩公布以后的实际表现很差所致，由于公司业绩变差，市场对公司未来的业绩预期偏于保守，故出现了第二次抛售股票；第三波的抛售原因在于市场极度疲软，由于出现了较长时间的下跌，市场交投极为清淡，略有反弹就会有股票抛售，故此时的人们已经不关心自己手中的股票是否有价值了，只是一股脑儿地抛售，这属于行情末期的抛售。

在下跌反弹中，反弹的高度不会高于前期的高点；在整个下跌的过程中，成交量是逐级递减的。至于如何判断空头市场是否结束，我们可以通过观察管理层的政策以及力度，例如流动性释放情况，税费政策是否放宽，各种经济数据是否达到较低的容忍值等。

对空头市场的正确判断有助于投资者把握大势，此时投资者不要轻易进入市场，即使进入也要进入次级折返行情，获得一些小的利润。

定理 4：主要的多头市场是一种整体性上涨走势，其中夹杂着次级折返走势，平均持续期长于两年。在此期间，因为经济情况好转与投机活动转盛，所以投资与投机的需求增加，并因此推高股票价格。多头市场有三个阶段：第一阶段，人们对前景恢复信心；第二阶段，股票对已知的公司盈余改善产生反应；第三阶段，投机性热潮转炽而股价明显膨胀——这阶段的股价上涨是基于期待与希望的。

与主要的空头市场一样，主要的多头市场在长期上涨趋势中也经历了三个主要阶段，同时伴随着价格回抽的次级折返行情。道氏理论认为长期的上涨平均持续时间在 2

年以上，当然这只是个平均值，并不是说长期上涨就一定持续 2 年以上，因为定理 2 明确告诉我们，主要走势持续长达数月或数年之外，没有任何已知的方法能够预测主要走势的持续时间。

在上涨的三个阶段中，第一波的上涨来源于管理层财政货币政策的松绑，例如企业贷款利率的降低、税收的减少、政府采购的增加、企业干扰因素的减少等，一些先知先觉的聪明投资者开始预期经济形势好转，并开始逐渐买入价值被低估的股票，市场指数初步上升；第二波上涨来源于上市公司实际经营业绩的改善，在更多的投资者获悉消息以后入市热情高涨，推动股票出现第二波上涨；第三波上涨出现了投机性交易，更多的投资者加入其中以后，发现有一些投资者已经开始退场，于是最后进入市场的人在较低位置买入股票，并推动股票出现再一次上升，期间也表现为一些没有业绩支撑的股票的"鸡犬升天"。第三波的上升意味着股票价格已经出现过分投机的迹象，泡沫严重，同时伴随着管理层收紧财政货币政策，回收市场资金，股市下跌的脚步越来越近了。

在长期上涨行情中，每一次回抽下跌（次级折返行情）都不会有效跌破前期的高点，这种"重要的下跌"往往在某个特殊的比例位置停止。在长期上涨行情中，下跌回抽行情是再次买进的机会。

上证指数在 2005 年 6 月创出 998.23 点的最低点，到 2007 年 10 月创出 6124.04 点的最高点，整个主要上升趋势持续了 2 年零 4 个月，如图 5 - 7 所示。

图 5 - 7 上证指数周 K 线图

定理 5：次级折返走势，就此处的讨论来说，是多头市场中重要的下跌走势，或空头市场中重要的上涨走势，持续的时间通常为三周至数月。此期间折返的幅度为前一个次级折返走势结束后主要走势幅度的 33%～66%。次级折返走势经常被误认为主要走势发生改变，因为多头市场的初期走势显然可能是空头市场的次级折返走势，相反的情况则多发生在多头市场出现顶部之后。

这个定理说明的是次级折返行情的走势情况。这种走势也称修正走势，是多头市场中的下跌走势（回抽），或空头市场中的上涨走势（反弹）。

道氏理论认为次级折返走势是一种中期走势，是非常微妙也是难以琢磨的一环，因为它往往被认为是一种走势的结束。一旦出现修正走势，它将持续几周到几个月的时间，折返幅度是前一波上涨或下跌幅度的 1/3 ～ 2/3，当然，这是个参考数字。

对于什么时候会发生折返行情，道氏理论并不知道。就中国股市的一些实际表现来说，当股价上升 30% ～ 50% 的时候，往往会出现一次折返行情，其实这也体现出了神奇的黄金分割位的作用，即往往下跌到前期涨幅的 38.2% 、50% 、61.8% 的位置停止，与定理 5 中所说的 33% ～ 66% 很接近。

因此，要想做到不误判折返行情，将其认作趋势结束，我们可以通过下跌的幅度来衡量。如果下跌幅度不超过前期上涨行情的 2/3，且价格又重新再次上涨，则可以认为是折返行情；如果有效跌破前期上涨行情的 2/3，则可认为是长期趋势改变了。

例如，我们根据郴电国际 2014 年 9 月 2 日的周 K 线图，画出了黄金分割线，13.51 元就是下跌接近 50% 的位置，但是尚不能断定回落到 13.51 元以后是否止跌。然而时间延长以后，我们就会发现价格在 13.58 元附近止跌回升，如图 5 - 8 和图 5 - 9 所示。

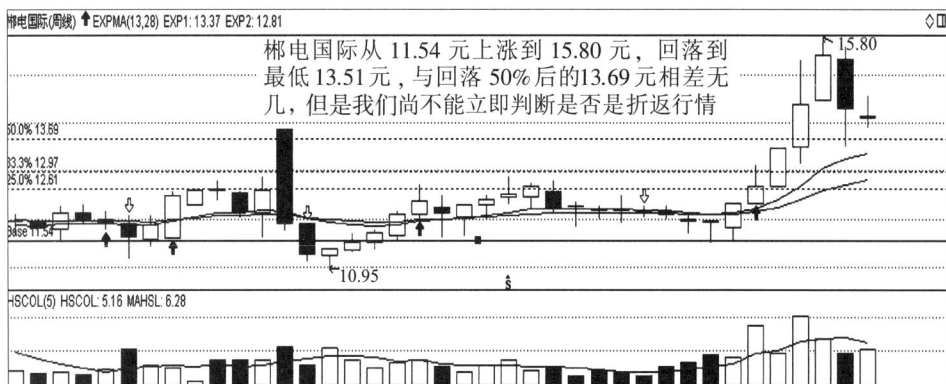

图 5 - 8　郴电国际 2014 年 9 月 2 日的周 K 线图

图 5 - 9　郴电国际 2014 年 10 月 10 日收盘后的周 K 线图

对道氏理论的总结如下。

无论是长期、中期还是短期走势，市场价格走势都是对所有消息的反映，包括经济数据，管理层财政金融政策，以及地震、战争等非系统风险因素；同时道氏理论承认有人为操作的迹象，尤其是中短期的价格走势，这意味着有操纵能力的投资机构可能会利用这些消息和各种因素来操纵这个市场，当然这对市场的影响主要体现在短期走势上，个别情况下也会影响到中期走势。

长期投资者首先应该把握主要走势，这是盈利的关键。每一次的折返行情其实都是对原来趋势的阶段性修正，上涨一波以后，会回缩一下，回缩的比例一般至少是原来上涨的 1/3，最多 2/3。当然这个数字是概率统计的结果，并不意味着当下的回缩一定是这个比例。对于中短期投资者来说，应该把握好中短期走势，但是笔者建议还是应该将长期的主要走势作为重要的参考。

由于投资的时间周期不同，不同的投资者对"趋势"的理解自然也就不同，但是投资者要拥有中国谚语"大河涨水小河满"的智慧，中级趋势和次级趋势一定是在大级别的趋势当中才有的，而且方向可能与大趋势相同或相反。

道氏理论最大的缺陷在于它没有告诉你应该买什么样的股票，只告诉你趋势以及价格具有波动性。尽管如此，对技术分析有偏爱的投资者不应该忽略或轻视它，因为它的确是技术分析最初的来源，也是技术分析最基础、最关键的知识，道氏理论也是后来艾略特发明的波浪理论的理论源泉。

三、移动平均线 MA

在技术分析领域中，移动平均线是一个较为重要的概念。有资料认为移动平均线是美国投资专家葛兰威尔根据道氏理论的"三种趋势"创立的，也有人认为是其他人以道·琼斯的"平均成本概念"为基础发展而成的。至于葛兰威尔究竟是不是移动平均线的发明人，目前尚无定论。不管怎样，移动平均线流传至今，已经成为极为重要的技术分析手段，是值得投资者反复玩味、仔细推敲的分析工具之一。

移动平均线（Moving Average，简称 MA）利用统计学上的"移动平均"原理，对每天的收盘价格进行计算，求出一个个的数值，然后将这一个个的数值连接成一条线，这条线就是移动平均线。这条线是"平均值"，也是"移动的"，因此叫作移动平均线。"移动平均"的具体算法是取某特定时间内的收盘数据计算出平均值，并不断地剔除最早的收盘数据，而以最新的收盘数据代入，再重新加总与平均，具体计算公式为：

$$MA = (C_1 + C_2 + C_3 + C_4 + C_5 + \cdots + C_n)/n$$

其中，C 为收盘价；n 为移动平均周期数，周期可以是分钟、小时、日、周、月、年。

我们可以看到，一般情况下移动平均线是以收盘价为基础价格进行计算的，通过将移动平均值连线，将不规则的价格波动线条化、规则化，成为价格趋势研判的工具。计算机快速计算能力的使用，使投资者在股票行情分析与交易软件中，看到的是计算机计算好的数据和连线，一般软件默认的是 MA（5，10，20，60，120），如图 5-10 所示。

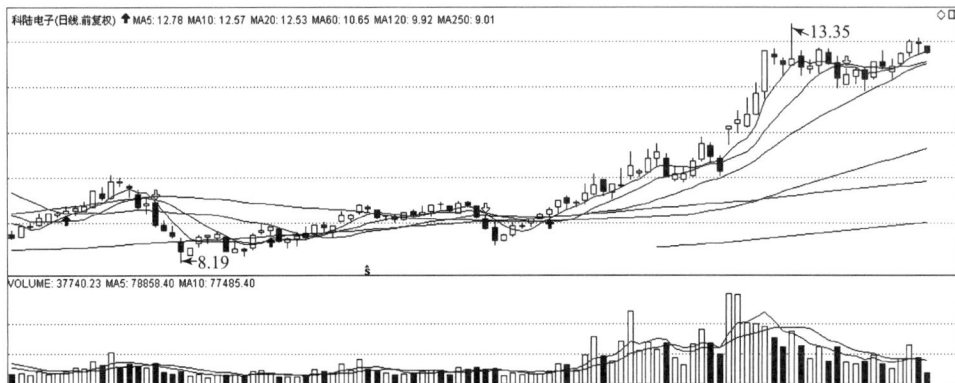

图 5-10　科陆电子日 K 线图

当然，投资者也可以不按收盘价进行计算，在通达信等行情分析与交易软件里，也有人以最高价或者最低价为基础价格计算移动平均值，分别称作高价平均线（HMA）和低价平均线（LMA）。但是，更多的时候还是以收盘价为基础。

看似简单的移动平均线究竟意味着什么？它为很多投资大师所推崇，它的神奇之处到底在哪里呢？

1. 移动平均值就是平均成本

因为计算的是价格的移动平均，所以结果一定是若干周期内投资者的平均成本。10天的移动平均线意味着 10 天内投资者的平均持股成本，120 天的移动平均线意味着 120天内投资者的平均持股成本，250 天的移动平均线意味着 250 天内投资者的平均持股成本。有什么稀奇的吗？有的，根据心理学常识，当股价跌至 120 天投资者平均持股成本以下的时候，意味着 120 天的入场投资者都是亏损的，此时市场会出现惜售心理；如果股价同时跌至 10 天、120 天、250 天均线下方的时候，也就是呈空头排列的时候，短期内、中期内、长期内入场的投资者都是亏损的，买盘不会轻易入场，价格依然会继续下跌，当然某种程度上也意味着惜售心理更加强烈，反弹可能一触即发。反之，当股价同时涨至10 天、120 天、250 天均线上方的时候，也就是呈多头排列的时候，短期内、中期内、长期内入场的投资者都是获利的，在赚钱效应下，越来越多的人会涌入市场，继续推高股价；当然也可能意味着"高处不胜寒"，股价会随时下跌，此时需要结合其他技术指标进行研判。

2. 移动平均线传达出"趋势"的含义

在道氏理论中经常说到趋势——长期趋势、短期趋势、中期趋势，但是用什么来体现趋势没有明确指出来，移动平均线则完成了这个使命。如果说股价整体处于上升的过程中，那就意味着移动平均值在一天天增加，即平均成本在一天天升高，升高了的平均成本支持着股价进一步上升，而这就构成了一个上涨趋势——不管是短期、中期还是长期趋势。反之，当股价整体处于下跌过程中时，平均成本在逐渐下降，就构成了一个下跌趋势。

由于上升趋势的形成是由持股成本越来越高导致的，因此股价平均线会支撑着股价不断上升，而且理论上会一直持续下去，直到有某种力量改变这种趋势为止。在道氏理论中有修正走势，在上涨过程中表现为回缩到前次行情33%～66%（1/3～2/3）比例的位置，其实这个位置就是某种心理上的支撑，也可能是更长时间周期平均成本价的位置。

一些文章中所说的股价移动平均线的相对稳定性、助涨助跌作用、下跌趋势中的压力作用、上涨趋势中的支撑作用等，就是通过以上分析得来的。这也再次说明了仔细推敲道氏理论以及移动平均线的真实含义多么重要。这也是移动平均线为什么经常被当作趋势跟随指标，用来对价格变化的趋势进行分析的根本原因，因为"趋势"的基本假设就是"物体一直保持原来的运行方向，直到有外力改变它为止"。

3. 移动平均线的拐头

在上涨趋势或下跌趋势当中，由于移动平均线具有助涨助跌作用，均线会一直在股价下方或上方支撑股价持续地上涨或下跌，直到这种趋势到了尽头。趋势的结束意味着上涨的价格不再上涨，甚至会下跌，而下跌的价格也不再下跌，甚至会上涨。此时经过计算机快速计算出来的移动平均值（即平均成本）就出现了变化，表现为均线的"拐头"现象。无论是拐头向上，还是拐头向下，都说明了一个问题，那就是平均持股成本已经发生变化，趋势开始变异。投资者此时应该比较警惕，一旦出现放量滞涨或者带量长阴等技术图形，可以考虑采取离场观望的策略。

当然，这里只是从移动平均线的基本含义出发来理解实际操作的关键要点，其实在实际操作中还有其他的技术参数需要使用，还有更多的技术指标需要综合运用。笔者建议投资者务必清楚移动平均线的深刻内涵，这样才有助于理解为什么在实际操作中要那样处理。

有些投资人将移动平均线的拐头看作"鱼钩"。股价上涨时出现向下的鱼钩，提示要减仓或者出货；下降时出现向上的鱼钩，提示有反弹或者反转，要加仓或者趁反弹出局。

至于是哪条移动平均线拐头后采取措施，取决于投资者的个人投资偏好。如果是短线投资者，可以考虑MA10的拐头提示；如果是中线投资者，可以考虑MA30的拐头提示；如果是长线投资者，可以考虑 MA120 的拐头提示。

4. 移动平均线是时空坐标

时间与空间是不可分割的整体，万事万物都是特定时间加特定空间的产物。例如一个人，他一定是某年某月某日某时在某地出生的人，如果变换了年、月、日、时或者地点的话，出生的一定不是他。随着时间的流逝，他在身高、容貌上都会有变化，这个变化就是物质的运动。运动是物质的运动，也是需要时间的运动，而时间的流逝就意味着物质的运动。

同样，在股价运动中，也是伴随着时间的，说股价是什么价格一定是在说它在某个时间是什么价格，离开了这个特定的年、月、日、时来说股票是什么价格，是没有意义的。所以，从道氏理论出发来理解这个时空观，就是说股票价格一旦出现了某种主要趋势——在某个时间点上出现了向上或向下的拐头走势，那么随着时间的推移，价格将一直沿着这种趋势运动；出现的修正行情，也一定是在某个时间点开始发生并在某个时间点结束的。随后，股价还会继续沿着原来的趋势运动，直到有一股短期急促的巨大力量或者长时间逐渐积累的力量改变这种趋势为止。

5. 移动平均线的应用

对于移动平均线的使用技巧，市场公认的是葛兰威尔提出的八个交易法则，其中包括四个买入法则、四个卖出法则。

四个买入法则如下。

（1）平均线从下降逐渐转为盘局或上升，价格从平均线下方突破平均线，为买进信号。

（2）价格运行在平均线以上，出现价格下跌时并未跌破平均线并且立刻反转上升，为买进信号。

（3）价格虽跌破平均线，但又立刻回升到平均线以上，此时平均线仍然保持上升势态，买进信号。

（4）价格突然暴跌，跌破平均线且远离平均线，则有可能反弹上升，为买进信号。

四个卖出法则如下。

（1）平均线从上升逐渐转为盘局或下跌，价格向下跌破平均线，为卖出信号。

（2）价格运行在平均线以下，出现价格上升却并未突破平均线且立刻反转下跌，为卖出信号。

（3）价格虽然向上突破平均线，但又立刻回跌至平均线以下，此时平均线仍然保持持续下跌势态，为卖出信号。

（4）价格突然暴涨，突破平均线且远离平均线，则有可能反弹回跌，为卖出信号。

虽然这是公认的使用移动平均线进行投资的基本法则，但是葛兰威尔提出的这 8 个交易法则也有它的内在缺陷，主要表现为：投资者不知道该使用哪个周期的移动平均线①，价格远离均线到什么程度才是买卖信号，另外，什么是价格的暴涨暴跌，这个法则并没有解释。当然暴涨暴跌这个说法，我们可以使用乖离率或者其他震荡指标来描述。而其他的疑问仍然需要解答。

因此在对移动平均线的使用上，出现了"黄金交叉（金叉）"和"死亡交叉（死叉）"的概念，如图 5 – 11 所示。

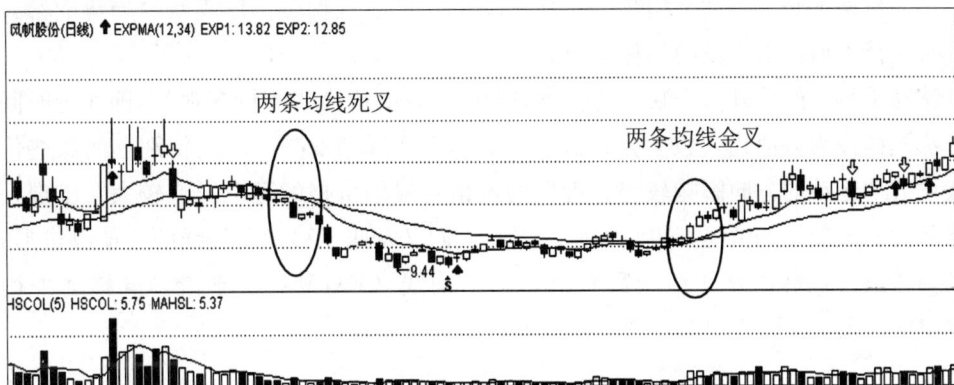

图 5 – 11　移动平均线的"金叉"和"死叉"

所谓金叉，即短期均线向上穿越长期均线，且股票价格站在短期均线之上。这意味着股票现在的价格不仅高于近期平均成本，还高于长期的平均成本，说明市场买盘力量比较强大，多方主动，此时为比较强烈的买进信号。以价格有效下穿长期均线为金叉失效的标志，因为此时的价格已经跌至长期平均成本以下，市场不愿追高、逢高派发的意味浓厚。

死叉的意思是短期均线向下穿越长期均线，且股票价格站在短期均线之下。这说明股票现在的价格不仅仅低于近期平均成本，也低于长期的平均成本，说明市场卖盘力量比较强大，空方主动，此时为比较强烈的卖出信号。以价格有效上穿长期均线为死叉失效的标志，因为此时的价格已经涨至长期平均成本以上，市场有重拾升势、更上一层楼的意味。

黄金交叉和死亡交叉的含义与使用，其实是对使用单一均线的葛兰威尔八大交易法则进行了优化。

至于金叉和死叉使用几条均线的问题，市场也有不同看法。有人认为使用短、中、长三条均线，而笔者倾向于认为两条均线即可。读者也可以根据自己的情况进行设置。

金叉与死叉的使用，不仅仅局限于移动平均线 MA，也适用于其他技术指标的交叉，例如 MACD、KDJ 等，用法与移动平均线一样。

---

① 有资料认为葛兰威尔推荐使用的是 200 天均线。

6. 移动平均线的缺点

滞后性是移动平均线的第一个缺点，也是最主要的缺点，实际上也是所有技术指标的缺点。移动平均的算法，决定了移动平均值连成的移动平均线在数据上肯定有滞后性。移动平均线的滞后性具体表现为：一是短期股价大幅度波动远离移动平均线，而移动平均线依然平缓；二是股价已经拐头，而移动平均线依然继续原来的趋势。当然，如果价格突破了移动平均线，并且移动平均线一旦拐头，形成新的趋势的话，就会一直支持着股价沿着新的趋势运动下去。

移动平均线的另外一个缺点就是将周期内所有的价格"等量齐观"，即无论时间远近，都同样作为数值代入数学公式进行计算，而实际情况是，时间特别远的那些价格对股票近期运动的方向影响较小，近期的价格对股票价格的运动影响较大，出现拐头和伴随大的成交量的情况下更是如此。因此人们又发明了移动平均线的其他改进形式，受篇幅所限，本书主要介绍指数平滑移动平均线（EXPMA）、平滑异同移动平均线（MACD）、多空指标（BBI）、瀑布线（PBX）。

四、移动平均线的四个改进指标：EXPMA/MACD/BBI/PBX

1. 指数平滑移动平均线 EXPMA

指数平滑移动平均线，是另一种重要的移动平均线，是对简单移动平均线 MA 的改进。

与 MA 一样，EXPMA 也是对股价的一种平均算法。不同的是：MA 用的是算术平均，而 EXPMA 用的是加权平均；在 MA 算法里，认为过去若干日的数据对当日股价的影响是一样的，而 EXPMA 算法认为历史数据对当日股价的影响是不同的，时间越远，影响越小，时间越近，影响越大（这就是加权的思想），如图 5 - 12 所示。

图 5 - 12　指数平滑移动平均线 EXPMA

有的读者可能会问：为什么越近的价格对当日的价格影响越大，而越久远的价格对当日的价格影响越小呢？这就涉及人类的记忆与遗忘的相关知识和理论。心理学的研究表明，人们的记忆随着时间的推移会越来越少，这是个自然遗忘的过程。在大部分情况下，越久远的经历往往被遗忘得越多；时间越短，例如前几天发生的事情，则往往越容易被记起来。可能有人会说，人们对金钱是如此情深义重、爱慕不已，它应该属于人们的记忆中最强烈的部分，不应当被轻易忘记。确实，金钱是影响人们心灵和行为最重要的力量，但是尽管如此，从整体上说，人们对于金钱的记忆和遗忘依然遵循着上述规律。因此，时间越近的价格对人们投资时的心理和行为影响越大，越远的价格对人们投资时的心理和行为影响越小。

所以从理论上说，EXPMA 的设计思想比简单的移动平均 MA 更加科学。

EXPMA 的计算公式是：

$$EXPMA = (当期收盘价 - 上期 EXPMA)/N + 上期 EXPMA$$

其中，N 为周期，如天、周、月等。

从算法上可以看出，我们可以设置多条 EXPMA 均线，一般行情分析与交易软件的系统默认参数为 12 日和 50 日，即两条均线。

至于是默认的（12，50）更有效，还是其他的参数更为有效，属于见仁见智的问题。这世界上并不存在最优的技术指标参数。有一些技术分析人士认为（5，21）、（6，35）与（10，60）有更好的实战效果；也有人认为，EXPMA 指标比较适合与 SAR 指标配合使用。不过这些说法有的经过了统计学的验证，有的纯属个别投资者的看法，对于读者来说，要做的是掌握移动平均线以及指数平滑移动平均线的算法以及深刻含义，自己深入市场找寻适合自己的技术参数。

2. 平滑异同移动平均线 MACD（图 5 - 13）

为了弥补移动平均线 MA 对以前所有收盘价等量齐观以及具有滞后性的缺陷，杰拉德·阿佩尔于 1979 年发明了平滑异同移动平均线。

平滑异同移动平均线 MACD 由差离值 DIF 和异同平均数 DEA 组成，研判行情时，以 DIF 为主，以 DEA 为辅。其计算过程如下。

首先算出快速（12 日）的移动平均数值与慢速（26 日）的移动平均数值这两个 EMA 数值，12 日 EMA 数值减去 26 日 EMA 数值，即差离值（DIF）。

12 日 EMA 的计算：EMA12 =（前一日 EMA12 × 11 ÷ 13 + 今日收盘价 × 2 ÷ 13）

26 日 EMA 的计算：EMA26 =（前一日 EMA26 × 25 ÷ 27 + 今日收盘价 × 2 ÷ 27）

差离值 DIF 的计算：DIF = EMA12 - EMA26。

可以看出，在持续的涨势中，12 日 EMA 在 26 日 EMA 之上。其间的正差离值（+ DIF）会愈来愈大；反之，在跌势中，12 日 EMA 在 26 日 EMA 之下，负差离值（- DIF）愈来愈小。

然后，计算差离值 DIF 的 9 日异同平均数，起名为 DEA，计算公式：

今日 DEA =（前一日 DEA ×8 ÷10 + 今日 DIF ×2 ÷10）

由上述计算可知，DIF 比 DEA 的变化要快。股票行情分析软件上显示的就是每日计算以后的 DIF 值的连线和 DEA 值的连线。这两根线就是 DIF 和 DEA 这两根在零轴上下波动且没有幅度限制的振荡曲线。

同时，分析软件上还有红柱绿柱（BAR），即柱状线，就是 DIF 和 DEA 之间的差值，计算时取其两倍，为的是看起来更加清楚，即 BAR = 2（DIF − DEA）。

图 5−13　平滑异同移动平均线 MACD

MACD 在应用中，胜算概率较大的是以下几种情况。

（1）DIF 与 DEA 均为负值，即都在零轴线以下时，属空头市场，DIF 向上突破 DEA 形成金叉，属于反弹信号，可以短线买入，不宜长期持股。（此时长短期移动平均线并未金叉）

（2）DIF 与 DEA 均为正值，即都在零轴线以上时，属多头市场，DIF 向上突破 DEA 形成金叉，可买入，长时间持有。（此时长短期移动平均线已经金叉）

（3）DIF 与 DEA 均为正值，即都在零轴线以上时，属多头市场，DIF 向下穿过 DEA 形成死叉，属于短线回抽行情，可短暂卖出。（此时长短期移动平均线并未死叉）

（4）DIF 与 DEA 均为负值，即都在零轴线以下时，属空头市场，DIF 向下跌破 DEA 形成死叉，可卖出，股价会下跌较长时间。（此时长短期移动平均线已经死叉）

（5）DIF/DEA 线与价格发生背离为反转信号，尤其是三次背离以上。

（6）由于该指标属于中长线指标，对价格变动的灵敏度不高，所以在盘整行情中不适用。

3. 多空指标 BBI

多空指标 BBI（Bull and Bear Index），也可以翻译成牛熊指标，计算公式是：

$$BBI = （3 日均价 + 6 日均价 + 12 日均价 + 24 日均价）÷ 4$$

从多空指标的计算公式中我们可以看出，多空指标是一个将不同日数的移动平均值再次平均的数值。在计算时，近期数据使用较多，远期数据使用较少，不同日数的移动平均值就是"权重"值。多空指标是一条"混合"平均线，既有短期移动平均的灵敏，又有明显的趋势特征，比较适合短线投资者，如图 5 – 14 所示。

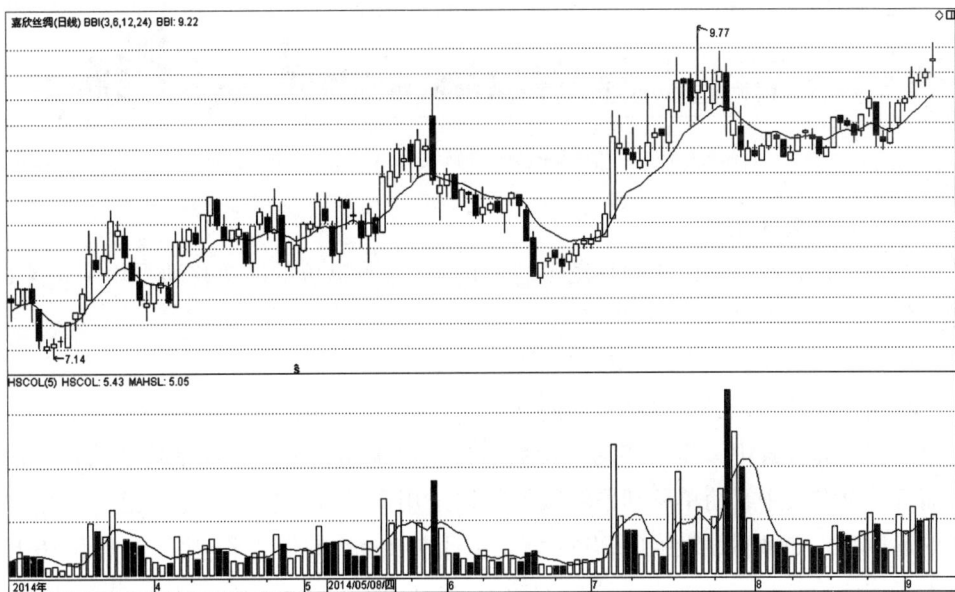

图 5 – 14　多空指标 BBI

从本质上说，多空指标 BBI 依然是移动平均的原理在起作用，是对简单移动平均的一种改进，但是依然有着移动平均的缺点，那就是时间上具有滞后性，以及盘整时由于信号频出而让投资者不知所措。

由于行情分析与交易软件默认的 BBI 只有一条线，熟悉计算机算法语言的朋友可以再增加一条中期线作为辅助，例如：

$$BBI2 = （8 日均价 + 13 日均价 + 25 日均价 + 45 日均价 + 78 日均价）÷ 5$$

4. 瀑布线 PBX

瀑布线（PBX）是一种很形象的说法，由 6 条经过非线性加权移动平均计算后的线组成，形状类似瀑布，因此叫作瀑布线，如图 5 – 15 所示。

图 5 – 15　瀑布线 PBX

PBX 的计算公式是：

PBXi =（M_i 日收盘价的指数移动平均 + M_i × 2 日收盘价的简单移动平均 + M_i × 4 日收盘价的简单移动平均）/3

其中，M_i = 4，6，9，13，18，24。

PBX 由六条线组成，代表特定时间（4，6，9，13，18，24）的股价成本状况。可以看出，在计算公式中，简单移动平均数值被两次采用，指数移动平均数值被一次采用，而且，瀑布线中，简单移动平均数值往往采用 2 倍和 4 倍的日数，这无疑增强了成本的远期性，如敏感性最强的 PBX1 就是 4 日内收盘价的指数平均值、8 日和 16 日简单算术平均值的总和的平均，敏感性最弱的 PBX6 就是 24 日内收盘价的指数平均值、48 日和 96 日简单算术平均值的总和的平均。

同时在公式中，远期移动平均所占权重更大一些。这说明瀑布线在构建的时候，既考虑了近期的价格因素，又考虑了远期的价格因素。因此瀑布线被看作一个中线趋向指标，在使用过程中，PBX1 和 PBX6 作为短期和长期的两条线分别起到短期支撑（或压力）和长期支撑（或压力）的作用。

瀑布线的缺点就是线太多，在使用过程中令人眼花缭乱。熟悉计算机算法语言的投资者可以将六条瀑布线简化为三条甚至两条。

五、移动平均线管用吗？

——来自学术界的研究成果

移动平均线是否能够指导投资，是否能够依靠移动平均线及其改进指标获得较高收益，是众多投资者十分关注的话题，对此国内的一些学者展开了研究。

孙碧波（2005）对上证指数使用移动平均线进行验证，认为上证指数的回报均值是道·琼斯工业平均指数（DJIA）回报均值的8倍，标准差则为后者标准差的两倍多。这说明在中国证券市场上存在较大的获利可能和较高的风险，这可能与中国股票市场的新兴市场状态有关。同时，需指出，在中国市场上，持有期可变移动平均规则（VMA）① 中的短期均线具有最强的预测力，中期均线的预测力略减，长期均线的预测力很差。赵永亮、张记伟（2010）对1990年12月19日至2008年6月27日4298个交易日的上证指数收盘指数进行了实证研究，结果表明：使用指数—10日均线交叉策略能够获得超越市场的收益率②。张爽（2010）使用MA（2，60）进行的研究表明：无论是持有期可变的移动平均规则（VMA）还是持有期固定的移动平均规则（FMA），移动平均线都是可靠的交易策略。

在时间周期的优选研究上，王兆军、郝刚、曾渊沧（2002）经过研究后认为移动平均线的最佳组合是MA（2，51），这个组合的赚钱效率达到了43.40%。曾宪聚、代文强、冯建栋（2003）研究了1998年8月3日至1998年11月30日之间的数据，认为14和19作为移动平均线的短期和长期数值，且应用金叉买入、死叉卖出策略时更为有效。罗然（2010）认为106天移动平均线交易策略优于买入持有策略和随机买卖策略。

就DMA、MACD、BBI、PBX这四个指标的有效性比较来说，谢丁（2009）抽样200只股票，对截止到2009年8月14日的1100个交易日的数据，使用趋向类技术指标进行实证研究③后表明：PBX指标与BBI指标最优，MACD指标（代表EX-PMA）与DMA指标（代表MA）次之。同时，其发现经过移动平均处理的BBI与DMA指标更适用于短期趋势预测；经过指数平滑处理的PBX与MACD指标，更适用于中长期趋势预测。对于均线型指标，首选EXPMA、MA，短趋势宜用MA，长趋势宜用EXPMA；对于离差型指标，首选MACD、DMA，短趋势宜用DMA，长趋势宜用MACD。

由众多专家学者的实证研究分析，以及笔者的投资经验，我们可以得出如下的结论。

（1）移动平均线MA以及在MA基础上改进的技术指标都是比较可靠的可借此获

---

① 持有期可变移动平均规则（VMA）是指出现买入信号后买入，并持有某个天数，直到出现卖出信号。持有期固定移动平均规则（FMA）指出现买入信号后买入，并持有一个固定时间，例如10天后卖出。

② 一般认为黄金交叉时买入，死亡交叉时卖出，但是实际上不可能出现刚刚好的金叉和死叉。取10日均线的一定偏差幅度X（%），实证结果显示，偏差幅度为1.2%的交易策略和1.6%的交易策略表现得较为稳健。

③ 谢丁取各种均线的组合进行实证评测，最后取出的PBX最佳均线组合为A1－A2组合（A1参数：4，8，16；A2参数：6，12，24），用该组合参与评测。而BBI指标只有一条均线（参数：3，6，12，24），研究者构造出第二条均线（参数：6，12，24，48），以该组合参与实证评测。

得较多收益的工具，而在时间参数选取上不存在最优。

（2）投资者不必花费过多心思在到底使用哪一个技术指标更好上，或者对具体的时间周期，如选 MA（20，60）好还是 EXPMA（12，50）好计较过多，选择适合自己的就好。

（3）由于存在交易成本的问题，因此纯粹使用技术指标会因频繁交易而减少自己的收益，在实际操作中把握好买入点，寻找到更高的卖出点，依然是获得超额收益的良方。

六、震荡类指标

震荡类指标，也翻译成振动指标、摆动指标或动能指标，因座钟钟摆来回摆动时会产生动能（物理学上将物体运动的速度和质量的乘积作为动能）。顾名思义，震荡类指标是指以一个中轴线为中心进行来回摆动的指标。震荡类指标由 M. H. 加特利在1935 年创立，震荡类的计算方法很多，指标种类也很多，有以上涨下跌家数的震荡作为依据进行计算的，有以长短期价格之间的震动宽度为基础进行计算的，有以最高价最低价为基础进行计算的等。

在行情分析与交易软件里一般使用较多的有 KDJ、慢速 KD、RSI、W％R 等。限于篇幅，下面只简要介绍一下 KDJ 指标。

随机振动指标 KDJ，一般认为是由乔治·蓝恩博士在1950 年左右提出的，是通过计算一定时间内的最高价、最低价和收盘价间的波幅，反映价格走势的随机指标，由 K 线、D 线和 J 线组成。

KDJ 的计算方法如下。

首先计算出一个 RSV 值，即所谓"未成熟随机指标值"，该值始终在1 ～ 100 间波动。

RSV =（收盘价 $-N$ 日内最低价的最低值）/（N 日内最高价的最高值 $-N$ 日内最低价的最低值）$\times 100$

K = RSV 的 M_1 日移动平均

D = K 的 M_2 日移动平均

J $= 3 \times$ K $- 2 \times$ D

参数 N 设置为9 日，参数 M_1 设置为3 日，参数 M_2 设置为3 日。若无前一日 K 值与 D 值，则可以分别用50 代替。

由计算公式可知，K 值是当日收盘价和9 日内最低价的价差与9 日内价格最高点和最低点之间的价差比较得到的结果。K 值越大，说明目前的价格越处于高位；K 值越小，说明价格越处于低位。每天计算出来的 RSV 值再经过3 日的简单"移动平均"得到的就是行情分析软件上的 K 线。每天计算出来的 K 值再经过 3 日的简单"移动平均"得到的就是行情分析软件上的 D 线。

而 J 值实质上反映了 K 值和 D 值的乖离程度，从而领先 K、D 值找出头部或底部。J 值可超过 100。

对于 KDJ 的意义，一般的教科书中认为，K、D 指标与威廉指标 W%R 一样，都可用于判断股票的超买超卖情况，但是 KDJ 指标中融合了"移动平均"的概念，这点与威廉指标不同。也正因如此，KDJ 才形成了比较准确的买卖信号。对于 KDJ 的使用，大多是这样描述的。

（1）从 K、D 的取值方面考虑，80 以上为超买区，20 以下为超卖区，K、D 超过 80 应考虑卖出，低于 20 就应考虑买入。

（2）从 K、D 指标的交叉方面考虑，K 上穿 D 是金叉，为买入信号；下穿是死叉，为卖出信号。

（3）K、D 指标的背离情况与 MACD 等指标完全相同，价格屡创新低而 K、D 值越来越高，则意味着底部区域出现；反之，意味着顶部区域出现。

（4）J 指标的取值超过 100 和低于 0，都属于价格的非正常区域，大于 100 为超买，小于 0 为超卖，J 值的信号不会经常出现，一旦出现，则可靠度相当高。

上述用法是常规情况下的运用，在实际操盘中，情况往往比较复杂。KDJ 的超买超卖数值区域表明的是一个信号，它告诉你在这样的数字区域会发生危险，但并不是说一定会发生危险，而且即使发生危险，它也不知道是什么样的危险——是长期高低点的产生，还是短暂的行情中继，所以如果你想只依靠 KDJ 之类的震荡类指标获利的话，将是一个非常错误的想法。

有经验的投资者都知道，KDJ 往往反复出现买卖信号，这无疑会导致频繁操作，增加投资者的交易成本。而且投资者会经常"挨耳光"，即按照 KDJ 指标买入后价格没有上涨，反而又出现了一个卖出的信号；等卖出后，价格很快又折返回来。这样反复的误操作无疑会增加投资者心理上的挫败感。也正是由于 KDJ 具有这种反复无常的特性，故人们称之为"快速指标"。

因此在使用时，我们可以考虑使用较长周期的指标值，例如周 K 线图下的 KDJ、月 K 线图下的 KDJ，它们往往在一些特定的情况下能够发出准确的买入信号。例如周 K、D 值在 15 以下，J 值在 0 以下，甚至月 J 值在 0 以下时，再结合价格的波动宽度，基本上就是比较准确的底部区域，如图 5 - 16 所示。

另外，如果出现单边上涨或者单边下跌行情，KDJ 这种震荡类指标往往会在超买或超卖区域反复钝化，频繁在高低位区域出现金叉和死叉信号。投资者如果依然按照上述使用方法入市，往往会导致较大幅度的亏损，或者丧失大段的交易机会，如图 5 - 17 所示。

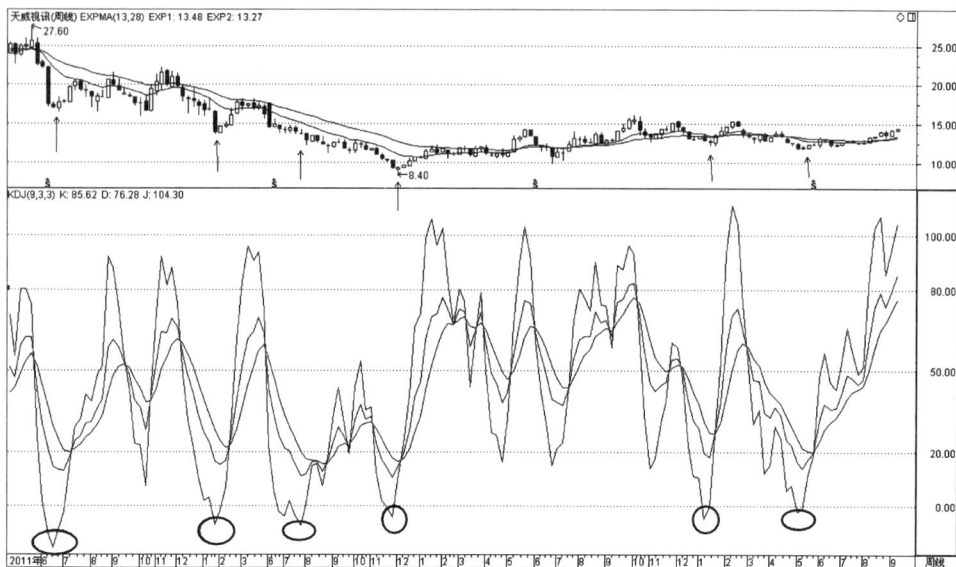

图 5 - 16　J 值的应用

天威视讯（002238）2011 年 4 月 22 日—2014 年 9 月 9 日周 K 线图下 J 值小于 0 的
情况出现 6 次，阶段性低点出现 5 次，准确率为 83.3%

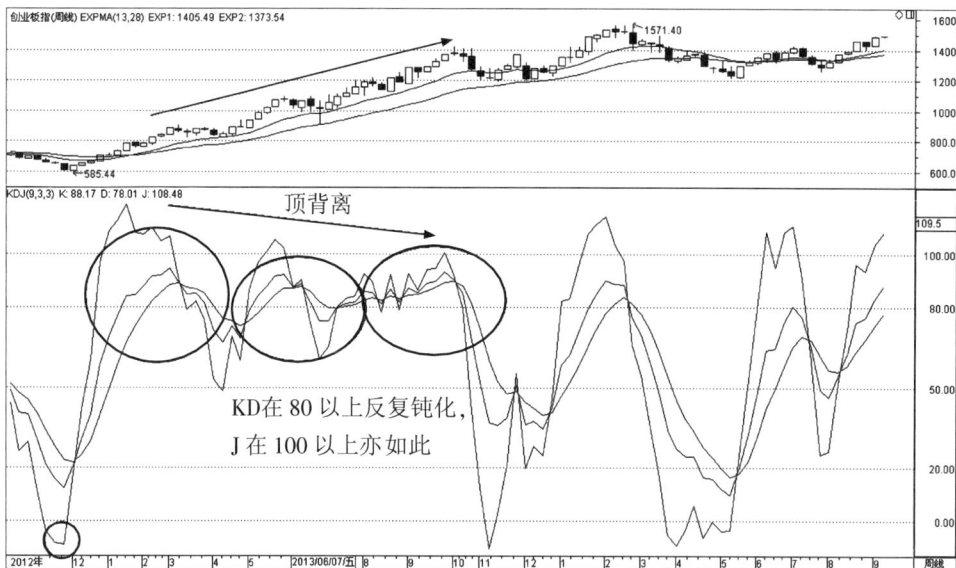

图 5 - 17　创业板指数从 2012 年 12 月 7 日到 2013 年 11 月 13 日周 K 线图

创业板指数在 2012 年 12 月 7 日到 2013 年 11 月 13 日几乎一年的时间内都在上涨，
KDJ 值则在高位反复钝化、纠缠，并在周 K 线上出现顶背离信号。如果单纯利用这样
的指标入市的话，可能会在 600 点附近全仓出局了，那会丧失巨大的投资机会。

站在绝大多数中小散户的角度分析，主力要想赚中小散户的钱，就需要考虑中国股市还是以做多机制为主的现实情况，所以在这样的制度背景下，用长周期的 KDJ 来判断底部区域是一种非常准确的方法，投资者可以用长周期的 KDJ 来判断底部区域，作为投资时第一次买点和第二次买点的机会把握。但用长周期的 KDJ 判断是否为顶部未必完全准确——读者可以结合图 5 – 15 和图 5 – 16，仔细体会一下 J 值大于 100 的时候能否作为卖点。

其他类型的震荡类指标还有很多，例如相对强弱指标 RSI、威廉指标 W％R 等，与 KDJ 一样，在实际操作时其往往作为一个辅助指标来用。读者需要仔细琢磨震荡类指标为什么在高低位置经常容易钝化失灵，**从 KDJ 的计算公式中我们可以看出，震荡类指标的本质是将经过复杂计算后价格的摆动看作有规律的钟摆似的周期性摆动，是理想化的设计，一旦价格出现单边上涨或下跌，这种周期性的摆动就会失灵，即指标指示的信号失灵。**所以，我们在应用的时候，一定要在充分理解其计算思路的基础上加以应用，不要只知其一不知其二，盲目照搬。一旦失灵，自己不知所措，甚至埋怨指标不对，那就是自己的问题了。

七、多空争夺后产生的形态、趋势、支撑、压力

股市就是多方力量与空方力量持续不断战斗的场所。多方看涨，买入持有；空方看跌，卖出空仓。股价就在多空双方的角逐对抗中呈现出各种各样的走势，从图形上看就是各式各样的形态。

从股价的演变过程角度看，股价的形态有收集形态、上升或下降形态（趋势）、中继①形态、出货形态等四种类型。从行情的波动性与趋势性强弱角度区分，股价的形态又分为稳定平静、稳定波动、波动趋势、稳定趋势四种形态，如图 5 – 18 所示。

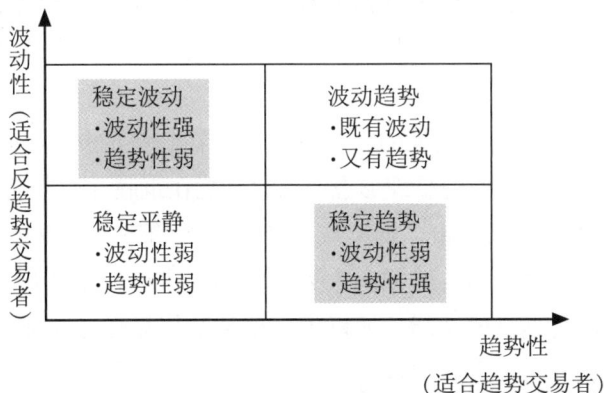

图 5 – 18　行情的波动性与趋势性

---

① 中继，即中间停顿后继续的意思，表示形态出现以后，行情还会沿着原来的趋势发展。

从整理形态发生的位置，股价的形态分为上涨中的整理、下跌中的整理、高价区域整理、低价区域整理等四种。

然而从不同的视角来看，各种形态会发生变异，例如从大周期角度看是一个矩形整理形态，从小周期角度看就是一个个的上升趋势和下降趋势。从股价变化的随机性角度看，任何形态随时都可能因为外在因素的影响而变样，例如本来的上升中继形态可能会演变成顶部形态，本来下降的旗形会演变成多重底部形态。

所以，形态是从不同角度观察后的形态，也是随时可能发生变化的形态。

本书从实战的角度，将这些形态归纳为"整理形态"（包括顶部和底部的反转形态、中继形态）以及"上升或下降形态（趋势）"这两种，具体讲述这两种形态以及这两种形态中存在的趋势、支撑与压力等。

1. 整理形态

我们前文讲到过，价格沿着趋势方向运动。但是由于多空双方的角力，趋势不可能一直持续。在趋势运行的过程中，多空双方的激烈较量、来回拉锯会形成相应的价格轨迹，这些价格轨迹呈现出来的就是所谓整理形态，即趋势暂时不明的形态。投资者分析形态就是通过对价格轨迹进行研究，配合成交量的变化，来推断股价现存的趋势将会延续还是发生反转。

总体来说，整理形态分为反转形态和中继形态。反转形态表示的是市场中的多空双方经过一段时期的争夺后，反方完胜正方，股价改变原有趋势，朝相反的趋势方向发展；中继形态则表示市场多空双方经过一段时期的争夺后，正方完胜反方，股票价格将沿着原有趋势发展。

似乎没有哪本书籍能够告诉我们股票形态理论是谁最早提出来的，一般我们可以认为形态理论来源于或借鉴于道氏理论或者波浪理论，因为道氏理论中主要趋势的修正行情，波浪理论中的下跌浪，都是趋势发展中多空双方来回争夺的结果，从而形成了各种各样的形态。

整理形态是在趋势进行中发生的，它可能出现在趋势的初期、中期或者后期。换句话说，股价处于趋势不明朗的整理形态时，它可能在筑底（收集阶段），可能在筑顶（出货阶段），也可能在积累力量，继续或反转原来的趋势（中继或者反转）。尤其是在越来越多的人都在观察形态的时候，人为操纵的因素会让市场出现欺骗的形态。也就是说，形态有时候具有自毁功能。所以说，单纯地依靠形态是无法分析行情到底会如何运行的，必须通过两种方式共同判断：一是形态即将结束时的股价突破，无论向上还是向下；二是借助移动平均线等指标，尤其是多头排列或者空头排列、金叉或死叉。

同时，随着时代的发展，在人为操纵的干扰下，现在看到的一些形态不可能跟教科书中的标准形态一模一样，总有一些样式上的差异或者成交量变化上的区别，这是投资者学习时应该引起注意的地方。

常见的反转形态有头肩形、圆弧形、下跌三角形、V形，常见的中继形态有矩形、上升三角形、旗形、楔形等。下面对反转形态和中继形态分别简要介绍两种，同时介绍一下有中国特色的"散兵坑"形态。

（1）头肩形。

头肩形属于明显的筑底和筑顶形态，包括头肩顶和头肩底两种形态。具体细分起来，头肩顶包括M头、多重顶、复合顶等多种顶部形态，而头肩底包括W底、多重底、复合底等多种底部形态。

我们以股价下跌筑底为例进行说明。

股价下跌一段时间以后或者下跌到某个特定价格区间时，会出现卖方力量竭尽而买方力量增加的态势变化。当然，这种变化不是一蹴而就的，当买方稍微将价格推高，就会出现卖盘，导致股价再次下跌，但是下跌后又会被买盘托起。如此这般，反复发作，这样最低价格就会出现在以下几种情况中。

①只出现第一次的低点，以后价格可能再次创出N个低点，但这些低点都不会低于第一个低点。

②出现第一次的低点后又出现第二次的新低点，以后价格可能再次创出N个低点，但这些低点都不会低于第二个低点。

③出现第二次的低点后又出现第三次的新低点，以后价格可能再次创出N个低点，但这些低点都不会低于第三个低点。

上述股价筑底情况的发生，也可以这样描述。

K线在经过一段时日聚集后，在某一价位区域内，会出现两个低点。这两个低点价格相差不大，可能左边的价格低些，也可能右边的价格低些，这就是双重底的形态。如果出现三个低点，但其中第二个低点较其他两个低点更低的形态，这就是一底二肩，这种形态称为头肩底。如果出现三个以上的低点，称为复合底。

笔者之所以这样反复描述，目的就是希望投资者能够仔细体会底部形成的缘由和过程，在趋势不明的时候，不要轻易断定是W底或者头肩底，也不要简单地认为只要有成交量的配合，价格向上突破，就说明筑底阶段完成了。实际情况是复杂的，投资者发现了可能的筑底行情时，一定要多看少动。因为筑底过程往往很漫长，**是否完成筑底，是否形成新的趋势，不能光看形态以及成交量的所谓萎缩情况、"突破"时的伴量情况，一定要配合移动平均线、震荡类指标背离或者长系龙线等指标进行判断，才可能有更大的投资胜算。**换句话说，一般教科书当中讲述的标准的头肩底、三重底或者多重底的样子，以及成交量的变化情况，在现实当中不一定那么标准，如图5－19所示。

图5－19显示，三联商社（目前变更为*ST美讯）在2012年10月至2014年1月

图 5 - 19　三联商社周 K 线图

之间，在长达 14 个月的时间内构筑三重底，结合移动平均线、龙系长线指标，第一次买入点为 2014 年 2 月 14 日，价格为 5.20 元/股左右；第二次买入点为 2014 年 5 月初，价格为 5.0 元/股左右。

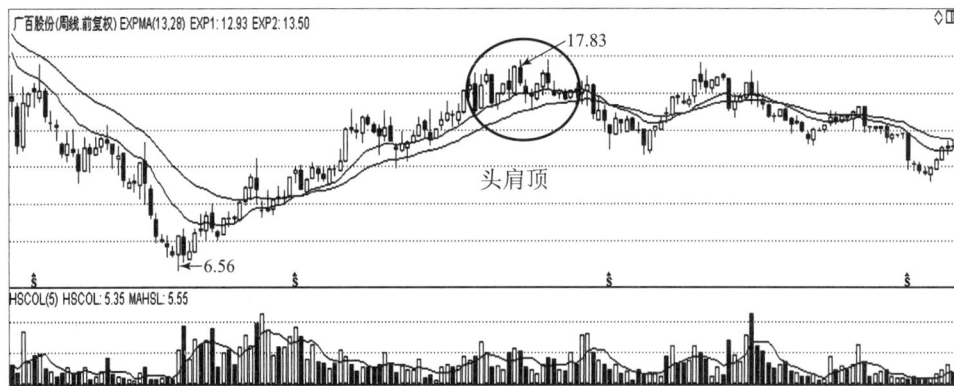

图 5 - 20　广百股份 2008 年 8 月至 2011 年 7 月周 K 线图

图 5 - 20 显示，广百股份从 2009 年 11 月到 2010 年 3 月期间出现了头肩顶的信号，随后价格回落至 13 周 EXPMA 均线附近震荡。如果按照形态分析信号卖出的话，卖出点应该是第三个顶（即右肩）出现以后的 2010 年 3 月份的 16 元/股附近；如果按照长期均线死叉信号卖出的话，卖出点应该在两个月后即 2010 年 5 月份的 14.5 元/股附近。但是如果按照一般股票翻倍的规律，卖出点应在出现左肩的前后，这时价格在 15.3 ～

17.2元/股之间，则时间提前到了2009年10—11月份。这时该股已经从最低的6.56元/股上涨到15.3～17.2元/股，已经翻了1倍以上，理应清仓了，这样的操作可以提前4～6个月将资金回笼，寻找其他合适的股票进行再次投资，无疑会增加资金的使用效益。当然也不排除你抛出以后，股价会整理一段时间以后再次翻倍。

图5-19和图5-20显示的都是已经发生的头肩形形态，注意我使用的是"已经发生"，这恰恰是应用形态分析进行投资的软肋所在！真的能够判断出来是头肩形形态吗？如果真的能够判断出来，倒是不错。万一判断错误呢？岂不是会承受较大的亏损风险？再者，什么叫作"已经发生"呢？就是这个形态已经形成了，可是投资者要明白，两重顶/底可能演变成三重顶/底，三重顶/底可以再次演变成复杂的多重顶/底，你凭什么判断某种形态一定是两重顶/底呢？

看看图5-21，你能判断深特力A后期的走势吗？

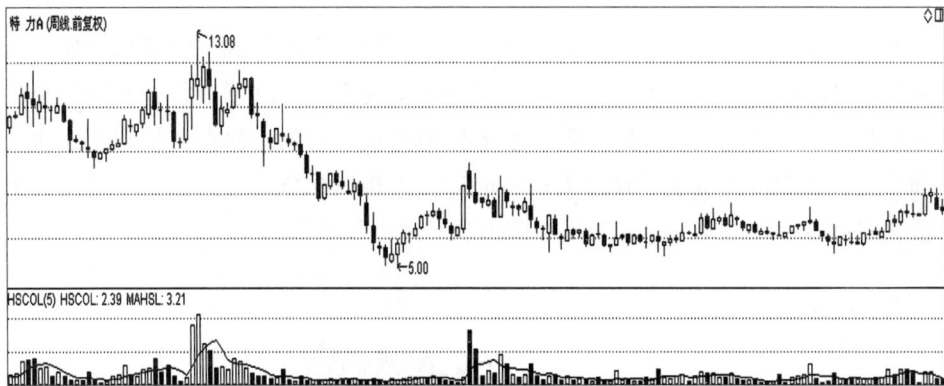

图5-21 深特力A截止到2013年11月的周K线图（前复权）

你可能会说，深特力A这只股票从最高点13.08元/股跌落下来以后，是在5～8元/股之间构筑散兵坑，是主力低位吸筹的形态，不太像多重底的样子。你说的似乎也有一定的道理，那么再看看图5-22，国药一致从最高点39.67元/股跌至低点16.97元/股以后，又在2个月后创出17.51元/股低点，随后行情震荡向上攀升。通过这张图，你能够判断出这是个双重底吗？

我不知道别人能不能判断出来，我要告诉你的是我不能。我无法通过图5-22判断出是一个双重底，因为我担心它过2个月再次演变成三重底，甚至可能一直持续上下波动，去构筑一个长期的散兵坑，那样的话，我将会在长达3～6个月，甚至更长的时间里饱受价格忽高忽低的痛苦煎熬。

所以，对于形态分析，我一直坚持的观点是不要简单地只看形态，一定要结合移动平均线或者其他技术指标来综合分析。实际上，我主要依靠技术指标分析，形态只作为参考。

图 5 - 22　国药一致截止到 2012 年 6 月的周 K 线图（前复权）

（2）圆弧形。

圆弧形包括圆弧顶和圆弧底。

圆弧顶的形成是由于股价在经过一段长期的拉升之后，达到主力机构预定或理想的目标位，加之市场缺乏利多的刺激，买气不足，股价无法继续上行，此时如果主力机构强行出货，会造成股价大幅下跌，主力机构更难以出局。故在此情况下，主力机构一面护盘，使股价不至于下跌过大；一面以常人难以察觉的方式出货。股价在经过这一段长时间的横向波动后，便形成了圆弧顶形态，如图 5 - 23 所示。

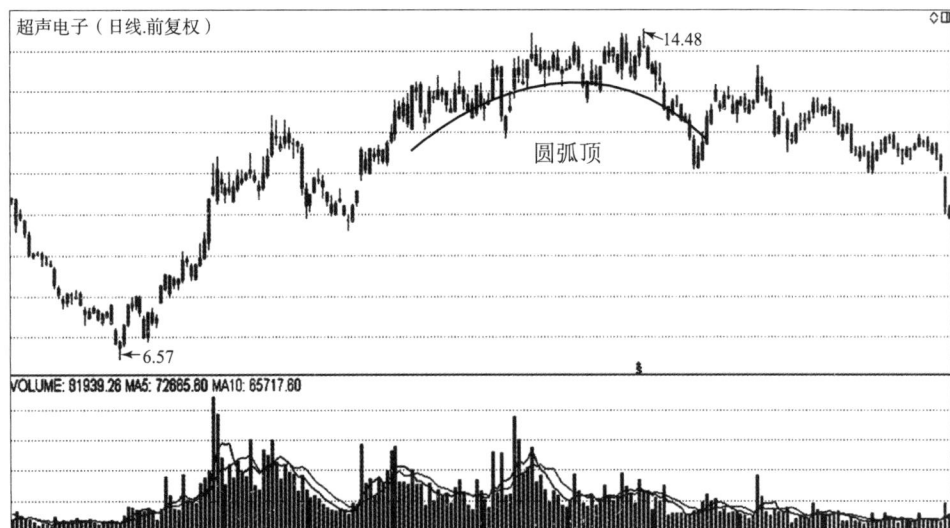

图 5 - 23　超声电子 2012 年 4 月—2014 年 8 月圆弧顶出货过程

圆弧底的走势与圆弧顶正好相反，是主力机构缓慢吸纳筹码的过程，如图5 - 24所示。

图 5 - 24　珠江钢琴2014年4—6月之间构筑的圆弧底

应当指出的是，圆弧形与头肩形一样，都是事后判断出的形态，而且笔者一直坚持认为，缺乏技术指标支撑的形态分析显得非常单薄，在投资上是不具有指导意义的，尤其是在中国股市中。一方面，寻找一些典型的顶底形态略显不易——倒不是说没有这些典型的形态，有，但是比例不大；另一方面，找到以后，单纯依靠对形态的判断是不容易得出正确结论的，必须结合多个技术指标进行综合研判，才会有好的投资结果。

（3）散兵坑（矩形）。

散兵坑是个具有中国特色的说法，其实还是具有一些形态特征，例如矩形形态的特征。但是散兵坑持续的时间似乎更长一些，往往出现在价格极低的位置，矩形则在底部、中部和顶部都可能出现。

无论是底部的矩形还是底部的散兵坑，它的形成都是由于价格在相对低位时，由于卖盘力量微弱，买盘逐步买入，价格呈现出时而上涨时而下跌的走势，成交量时而放大时而减少，整体来说，换手率不高。在散兵坑形态的最后一段时间伴随着较大的成交量上涨，往往被认为是行情启动的标志。其常见的形态有所谓横盘散兵坑，以及震荡微升、震荡微降等散兵坑的变异形态。

如图 5 - 25 所示，大冶特钢（目前变更为中信特钢）在 2013 年 6 月 25 日创出最低点 5.04 元/股以来，价格开始趋于平稳，在 5.04～6.74 元/股之间的箱体内横盘整理长达一年之久，K 线上出现了小阴小阳、成交量时大时小的图形，移动平均线逐渐走稳，并在 2014 年 6 月 30 日跳空高开，开始了震荡攀升局面，并于 3 个月后的 2014年 9 月份进入快速拉升阶段。

道明光学是一只流通盘只有 5040 万股的小盘股，对应的上市公司主营反光材料、反

图 5 - 25　大冶特钢散兵坑形态

光服装的设计、生产与销售。自 2012 年 12 月 7 日创下 8.53 元/股的最低点以来，价格一直在 8.53～12.89 元/股之间宽幅震荡，在 2013 年 12 月 22—27 日这一周内创出 14.02 元/股的高位，换手率高达 99.07%，可以判断有一部分大户资金出货，但是价格随后两周内企稳于 11.56 元/股上方，并开始了新的收集、缓慢拉升的过程，如图 5 - 26 所示。

图 5 - 26　道明光学震荡微升形态

洛阳玻璃是沪市的资深股票，但是业绩一直欠佳，自 2011 年 5 月份创出 14.38 元/股的新高以后，股价逐级下行，一直持续到 2014 年 5 月，时间长达 3 年，在股价跌至 4.30 元/股附近时，有资金再次吸纳，属于比较明显的主力压低吸货走势。在 2014 年 5 月份借助资产重组消息，股价被拉升 40% 以上，如图 5 - 27 所示。

（4）三角形。

在技术分析领域，形态学派经常会用到几何学中"三角形"的概念，并经常会利用三角形的形态来判断和预测后市。从 K 线图上看，典型的三角形形态一般有正三角形、上升三角形、下降三角形三种。

三角形形态的形成过程一般是这样的：价格发展至某一阶段之后，由于多空双方

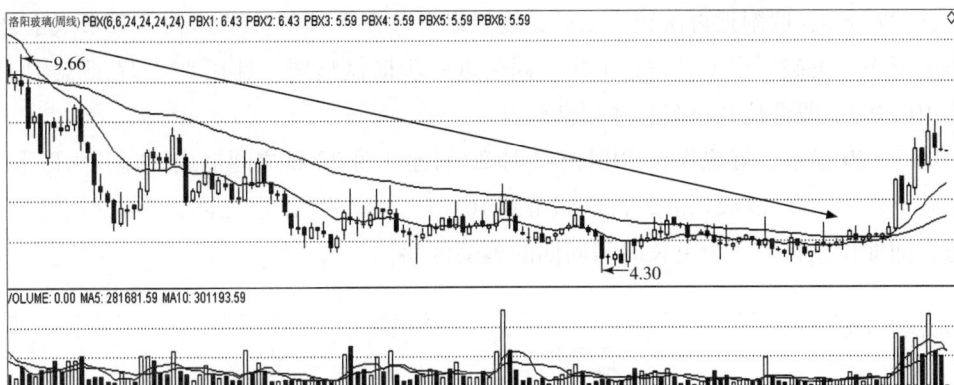

图 5－27　洛阳玻璃震荡微降形态（2011 年 7 月 1 日至 2014 年 9 月 8 日周 K 线）

力量的较量，会出现价格反复拉锯的现象，价格震幅会越来越小，如果将 K 线的高点与高点相连，低点与低点相连并延伸至交点，就会发现价格运行在一个三角形之中，当这种形态正在发生的时候，也就是价格依然在三角形之内波动的时候，投资者不要急于出手，须等待价格形成其对应的形态，并且正式朝一方突破后，才能正确判断价格未来走势。

图 5－28 显示，潍柴重机在 2014 年 2 月 25 日至 4 月 18 日出现矩形整理形态后，在 2014 年 4 月 21 日出现带巨量向上突破矩形上轨线 9.0 元/股的走势，当日换手率达到 7.91%，可惜没有持续下去，在 9.35 元/股附近横盘 4 天后急速下滑，3 天之内最低跌至 7.81 元/股，比原来的矩形整理区间（8.0～9.0 元/股）的下轨线还要低，属于典型的骗线或假突破。

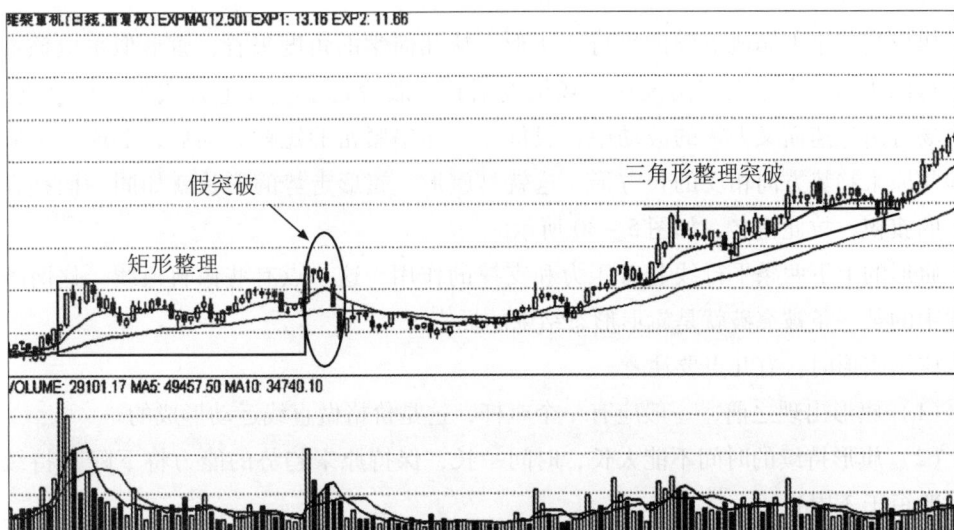

图 5－28　潍柴重机截止到 2014 年 9 月 12 日的日 K 线图

该股在 8 元/股附近再次筑底之后，逐级攀升，在 7 月 11 日至 8 月 5 日形成上升三角形的形态，突破后也没有快速上拉，而是进一步横盘整理，且在 8 月 27 日盘中一度跌至 10.30 元/股低位，拉起后才逐渐爬升。

图 5-29 显示，好想你在 2014 年 2 月 23 日至 4 月 23 日之间形成下降三角形形态，在跌破下轨 18.50 元/股以后，价格回落到 16.61～17.80 元/股之间，形成小平台整理形态，随即价格进入一个更长时间周期的震荡区间。

图 5-29　好想你周 K 线图
在 2014 年 2 月 23 日至 4 月 23 日形成的下降三角形形态

（5）旗形。

旗形是一个上倾或下倾的平行四边形，从几何学的角度来看，旗形似乎应该被叫作平行四边形。旗形大多出现在市场极度活跃、股价近乎直线上升或下降的情况下。在市场行情急速而又大幅的波动中，股价在一连串紧密的短期波动后，形成一个倾斜方向与原来趋势方向相反的长方形，这就是旗形。旗形走势的形状就如同一面挂在旗杆上的旗帜，故此得名，如图 5-30 所示。

旗形的上下两条平行线起着压力和支撑的作用，这一点有些像轨道线。这两条平行线中的某一条被突破就是旗形形态结束的标志。

应用旗形时，有几点要注意。

（1）旗形出现之前，一般应有一个旗杆，这是价格做直线运动形成的。

（2）旗形持续的时间不能太长，时间一长，保持原来趋势的能力将下降（持续时间一般短于 3 周）。

（3）旗形形成之前和被突破之后，成交量都很大。在旗形形成过程中，成交量从左向右逐渐减少。

（4）旗形被突破之后，股价将至少要走到形态高度的距离（平行四边形左右两条边的长度），大多数情况下会走到旗杆高度的距离。

上述规则是通用用法，投资者可作为参考，实践时不必过于拘泥。

润和软件在 2014 年 5 月 21 日 10 送 5 派 4 元，除权后，逐渐企稳，并从 15 元/股附近升至 19 元/股左右，用了 13 个交易日；随后价格出现回落，跌至最低 15.0 元/股，用时 11 个交易日[①]，然后走出了逐级攀升的行情，如图 5 - 30 所示。

图 5 - 30　润和软件日 K 线图

图 5 - 31 所示为英力特的日 K 线图，该股在 2014 年 1 月初下跌过猛，从 9.67 元/股跌至 8.2 元/股，于是出现一个修正行情，表现为旗形整理，用时 17 个交易日。

图 5 - 31　英力特日 K 线图

旗形变异后出现新的形态，分别叫作楔形或喇叭形。其区别在于旗形是平行四边

----

① 此期间创业板指数被市场认为估值过高，有大级别行情修复的必要，因此润和软件也随指数大幅度下降。

形，如果两条对边不是平行的，是收口的，就得到楔形；如两条对边是扩口的，就得到喇叭形。与其他任何整理形态的形成一样，楔形或喇叭形都是多空双方力量在趋势运行中争夺、对抗以后形成的形态。

同样，我们还要说，**我们并不是特别关注它是什么形态，或者它即将构成什么形态，我们更关注的是价格未来的发展方向。**本书之所以不太关注形态的预测作用，主要是因为深刻了解中国股市特有的规则，中国股市以中小股民为主，采用 T＋1 机制，基本上以做多为主，不能做空①，因此反映多空力量对比的形态理论在中国这样的股市规则下缺乏基本的盘面基础，中国股市更多的还是齐涨共跌的局面；对于被主力资金控盘的个股来说更是如此，主力一旦控盘，就会开足马力去拉升，毫不迟疑。**正是基于这两个原因，**我们说形态理论在中国股市中最多只起到辅助性作用，并且我们也发现学者们分析技术指标对投资绩效影响的研究和报告较多，利用形态进行买卖的研究报告并不多见。所以说，如果你尊重技术分析的话，我们依然强烈建议你主要根据技术指标来买进或卖出；当然，那些形态参考一下也不是多余的。

2. 上升或下降形态（趋势）

上升或下降的形态，也就是常说的上涨趋势或下跌趋势。遗憾的是，关于什么叫作趋势，直到今天也没有一个比较通行的定义。道氏理论的三个假设五个定理中，分别用了"走势"和"趋势"这两个词汇，但是并没有进一步解释什么是趋势。即使爱德华兹与迈吉所著的有关趋势技术分析的圣书《股票趋势技术分析》② 当中也没有关于趋势的明确定义，它只是不停地告诉读者"价格沿着趋势运动"。

同时，从时间周期上看，趋势也分为短期趋势、中期趋势和长期趋势。当然，什么是短期，什么是中期，什么是长期，又是"公说公有理、婆说婆有理"的事情。例如，我们可以用60分钟K线图表示短期趋势，日K线图表示中期趋势，周K线图表示长期趋势，如图5－32、图5－33、图5－34所示。我们还可以用日K线图表示短期趋势，周K线图表示中期趋势，月K线图表示长期趋势。还有，投资者是应该关注长期趋势、短期趋势抑或中期趋势呢？似乎也不能简单地这样问。那么这样理解行不行——短期投资者关注短期趋势，中期投资者关注中期趋势，长期投资者关注长期趋势？事实上，无论是短期投资者、中期投资者还是长期投资者，都会同时关注短期、中期、长期趋势的实际运行状况。

---

① 虽然可以做空股指期货，但投资门槛较高，对投资者要求较高，绝大多数中小投资者还是以单向做多为主要特色。

② 至2020年此书已经是第10版，简体中文版由机械工业出版社出版。

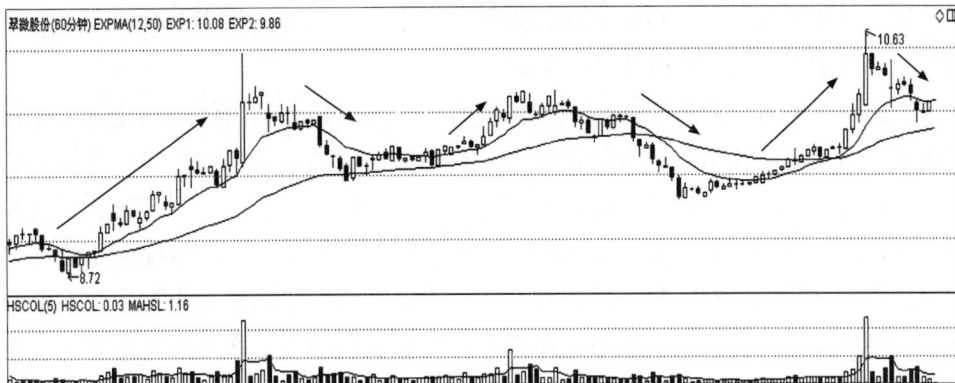

图 5-32 翠微股份 60 分钟 K 线图显示大部分情况下有比较明显的趋势

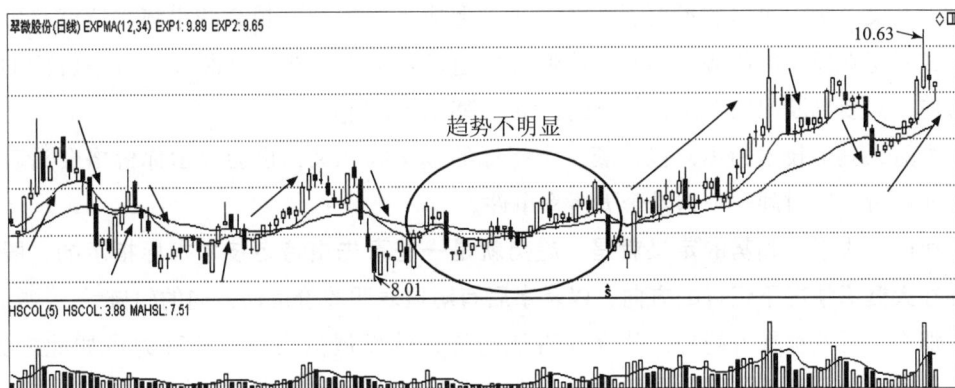

图 5-33 翠微股份日 K 线图显示少数的时候有明显的趋势

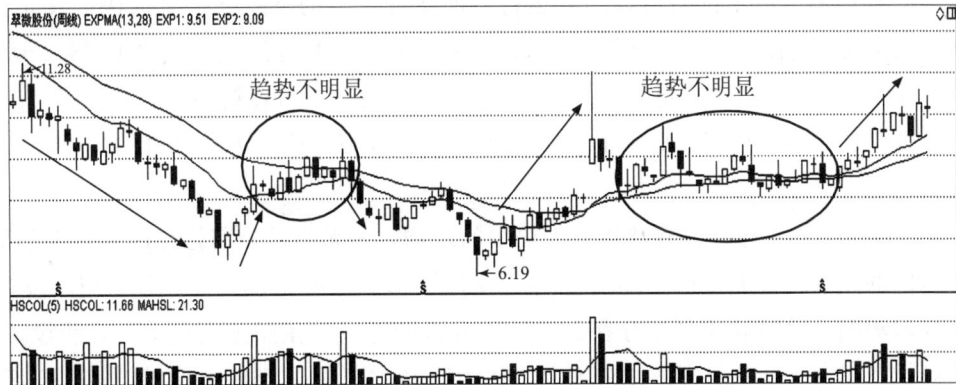

图 5-34 翠微股份周 K 线图显示个别的情况下有明显的趋势

我们前文讲到收集形态中的上升或下降趋势，应该是在主力机构资金吸筹阶段形成的，典型的主力拉抬行情中也有上升或下降趋势。从图像上看，收集阶段的上升或下降趋势，与拉升阶段的上升或下降趋势，也并不那么容易区分。但是，我们的目的在于实战，在于赚钱，只要判断某种趋势即将发生就可以通过买卖获利，不必在意这波行情是处于主力的收集阶段还是拉升阶段。

鉴于此，本书对"趋势"一词做如下理解：首先，趋势是物体运动轨迹发生以后通过观察得出的明确性结论，也就是说，只有趋势已经结束的时候，我们才知道曾经有过一种趋势；其次，趋势没有发生的时候，只是一种"动向"，一种可能，具有模糊性和不确定性，我们似乎无法在第一时间告诉别人物体发生了什么样的趋势！

但是，好在我们还有一些分析工具，例如移动平均线等趋势类指标工具。前边说过，移动平均线是价格的简单平均或加权平均所形成的曲线。这条曲线本质上表示的是价格，移动平均线的上升意味着平均价格的上升，投资者持股成本的增加，既然大家都是以很高的价格买入的，自然希望以更高的价格卖出，因此不会轻易卖掉；而价格的上升又会吸引更多的投资者买入，于是形成了价格越来越高的走势，这就是即将发生或者正在发生的趋势。因此，我们可以通过移动平均线来判断股票价格可能的发展方向，只要判断出股票运行的方向，也就判断出了趋势。

当然，其他技术指标，包括震荡类指标的金叉和死叉，也会提示你价格会沿着某个方向运行一段时间——这是个大概率事件。

所以，**本书对趋势的定义就是：趋势就是一些事先由特定技术指标指示的、股票价格在大概率情况下运行的方向，以及事后有明显表明股价运动方向的轨迹。**

那么，既然存在着趋势，就存在着让趋势延续发展的力量。这种力量如此之大，以至于只要股价跌破趋势，这股力量就会让股价重新回到正常的趋势轨道线上来。也正因这样的一种力量，才出现了在趋势运行过程中的两个概念："压力"与"支撑"。在上涨的趋势中，由于价格沿着趋势运行，即使有短暂的下跌，也会很快止跌企稳，这个位置就是支撑位。支撑位位于原来涨幅 1/3 ～ 2/3 的位置，或者 0.382、0.5、0.618 的黄金分割点位置。同样，在下跌过程中，股价严格沿着趋势线运行，即使出现短暂的反弹，也会很快回到原来的下跌趋势轨迹线以下，这个无法越过的反弹高位就是压力位。

"压力"与"支撑"是趋势运行过程中的产物——无论是长期趋势还是短期趋势，在无方向的横盘时是无所谓"压力"与"支撑"的。也就是说，"压力"与"支撑"只有在趋势明显的时候才真正存在，并且有分析的意义。在操盘实践中，有些投资者喜欢画几条压力直线和支撑直线来确定"压力"与"支撑"到底在哪里，其实那都是主观想象，价格不会因为你画了一条线就按照你的意思来运动。**我更愿意把移动平均线看作天然的压力线或支撑线，因为这是一条被市场认可的、自动形成的压力线或支撑线，放弃一条自然形成的压力线或支撑线，却去主观画一条雾里看花般的直线，笔者认为是很不明智的。**

另外，对于"无趋势的横盘"应该这样理解：由于股票价格具有持续波动性，不存在持续性的、只有一个价格的无方向的横盘。在图像上,横盘很多时候被理解成一个在"天花板和地板之间来回震荡"的价格区间,在这样的价格区间中,存在着微小的次级趋势,如图5-35和图5-36所示。

图5-35 上证指数自2014年3—7月60分钟K线图,
从这幅图上我们可以明显看出有上涨或下跌的趋势

图5-36 上证指数2014年1—9月日K线图,
其中圆圈为2014年3—7月的日线走势,但看不出来有特别多且明显的趋势

我们来观察一下电脑全屏时不同时间周期下的价格波动范围。在图 5 - 35 所示的 60 分钟周期下我们可以看到，上证指数从 2177.56 点到 1974.39 点，波动范围为 203.17 点，似乎波动非常大。然而从图 5 - 36 所示的日 K 线图中我们可以看出，波动一下子变成了从 1974.38 点到 2331.92 点，波动范围为 357.54 点，波动范围更大，波动幅度扩大了 76%。这说明当我们缩小眼睛的观察范围时，例如只使用分钟图，就会发现在同样大小的电脑界面上看上去波幅很大；当我们扩大眼睛的观察范围，增至日线图时，就会发现在同样大小的电脑界面上价格波幅并没有很大。这类似于显微镜，当我们使用放大 100 倍的显微镜观察蜘蛛的腹部时，就会发现它的六个吐丝器以及几十个像水龙头那样的吐丝喷头；而这些，在不使用显微镜的日常观察中是看不到的。

另外，压力和支撑也可以是以前的高点和低点引起的，例如在上涨的时候，价格到了以前的高点，由于人类普遍存在的"参照依赖"心理，往往将前期的高点看作难以逾越的价格高位，一旦价格到了这个位置，就会出现相当大的抛盘；在下跌的过程中亦有类似情况出现，如图 5 - 37 所示。

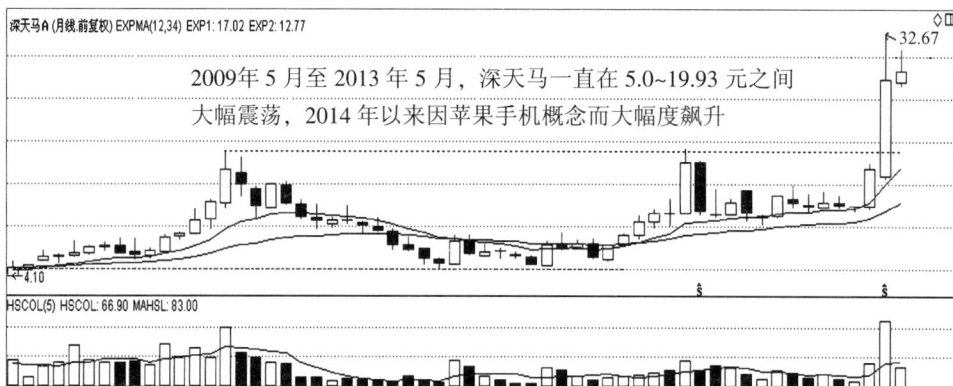

图 5 - 37　深天马月 K 线图

从心理分析的角度看，所有的"压力"与"支撑"都是参与市场的投资者共同的心理或行为共振的结果。无论是上涨或下跌趋势中修正幅度产生的压力与支撑，还是阶段性高点和低点形成的压力与支撑，无论是长期趋势中的修正幅度，还是短期趋势中的修正幅度，都是参与投资这只股票（或指数）的投资者因为有了相同的思考而采取了相同的行为所导致的结果。

所以，对于压力和支撑这两个概念，我们首先要了解压力和支撑是在趋势运行过程中发生的，无趋势也就无压力或支撑；其次，在长周期下看到的那些短周期下的微小波动，被看作了"横盘整理"——横盘整理，便成了实际操作中约定俗成的一个说法。而且经过市场多年的积累，那些聪明的投资者对这些在微小价格区间来回震荡的结果进行了总结，成为流布甚广的整理形态理论。

本 章 小 结

技术指标是一种对以前的股价和成交量进行数学计算后形成的指标，具有逻辑上的严密性；而市场的运行是影响股价运行的所有内外部信息以及所有参与的投资者对市场的看法和操作形成的，是内部和外部因素、心理和行为共同作用的结果，带有自动的、天然的非理性。但是我们也不要忘记，人类是大自然的产物，其行为也必然符合自然界的运行规律，因此市场的运行也必然带有内在的可认知的规律性。

正是数学的理性，以及投资者表现出来的投资行为的时而非理性、时而有序性，导致我们在使用技术指标的时候要坚持一点，那就是技术指标不可能绝对正确、百分百完美。同时技术指标是在对历史数据进行数学运算的基础上形成的，从本质上讲，也必然具有预测上的滞后性。

但是技术分析并非毫无用处，事实上**本书更加推崇技术分析，它的意义就在于能够"在人类投资行为的非理性导致的股价运行过程中，找到股价运行的那部分确定性"**。也正是因为能找到确定性的那部分，技术分析工具才会对我们投资者有利，它是投资者构建盈利系统的重要基石。

不过投资者需要清楚，人们发明的技术指标种类很多，名称各异，记住并完全掌握它们并非易事。笔者的建议是**作为一个严肃的投资者，应该选择并掌握几个自己感兴趣的技术指标**。

另外，在投资中，投资者还要注意不同周期的技术指标经常会发生矛盾，你首先需要确定自己的投资周期偏好。还有，行情的波动性会让你的入场点显得过早，但了解这个特点，会让自己在行情趋势确实已经形成后再行入场。

最重要的一点是技术分析只能选出"可能上涨的股票"，而具有上涨可能性的股票有很多，你无法事先明确地知道哪只股票涨得最高，面对几百只"可能上涨的股票"，又不能把它们都买进来。**要想预测哪只股票涨得更高，投资者就需要在通过技术分析海选出大量股票的前提下进一步做好股票的基本分析，而这是下一章要讲解的内容。**

第六章　基本分析

人们所有的思想和活动都是为了自身及所爱的人的生存，以及更好的生存。

——王鹤林

基本分析主要涉及对国家宏观经济政策、产业政策、上市公司微观管理层面的分析。通过对这些方面的分析，投资者试图找到影响股票价格变动的因素，从而趋利避害，尽可能寻找到价值被低估的股票，来指导自己的投资实战，以便获得更高的投资收益。其中，宏观经济政策主要有财政政策、收入政策、货币政策——包括中国人民银行调控市场资金规模所用的各种金融工具。产业政策主要指国家针对特定产业的扶持或限制政策，是政府为达到特定经济目标而对市场进行干预的行为。上市公司微观管理层面主要从公司的实际经营业绩，尤其是财务数据方面进行分析和探讨。

对上述问题进行探讨依赖于最基本的经济学知识，本章的内容就是从行为研究的视角观察人们的经济活动来展开并逐渐深入的。

第一节　经济学是怎么一回事？

经济学到底研究什么？它使用什么方法进行研究？经济现象与股票市场的走势间有什么样的关系？作为想取得优异投资业绩的专业人士，有必要对此有一个简要的了解。

西方经济学自 17 世纪产生至今，出现了很多学派。随着社会经济活动复杂程度的增加，各种理论此消彼长，不断创新，彼此之间既相互借鉴，也相互指责。本书不想卷入这种纠缠不清的论战，只是从一般的经济学原理角度出发探讨它与股市间的关系。

马歇尔认为经济学是一门研究财富的学问，同时也是一门研究人的学问。保罗·萨缪尔森则认为，经济学研究的是一个社会如何利用稀缺的资源生产有价值的商品，并将它们在不同的个体之间进行分配[①]。中国人民大学的高鸿业教授认为应该将西方经济学分为三个研究层面：一是微观的企业生产经营层面，二是中观的部门经济层面，三是宏观的政府经济管理职能层面[②]。大多数经济学教科书对经济学的定义一般是"研究价值的生产、流通、分配以及消费的学科"，开展经济学研究的前提条件是"物质的稀缺性以及有效利用资源"。学过经济学的读者一般都忘不了书中大量令人头疼的函数和复杂的数学公式，这种形式的理论和概念给初学者的感觉是经济学似乎离我们的生活很远，让我们感觉经济学属于一门非常高深难学的学科。

但是奥地利经济学派旗帜鲜明地反对把"理性人"和"极大化"作为经济学研究的逻辑前提，他们认为社会是个人的集合，个人的经济活动是国民经济的缩影，通过对个人经济活动的演绎、推理，就足以说明错综复杂的现实经济现象。

奥地利经济学派最重要的著作是路德维希·冯·米塞斯于 1949 年出版的《人类行为》（*Human Action*）。在该书中，米塞斯指出了经济学是关于如何通过有效的行为达到目的的科学，也就是说，无数的个人有目的地通过行为改善自身的状况，而形成了以市场交换为核心的社会合作机制。市场的正常运行提供了所有具有先天差异性的个人改善自身状况的有效途径，他可以理性地决定什么是对自己有利的。与此相对应的是，任何直接从统计学出发的"宏观经济学"都缺乏严谨的逻辑基础，更成为各种不正当地通过所谓的"政府干预"甚至控制来谋取特殊利益的人的借口，破坏了社会合作本身。

---

① 陈世清. 中国经济解释与重建. 2 版. 北京：中国时代经济出版社，2011。
② 高鸿业. 西方经济学. 北京：中国人民大学出版社，2001。

奥地利经济学派的理论影响深远，贡献在于：它把社会关系中的"经济人"假设还原为追求满足消费欲望的个体，把经济学的研究对象从人与人之间的生产关系，转变为人对消费品的主观评价，把高深莫测的经济学变成人类行为学或消费心理学。

本书接受奥地利经济学派的主要观点，认为**包括经济活动在内的所有的人类活动都是人们自觉的、有目的的行为，只不过获得经济利益需要通过心理评估、价值创造、储蓄投资等各种手段和工具的使用，如此才可能达到预定的经济目标以及获得更好的生存条件**。

事实上，我们以生活的角度，用普通的人性和心理来理解经济学，会让这门学问变得生动活泼，易于理解，可以接受。

一、经济活动中的价值评估

人类最早期的经济活动大概是物品的交换。如果一个善于捕猎野猪的人愿意拿一根猪后腿换取另一个善于捕鸟的人的十根羽毛，而且后者也同意的话，那么物品的交换就产生了。逐渐地，随着人类捕食技术水平的提高，物品的数量和种类越来越多，规模较大的物品交换就不可避免，但不是所有的人都喜欢猪后腿或者鸟的羽毛，而且这些东西容易腐烂变质，于是逐渐出现了代替物品的一般等价物，即货币。及至以后集市出现①，也是人类自然经济活动的结果，不需要任何所谓"政府"来干预，人们在市场中出售什么，购买什么，以什么样的价格购买，都是市场的自发行为。人们自己会选择什么是好的，什么是不好的。价格高了，卖不出去，自然会降价；物品少了，价格上涨也是能够接受的事实。如果不小心买到了让自己后悔的产品，那也只能自认倒霉，自担风险②。这就是最原始的自然集市和自由买卖的雏形。有权者或者政府需要做的就是确保市场交易规则的公平性以及合理性，打击欺行霸市、假冒伪劣等有违公平正义原则的行为。而为了保证公平正义原则的施行，市场中的交易者需要购买政府行为，即缴纳一定的货币来让政府确保市场交易通畅和公平。这种购买，是交易者与政府之间的交换，是交易者要付出的确保市场正常交易所需的成本。在现代社会，这种成本被称为税收。

尽管到了现代社会，社会分工越来越复杂，产品种类日新月异，产品数量极为丰富，但是人类经济活动的基本元素并没有改变。**人类经济活动的本质仍然是对价值的主动追求**。因此，在经济活动中，个人的主观价值偏好（包括时间偏好，即选择在当前消费还是在未来消费）以及有目的的行为依然是经济学的基础，经济活动中的"交

---

① 《易经·系辞下》记载，中国在神农氏时代就出现了集市，所谓"日中为市，致天下之民，聚天下之货，交易而退，各得其所"。

② 现代社会对这种情况会具体问题具体分析，例如：没有污损，仍可退货；七天内无理由退货等。

换、货币、价格、工资、成本、利润、储蓄、投资"等概念都是经济活动逐渐细化后出现的现象，是可以通过演绎和推理的科学方法进行分析和研究的。

人类经济活动的本质在于对价值的主动追求，那么如何衡量"价值"就显得尤为重要。我们经常看到这样的现象：一个小男孩，因为玩腻了两年前父亲花100元买的玩具枪，就主动地与其他小朋友交换一个他认为很好玩的金刚葫芦娃。当他把这个不足10元钱的金刚葫芦娃拿回家以后，就会遭到母亲的训斥，孩子的母亲认为这个交换"不值"，会找到别人家里把玩具枪又换回来，当然为了安慰孩子，父母会提出再买一个甚至几个更好的葫芦娃玩具。

这是一个简单的例子，但是里边就涉及人们对"价值"的评估问题。什么是有价值的？不同的人，因为角度不同、立场不同、价值观不同、知识经验不同，对同样的物品进行评价的结果就会不同。也正是由于评价结果不同，人们的行动也不相同。认为它有价值的人，就会买入；认为它没有价值的人，就会卖出。当然，由于评估者是一个个活生生有思考能力的人，所以每一个理性的成年人都必须对自己思考后的行为承担后果。

因此，价值评估是主观性很强的概念，所有的交易者都会自觉自然地评估对方的物品与自己手中的物品（或货币）之间的"价值是否相等"。无论是上古时期、封建时代还是现代，无论交易任何物品（包括证券），交易者都有这种主动进行价值评估的本能。

二、经济繁荣后产生的货币与信用

在人类社会的早期是既没有货币也没有货币交易发生的，但是随着人类智慧的提升以及生产力水平的发展，人们获取的物品越来越多，于是就有了交换的需要。刚开始只是以物易物，即用实物来交换，例如1只绵羊可以换2把长矛，1只山鸡换3石稻谷，10个贝壳换6只母鸡等，随着生产力水平的进一步发展，人们手中物品逐渐增多，交换频繁地发生，到底如何衡量自己手中物品的价值成为交易者心中的困扰，介于商品之间的一般等价物开始出现，这种一般等价物一定是大家都认可的、比较贵重的、难以获得的、能够保存的，这种东西就是货币。所以货币就是由于商品交换逐渐发展而出现的，它是交易者都认可的一般等价物，如图6-1所示。

中国最早的货币是贝类，其在黄河流域很稀有，比较贵重，能长久保存。在古代，"贝"就是金钱、财富，我们可以看到中国的汉字中，如果偏旁部首为"贝"，则大都与财富有关，例如资、贵、贪、财、贫、购等。到了商周以后，出现了刀币、铲币、铜币；秦汉唐宋的五铢钱、各类通宝钱等，都以方孔圆形的铜钱为主；到了明清以后，以银锭、银圆为主要货币。

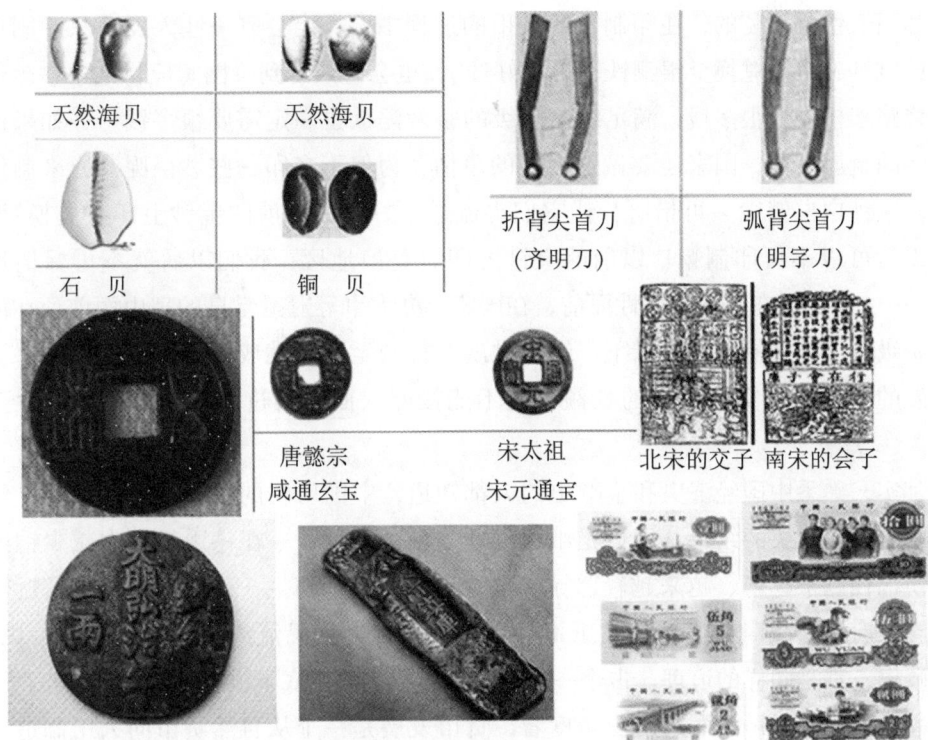

图6-1　中国历史发展中的货币

在中国的宋朝，出现了世界上最早的纸币，例如北宋的交子和南宋的会子。在北宋初年，四川由于地处偏僻、交通不便，没有遭受五代十国时期军阀混战所带来的经济衰退，反而在国家政权稳定以后经济快速地发展起来。宋代实行铜钱和铁钱并行，而四川由于经济繁荣，经常出现跨地区的大额经济贸易，这需经常使用动辄数百斤的金属货币（尤其是铁钱）进行交易。由于交通不便、携带困难，故逐渐出现了由商人向政府申请、由政府出具信用担保的纸币，纸币上列明了兑换金额、兑换时间、兑换地区等，促进了民间经济的繁荣发展。必须要指出的是，纸币在其产生初期是不具备价值的，它只是一种兑换券，当一笔贸易用金属货币和实物进行结算以后，充当媒介的纸币就应该销毁，需要时再印制；即使保留这些纸币，数量也不能过多，限制在不能动摇金属货币的基础性作用以内。只有这样，才能保证整体经济的良性发展。事实上，纸币开始发行的时候是有比例的，北宋官方发行交子的数额一般是金属货币价值总额的28％；南宋孝宗对管理纸币有独到的见解：一是实行钱会中办制度，二是控制会子的发行数量[1]。也就是说，对于纸币"没有价值，只是一种交换媒介"的本质，统治阶级是看得很清楚的。

———————————

① 见姚燧著《中国金融史》，高等教育出版社，2007。

然而人性是贪婪的，在印制发行纸币的过程中，肯定会有一些人发现只印刷一些精美的宝钞就可以兑换金银铜铁钱的"好处"；也会有人看到，国家应付战争、疏通河道、修路架桥需要很多钱，满足统治阶级的骄奢淫欲也一定需要很多钱……如果没有那么多的金属货币，国家还要做这么多的事情，为何不多印一些钞票呢？原来制作的那么多宝钞白白销毁多可惜呀！让它们再流通不好吗？以前的宝钞上印有兑换日期，我们以后可以不再印制嘛！以前的宝钞上印有兑换地区，我们以后就不再标记地区嘛！[①] ……于是，在贪婪的人性面前，在国家要办大事等冠冕堂皇的理由面前，在满足统治阶级酒池肉林的淫欲要求下，纸币过度发行乃至滥发就成了不可避免的结果。纸币滥发的结果就是实际兑换的数额再也不能按照票面金额进行兑换，纸币的含金量降低。

其实，熟悉中国经济史和金融史的人都知道，中国历朝的政权更迭几乎都是经济危机不能得以解决的结果，无论是纸币创造之前的朝代——在铸币过程中减少铜的含量，使铜钱越来越薄、越来越轻，导致物价飞涨，民不聊生，被迫造反，还是近代的国民党政府在内战时期大量滥发纸币导致物价飞涨、人民流离失所，最终失去民心、失去政权，都是同样的道理。古今一理，中外归一，太阳底下没有什么新鲜的东西。

一方面，从货币的发展历史角度看，货币发展是一个从自然货币向人工制造、由凌乱到规范、铸币权由地方收回到中央、由人造金银币到机制纸币的过程，到了今天，我们使用的纸币携带更加简便，并且高度防伪。另一方面，货币的出现确实体现了社会的进步，印证了经济的繁荣，更加重要的是体现了信用的发展，因为任何货币都是在大家都信任的基础上产生并流通使用的，一旦人们不相信它，就到了以货易货、囤积物资的时候，往往伴随着物价飞涨、通货膨胀，甚至政权更迭。

信用，是指能够履行约定而获得的认可和信任。从伦理上讲，信用是一个人的品质问题；从经济上讲，信用是借贷关系中出借方对借贷方在一定时间内归还的信任预估；从法律上讲，信用是双方对履约的意愿认可；从金融上讲，信用就是货币，是以国家强制力发行的流通全国的国家背书，略有区别的是金银货币是国际信用，纸币是国家信用。

纸币是国家信用的体现，这意味着国家在发行货币（主要是指纸币）的时候，需要根据实际情况发行。然而什么是"实际情况"，如何衡量"实际情况"十分复杂，不仅仅在封建社会不好确定，在国内国际贸易同时发展的现代社会也难以琢磨。就现代中央银行的货币政策来说，一般要满足"稳定物价（稳定币值）、充分就业、经济增长、国际收支平衡"等四大目标。然而这些目标之间有些是相互矛盾的，譬如，在原有金属货币数量（社会总财富）不变的情况下，如果一个国家的物价很稳定，就业也

---

① 现代社会中的纸币就不再有使用期限和使用地区的限制。

很充分，就很难实现经济发展，因为这只实现了商品和要素在现有市场中的充分交换，新的经济增量并没有加进来；但是要想实现经济增长，那么现有市场的新增部分，一定会影响到现有市场内社会总财富的增长，并影响到市场内原来的物价和就业。例如，中国历史上的某些朝代由于经济发展很快，没有足够的铜藏来铸造更多的铜钱，于是使用两种手段来解决这个问题，一是将铜钱铸造得越来越轻①，二是将纸币作为商品交易的信用。这些方法确实在短时间内刺激了经济的发展，但是人性的贪婪使国家这部战车很难突然间停下来，结果就是，已经很轻的铜钱必然会铸造得更加轻薄，纸币的发行数量必然越来越多。这两种变相的货币贬值，肯定会影响到现有的物价和就业，甚至会摧毁现有的稳定的经济状态。而国际收支平衡问题又牵涉到本币对外币的汇兑比率问题、本币与外币在国际上的信用大小问题、本币在国际上的使用和储蓄状况，这些都会影响本国的物价和就业。例如，中国自 1996 年以来出现的通货膨胀就是典型的输入性通胀②。

在当代社会，人们主要用纸币与黄金的兑换比例、外汇汇率、通货膨胀率等指标来衡量纸币的"含金量"。国家则通过使用高超的技巧，执行特定而严谨的货币政策来控制市场当中的流动性，保证社会经济的繁荣稳定。在当今社会，如果国家没有强有力的手段控制货币发行量的话，那么过度发行货币就是对国民血淋淋的剥夺，会导致国家的动荡、纷争、内乱，甚至会为转嫁国内危机而对外发动战争。神秘的罗斯柴尔德家族就相信这样的逻辑：谁控制了货币，谁就控制了国家；谁主导着一个国家的货币发行权，谁就是这个国家的主宰。当然，随着社会的进步，人们对货币的理解更加深入，成熟国家的货币发行越来越稳健，国家主要通过货币政策来影响社会投资，熨平经济的急剧变化，控制经济发展节奏等，从而实现国家的平稳、可持续发展。（具体手段详见本章第二节）

三、经济活动中的市场、生产、消费、储蓄、投资、创新

市场在中国很早就出现了，不仅仅包括有形的市场，也包括无形的市场。《易经·系辞下》中有"日中为市，致天下之民，聚天下之货，交易而退，各得其所"的记载，《世本》中有"祝融作市"说，《尸子》中有尧"宫中三市"的说法。也就是说，中国的市场经济在距今 5000 之前就出现了，尤其是到了商朝（约公元前 1600 年至公元前 1046 年），这个国家除了在农业上取得很大的成就之外，在青铜器冶炼、纺织技术、制

---

① 在汉朝初期，地方政府乃至民间大户都有铸币权。在这种没有约束的铸币过程中，人类的奸诈本性一览无余，本来是五铢钱，后来越来越轻，虽然仍标注的是五铢，但实际上含铜量少了，购买的商品少了，物价就变相地提高了。

② 中国外贸经济以美元为结算货币，外贸产生的美元被国家收走，同时根据汇率兑换成相应数量的人民币，于是中国这个"池子里的水"越来越多，即钱越来越多，老百姓的直观感觉就是崭新的 100 元纸币越来越多。

陶技术、养殖技术等方面都有很高的水平，而且手工业的发展极大地促进了商业贸易的发展。之所以把国号定为"商"，就是因为这个国家重视商业，以及人民善于经商。商朝的经济活动中大量使用海贝，将其作为商品交易的一般等价物，这就体现出了货币的大量使用，其经济活动也具有现代市场经济的"生产要素私人所有、以利润为动机的经营行为、自由支配家庭财富"等一些特征。

所以说，中国的市场经济发育得非常早，商朝以后的各个朝代基本上都具有这种市场经济的特征，只不过一些朝代因为统治的需要，对市场的管理非常严格。例如，唐宋时期，国家规定开市的时间大约在中午12点，以击鼓为号，下午5点左右击鼓闭市，除了正月初一和元宵节之外的其他时间，晚上没有任何夜生活可言，自由经济活动受到了很大的限制。当然，中国古代的市场经济与我们今天谈的市场经济略有差别，主要在于科技水平上的差别，古代没有今天这么多的商品。

笔者认为，从整个国家经济运行的总体角度来考量的话，古代的以小农经济为特征的经济态势与今天所讲的市场经济，在本质上没什么差别，都是既有计划又有市场的经济形式。计划经济与市场经济只是两种不同类型的经济态势，它们之间并不是你死我活的敌对关系，区别在于国家对经济活动的控制程度不同。如果政府完全不干预市场的运作，则是自由主义的市场经济；如果国家高度控制经济活动，则是高度计划的经济体制；如果国家掌控一部分，放开一部分，则是混合式经济形式。从本质上讲，没有绝对的放开，也没有绝对的控制。

实际上，中国历朝历代都属于混合式的经济形式，即政府通过对稀缺资源的控制来干预市场，例如商王朝对铜矿、食盐的控制，汉武帝对盐、铁、酒实行的专营，一直到今天国家对食盐、烟草的专卖以及对石油、矿产、军事工业等的管制，都是国家掌控关键性稀缺物资的体现。国家对那些不重要的、非关键的部分，进行放开，让民间参与经营。所以从这个角度来说，中国自夏商周以来的4000多年历史，都是国家或多或少地参与或者干预经济活动的历史。

就西方经济学理论而言，并不都提倡"纯粹的市场经济"，即政府完全不干预市场，只充当守夜人的角色。尽管早期的西方经济学理论中倡导自由主义经济学的理论一度占领上风，但是随着工业社会的深入发展，经济全球化的到来，一个国家的经济必然会受到其他国家贸易竞争的影响。在这样的背景下，一个国家的政府，即使是很不愿意干预经济活动的政府，也必须承担起促进经济发展的责任，使用各种可能的手段来干预市场，影响经济结果或预期。

在这样的特殊时代下，市场经济活动中的生产与消费、投资与储蓄，以及创新就显得更为复杂。但是，市场由最初的以物易物，到以货币为支付手段换取商品，再到以追逐利益为主要目的的发展过程中的各种经济活动仍然是可以感知的。这里用一个简单的模型进行讨论。

图6-2是一幅简单的企业与家庭之间发生经济关系的"生产与消费"示意图。以生产冰箱为例，冰箱制造厂通过向产品市场提供冰箱这种产品来取得货币收入，家庭在产品市场中支付钱款购买冰箱，冰箱得以进入家庭。家庭的钱从哪里来呢？从家庭或个人提供的生产要素中获得，即通过工作（出卖劳动力）获得经济收入。当然，不要简单理解为家庭向冰箱制造厂提供劳动力，他们可以通过向任何企业或者政府、非营利组织等提供劳动力来换取经济性报酬。那么，企业的钱从哪里来呢？企业为什么有实力雇佣劳动力以及购买机器设备、原材料等生产要素呢？这里涉及储蓄和投资的概念。

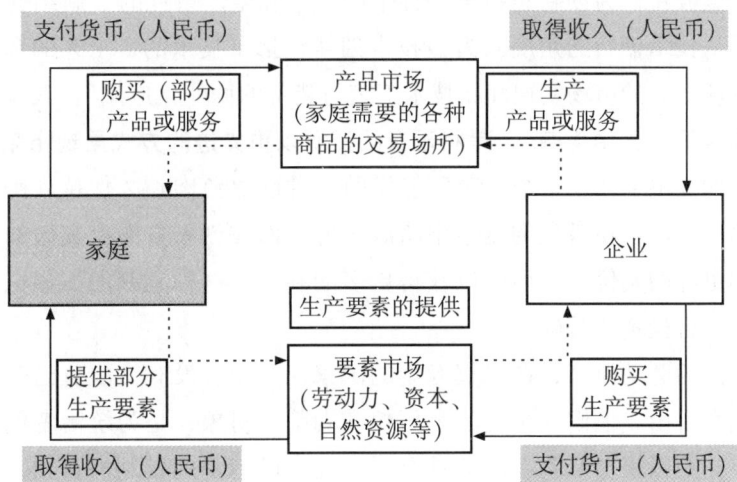

图6-2 生产与消费循环图

投资兴办企业需要一大笔资金，这笔资金不论来自亿万家资的私人，还是来自国家或者银行借贷，都是源于财富的积累，**没有积累就没有财富**。这种积累可能是某个个人的积累，也可能是很多人存储到银行财富的积累，还可能是政府税收的积累，总之都是积累的结果。而积累源于生产，没有生产就没有可供销售的产品以及更广泛的投资，也就无法获得收入进行积累与再积累。**这是一个基本的概念，想在任何领域发展和进步，都需要先生产，再储蓄（积累），后投资**；个人、企业、国家要想发展和进步，也都需要先生产，再储蓄（积累），后投资。有人会说，去银行借款兴建冰箱制造厂就没有积累。不是这样的，任何人想到银行借款，都需要办理抵押、担保等信用手续，不存在毫无信用的银行借贷。

生产是财富的起点，劳动是财富的源泉。生产带来财富是针对企业而言的，劳动带来财富是针对个人而言的，两者结合起来就是针对国家而言的。

冰箱制造厂是由数十万平方米的厂房、几千台机器设备、安全的道路、错落有致的布局等组成的。数十万平方米的厂房是由一块块砖、一片片瓦建成的，每一台机器是由一个个齿轮、一个个螺杆、一个个电机、一台台机座组装而成的……所有的这些都是人类知识经验的积累、科技的创新以及财富的积累等共同创造的结果，只有这样，一个现代化的冰箱制造厂才能建造起来。如果一家冰箱制造厂在建设完工后，通过管控品质、技术创新、扩大销量，使得企业的经营业绩不断提高，就会使冰箱制造厂的企业价值不断增加；如果它是个上市公司，在这种情况下，其公司股票价格一般会逐渐上升。反之，如果制造出来的冰箱缺陷很多，事故频出，销量有限，没有创新能力，自然会导致企业业绩不好，股价就会下跌。

创新是经济活动中使财富持续积累的必要条件。经济学家们赋予了"创新"一词不同的含义，熊彼特认为创新是指把一种生产要素和生产条件的"新结合"引入生产体系。弗里曼从技术创新的角度认为"技术创新包括了技术的、工艺的和商业化的全过程，其导致新产品的市场实现和新技术工艺与装备的商业化应用"。**其实所有的创新从本质上说都属于"无中生有"，是将现有的资源以更先进的方式呈现出来**。在冰箱市场已经饱和的情况下，如果某个冰箱厂能发明一种确保鱼肉长久保持新鲜的低温制冷技术，其冰箱可能就会在激烈的竞争中略胜一筹。而在创新方面有突破的市场参与者因为产品得到更好的卖价，从而可以获得更多的利润。这种利润的积累也是新的财富来源，是未来进行投资的基础。

就个人层面的劳动而言，在集权专制的国家，劳动者没有支配自己劳动时间和劳动技能的权利和自由，他们只是统治者压榨和剥削的对象，是为统治者创造价值的工具。进入工业文明以来，劳动者逐渐具有了支配自己劳动的权利和自由，这就为劳动者本人创造属于自己的财富提供了可能性。一方面，劳动者受雇于企业，在企业工作实践中创造价值、积累经验，为自己以后创造个人财富打基础；另一方面，随着经济的发展，社会中出现一些不受雇于专门企业的自由职业者，它们凭借自己的专有技术、提供的特别产品或服务而生活。**无论是什么样的情况，如果一个人想积累财富，一定要具有别人所没有的特殊的才能和技艺，这样才可能在积累财富的道路上越走越顺利。**如果你想通过薪酬（工资）获得较多的个人财富，那几乎是不可能的，因为薪酬只是一个人在组织中通过工作获得的经济性报酬，它体现的是一种劳资双方的交换关系，而且薪酬的实际构成往往是"基本薪酬＋绩效薪酬＋福利与服务"。从财务上讲，薪酬是企业总成本的一部分，所以个人所得的薪酬数额永远不可能超过企业的利润所得，个人想通过工资"发大财"或者"造富"是不可能的。所以说，个人想获得较多的财富（没有合伙组建公司等情况），一定需要有出色的、特别的技艺、才能或发明创造。例如，在大家都能捕捞很多鱼的前提下，如果某个渔夫发明了一种使鱼存放时间更长的保鲜技术，他就可以获得极大的利润，因为其他渔夫没有这项技术，不得不在鱼变臭之前将鱼低价卖掉。

国家既包含了数量众多、产品各异的企业，也包含了千千万万个不同水平的劳动者。国家层面的生产、消费、储蓄、投资、创新各个环节的发生是从国家整体乃至全球层面的角度来理解的，这时候可以把国家看作一个多元化经营的超级巨型公司，它为本国和世界各国的人民和企业提供产品或服务。

四、从农业社会到工业社会

人类从农业社会发展到工业社会绝不是一个偶然现象，有人说欧洲 14 世纪开始的文艺复兴、创新精神和银行制度等奠定了西方现代工业的雏形。这种观点没有看清事物的本质，有西方人自我美化之嫌。作为东方人，我们应该清楚，欧洲从农业社会到工业社会的裂变原因很简单，那就是战争和掠夺，同时还有中华文明的影响。

在 600 年前乃至更久远的年代，欧洲大陆像今天一样，也是由几十个大大小小的国家组成的，只不过以前的国家的名字和版图、国界跟今天的不同。像中国历史上的春秋战国时期一样，一直到 20 世纪初期，欧洲大陆平均每隔几十年就会有一场大规模的攻城略地的战争，那些怀揣理想发动战争的君主们要么为了争夺土地和财富，要么为了宣扬宗教信仰。

一方面，战争是最消耗国家财力的暴力运动。很多迁延日久的战争很快就令一些不自量力的君主们意识到财力的短缺，这时候一些有着精明商业头脑的银行家（例如声名显赫的威廉·帕特森，17 世纪末期）便会趁机向君主贷款，换取以国家税收为担保发行货币的权力，这样具有货币发行权的现代银行业就逐渐产生了，这些成为各个国王座上宾的银行业家族实际上就控制了一个国家的政权。

另一方面，战争催生了更加先进的制造技术。各战争参与国为了取得战争的胜利，必定会绞尽脑汁制造出杀伤力更强的先进武器，这必然会催生机械加工业的大发展。然而机械加工技术并不是一件简单的事情，它需要优质的钢材、精密的加工机床及其附属设备，这些取决于钢铁冶炼技术和煤炭开采水平的高低。处于 14 世纪之前被称为"黑暗的中世纪"的欧洲是怎么取得这么大的进步并逐渐步入工业文明的呢？要想了解这一点，必须了解欧洲 14 世纪以来的发展史，它的历史变迁与中国息息相关。

在中国的历史上，无论是被汉武帝打跑的匈奴人，被唐太宗驱逐的突厥人，还是被明成祖追赶的鞑靼人，他们出逃的路线都惊人地相似，那就是"往西逃"。在中国历朝大军的追赶下，他们逐渐流散到今天的中亚、西亚乃至欧洲。尤其是 13 世纪初期，成吉思汗的铁骑踏遍中亚及东欧的时候，中亚、西亚以及欧洲到处弥漫着对东方帝国的羡慕与恐惧。正是由于这种心理的存在，当时的欧洲人对中国有着极大的崇敬，这种崇拜的心情体现在 13 世纪后期意大利人马可·波罗在游历中国后所撰写的《马可·波罗游记》里，这本书在欧洲的问世更加激发了人们对东方帝国的向往与崇敬。加上几百年来随着战争产生的丝绸之路的兴盛，中国的造纸术、印刷术、指南针、火药等发明逐渐传播到了欧洲，中国诸子百家的经典书籍也被传播到了欧洲——中华文明与来自地中海的希腊文明一道，共同成为欧洲 14 世纪文艺复兴重要的智力源泉。例如，自由主义经济学派的代表人物弗朗斯瓦·魁奈的主要观点就是反对政府干预经济、提倡自然经济，他被称为"欧洲的孔子"，因为魁奈的思想来自孔子所说的"天何言哉？四时行焉，百物生焉，天何言哉？"。略晚些的另一个重量级人物亚当·斯密所提倡的"在完全自由下，劳动与资本不同用途的整个利益与不利，完全相等或趋于相等"，意思是指资源在产业间自由流动的情况下，各部门的利润、工资率、地租率趋于一致，即达到经济学上所讲的一般均衡，各行业会计利润率趋于一致，这与司马迁在《史记·货殖列传》中所记载的"佗杂业不中什二，则非吾财也"有着惊人的相似[1]。

所以，正是中华文明和希腊文明共同支撑并创造了欧洲的文艺复兴运动，使得欧洲在文艺复兴的过程中，在经济、军事、企业管理上有很多的创新。例如，中国的火药、大炮和鸟铳技术传到了欧洲并在战争的应用中得到迅速改进，使得欧洲制造出来的大炮和步枪火力更强大、射程更远，也更安全，在 19 世纪以后又制造出手枪、机枪、连射炮等杀伤力更强的武器。在停战时期，军事工业技术被应用到了民用产品的开发与制造上，钟表、手表、眼镜片、布料、鞋子等满足人们日常需求的产品被陆陆续续地制造出来。在看到有利可图时，企业主开始扩大投资，雇佣更多的工人，这使产品越来越多。终于有一天，当产品多到已经超过人民的实际购买力的时候，经济危机就产生了。

从上述的简单介绍中，我们可以梳理出欧洲进入工业文明的主要脉络：战争催生了银行家和加工制造业；加工制造业的自由无序竞争导致包括武器在内的军用产品和民用产品的大量过剩，出现经济危机，一些企业主负债累累，大批工人失业，社会处于动荡不安之中；政府因为发动战争或者被卷入战争而大量负债；银行家虽然控制着国家的货币和重要产业，但是在经济危机面前财富依然会缩水。这四种力量都处于焦躁不安的状态下，都需要寻找解决问题的方案……这时候其把目光投向了东方——听说遥远的东方有一个国家，有着数不清的人口，遍地都是黄金……我们应该把多余的产品卖给他们，只有把产品卖给他们，国家的负债才能降下来，银行家的财富才能得以保存，企业才不会倒闭，工人才不会失业，国家才不会走入泥淖，反而会步入辉煌！但是路途遥远，交通不便，信息不畅，怎么样才能把产品卖给他们呢？要知道，在物欲横流的年代，社会中还有另外一种人，那就是冒险家。冒险家们甘愿冒着葬身海底、被土著人吃掉的风险去遥远的东方寻找产品的出路，当然可能还有自己的小算盘——说不定还能得到大量不用交税的黄金和其他物资呢！于是就出现了哥伦布、麦哲伦这样的冒险家。哥伦布是个熟读《马可·波罗游记》的家伙，对中国十分向往，曾

---

① 什二，即十二，十分之二，20%的意思。在翻译过程中，欧洲人翻译成了12%，于是以讹传讹，现在许多又重新被翻译成中文的经济学类书籍都把12%假定为一般均衡时的平均利润率。

多次横渡大西洋。麦哲伦是个曾在东印度服过兵役的葡萄牙人，但是曾因为航海失利与葡萄牙国王交恶而放弃葡萄牙国籍，后西班牙国王支持其航海计划而加入西班牙国籍。

当冒险家把世界地理以及各国的风土民情、军事经济情况等都摸清以后，背后支持他们的国家军队就浩浩荡荡地与来往于世界各地的商船一起，加入对世界各国的侵占、掠夺和杀戮之中，亚洲、非洲、美洲国家饱尝了强盗们的罪恶掠夺和侵略者的血腥镇压。世界范围内的殖民地时代，就这样在被占领土地上人民的痛苦哀号声中开始了！

通过上述分析，我们可以说，欧洲能够从农业文明进步到工业文明，是建立在对世界范围内的殖民和掠夺基础上的。可以设想一下，假如没有当初的地理大发现，不存在欧洲对世界范围的殖民统治，其国内的经济危机所引发的社会矛盾能够解决掉吗？通过什么方式解决呢？看起来很难，尽管历史不能假设，但是我们可以从中国历史上的政权更迭推导出欧洲的兴衰交替。

中国历史上的朝代更替、政权更迭几乎都是因为内部的经济原因无法解决而出现的。中国人都熟悉《三国演义》，大多数人都会为诸葛亮六出祁山壮志未酬身先死而悲伤，其实从经济学角度来理解，西蜀的灭亡实属咎由自取。在西蜀建立政权以后，尽管益州沃野千里、物阜民丰，也应该实行长时间的休养生息政策，来弥补十几年战乱所导致的社会经济凋敝和财力空虚，但是只经过短暂五六年的休整，诸葛亮就开始了平均每年一次的北伐战争。为了筹措庞大的军费开支，西蜀政权通过减少五铢钱的重量来搜刮民间财富。五铢钱的重量由正常的 3.5～4 克，减轻为 2.5 克，到西蜀后期又减轻为 0.5～1.5 克，而且铸造品种和原料配比都极为混乱，结果导致了经济上的"货轻钱薄"，政治上则是"入其朝，不闻直言；经其野，民有菜色。所谓'燕雀处堂，不知大厦之将焚'者也"。所以西蜀的覆灭是必然的事情，中国其他朝代或政权更迭亦大抵如此。

由此我们不难看出，当一个国家出现不能解决的经济危机的时候，就到了改朝换代的时候，欧洲也是同样的。假如其不能对外扩张，没有对外殖民，转嫁国内的经济危机的话，今天的欧洲绝对不会这样富裕，科学技术也不会像今天这般发达，欧洲可能还处于各国之间连绵不断的战争之中，那么也许就产生不了美国，整个世界的格局一定与今天大相径庭。

所以我们不能仅仅因为瓦特发明了蒸汽机，爱迪生发明了灯泡，仅仅凭一些技术进步，就认为欧洲进入了现代工业文明。这种认识过于肤浅，欧洲进入工业文明是通过把国内无法解决的经济危机转嫁给世界各国，对殖民地的掠夺和盗取实现的。

历史发展到今天，已经步入了所谓现代文明社会，对外发动战争和殖民掠夺，目前来说不是一个国家解决其经济危机的优选策略。各国在面临经济危机的时候，往往还是通过激发民间的科技创新力量，打击贪腐行为，压缩政府不合理开支，发行政府债券搞基础设施建设，提供兜底的养老、医疗和失业等保障来对冲国内经济的衰退、平息人民的不满，使经济周期的发展更加平滑，更加符合安全边际。但是经济周期是不可避免的，是长期存在的，是不可能消除的。

当今所有大国的命运，取决于其能否处理好国内经济周期各个阶段的各种社会矛盾！

五、循环发作的经济周期

从历史演变的角度看，一个国家或政权的兴衰更替是一种必然的规律，盛极而衰、否极泰来是历史的自然规律，没有哪个政权或国家会一直强大，总会有衰变和解体的那一天。但是从历史的角度看只能看到这种现象，并不能解释产生这种历史周期的原因。如果我们从经济学的角度观察，就能够找到这种盛衰荣辱变化的内在原因。也就是说，古今中外所有的朝代轮换、政权更迭都是因为国内发生了巨大的、难以抚平的经济危机，在内忧外患的双重打击之下，政权垮台了。**国家繁荣与否、政权稳定与否，都是其社会中平稳或剧烈的经济活动所导致的。**

我们上文说到了西蜀灭国的原因，下面我们再来分析一下隋朝灭亡的原因。中国在经历东汉末期的三国、东晋西晋、五胡十六国、南北朝这长达 361 年的四分五裂之后，隋文帝杨坚试图再次建立一个疆域可媲美甚至超过西汉时期的大一统的国家。在建国初期，由于连年征战，经济凋敝，百废待兴，当时的货币主要是谷帛，即粮食和绢匹，五铢铜钱流通不足，且数量很轻（实际重量只有 1.584 铢）。隋炀帝杨广继位以后，为完成开疆拓土的重大战略任务，修筑历经战火的长城，发动三次对高丽的战争，开凿大运河以输送粮食等军需物资；同时选拔优秀人才，在中国开创了寒门子弟实现理想的"科举制"；多次亲临西部战场张掖，鼓舞与"吐谷浑"作战的军队士气。当然，隋炀帝身上带有所有的集权专制帝王所具有的骄奢淫逸及靡费。在战争、国内建设、个人奢靡等多种巨大的消耗下，刚刚稳定的隋朝出现了剧烈的通货膨胀，民间铸钱逐利，不事农稼；恶钱滥溢，钱贱物贵，以至于各地义军蜂起，地方军队倒戈，最后导致隋朝灭亡。所以隋朝灭亡的主要原因在于皇帝好大喜功，不顾国情，在经济没有完全恢复和积累很多的情况下，屡次对外发动战争，对内压迫太甚，国内经济活动到了无法正常运转也无法正常调节的地步，百姓怨声载道、民不聊生，人心崩溃了，经济也就崩溃了，国家也必然就崩溃了。

当然，如果国家能够在经济出现极端情况时及时采取措施进行管控，使社会经济活动回到正常的、老百姓能接受的程度，国家还不至于灭亡。例如西汉时期的汉武帝虽然号称汉武大帝，具有雄才大略，但是穷兵黩武，文景之治两朝积累下来的财富，因为他终年对匈奴发动战争而消耗殆尽，到了汉武帝中后期，出现了民间铸造劣币恶钱导致通货膨胀的现象。司马迁在《史记·平准书》中记述道，有一年山东发生水灾，国家救济不足，在这种情况下，依然有人"冶铸煮盐，财或累万金，而不佐国家之急，黎民重困"。如果这个时候汉武帝还不清醒，依然穷兵黩武、大兴土木、骄奢淫逸的话，那么西汉一定会灭亡得很早，但是汉武帝此时"与公卿议，更钱造币以赡用，而摧浮淫并兼之徒"，将铸币、盐、铁收归国有，对物资统购统销，平衡物价，使社会经济逐渐恢复正常，这才有了汉朝的继续统治。

笔者说了这么多，其实就想说明一个事实，那就是：**经济周期从古至今都存在，并不是现代工业社会所特有的现象**。千万不要以为古代没有经济危机，只有现代才有；也不要认为只有欧美等资本主义国家才有，现在的中国就没有。在人类商品经济发展到一定阶段以后，经济周期就出现了。

一般认为，经济周期有复苏、繁荣、衰退、萧条四个阶段，如图6-3所示。下面我们以现代社会的经济周期为例进行简单的说明。

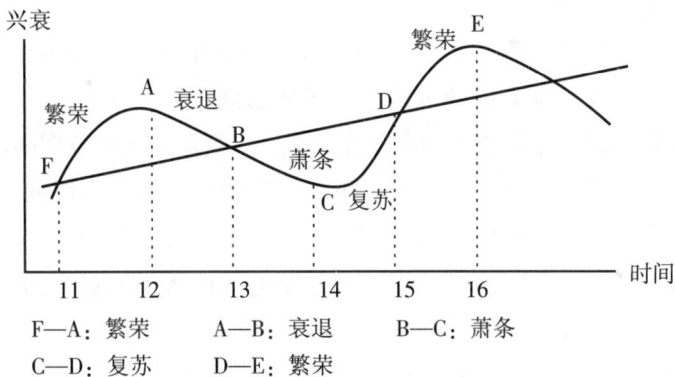

图6-3　经济周期的四个阶段

在经济周期的早期，为了刺激经济发展，政府会采取经济政策、货币政策或收入政策等措施，如降低利率，减免税收，降低市场准入门槛，提高教师公务员工资，提高企业最低工资水平等，国内企业的生产受到刺激，信用扩张，生产开始加速，产品的种类和数量日益增加，更加新颖的产品被快速制造和销售了出去，国民收入开始增加，资本市场因对经济前景的美好预期而开始上涨（复苏期）。

消费者具有永远也不会满足的"对物质文化的需求"，于是消费市场日渐繁荣，购买活动增加，企业盈利增多，具备投资和扩张的能力，此时银行的信用依然处于扩张阶段。而企业为了满足新的投资项目和扩张的要求，必须提高员工工资待遇来吸引更多更优秀的人才，这样国民收入水平普遍提高，黄金、房产、股票、大宗商品等交易市场因企业业绩的实质性好转而加速上涨（繁荣期）。

但是，国民收入增长的速度远远赶不上经济扩张的速度，也远远低于企业盈利能力增加的速度以及政府财政收入增长的速度。随着时间的推移，国民的实际购买力开始下降，但是 CPI 依然居高不下，普通消费者的消费热情渐渐开始消退。为了抵抗实际购买力水平的下降，更多的居民加入黄金、房产、股票、保险等市场当中，使得这些价格已经虚高的资产或产品的价格更加脱离实际，一些先知先觉者已经嗅到了泡沫的味道，开始大规模地撤离实物资产市场和虚拟资本市场（衰退期）。

当银行看到越来越多的企业信用过度扩张，出现大量的扩张计划需要资金支持，但是企业盈利速度下滑乃至出现亏损、现金流紧张、大量短期贷款到期等现象时，尤其是中央级的国企通过巨额负债搞惊心动魄的大工程的时候①，商业银行或央行会逐渐回收市场当中的货币，通过调高利率或存准率，或者公开市场操作卖出政府国债等措施来收紧流动性。这个时候风险已经悄然来临了，在国家使用这些经济政策和金融工具制止经济过热以后，必然会出现企业生产减速、积压品被减价出售、企业裁员、国民收入水平下降、营建计划遭到搁置等经济退潮的迹象。每一次经济萧条出现后，在中国的很多个城市人们都会见到尚未建成的商住楼，每个城市的经济开发区都会有没有完工的生产厂房（萧条期）。

当然，不是所有的企业都会遭受灭顶之灾。由于中国政府的调控手段日益高明，中国的经济几乎没有发生硬着陆的危险，有很多稳健经营、现金流充裕、没有盲目扩张的企业，以及具有科技创新能力的企业能够在经济衰退乃至萧条期间渡过难关。

按照自由主义经济学的观点，在经济下滑、衰退乃至萧条的时候，政府不需要采取任何措施，让市场这只无形的手自发调节，只要有足够的时间，市场本身具有的自净化功能会消除经济发展的不健康因素，例如缺乏周详考虑的扩张计划，不符合人们更高需求层次的消费需求等等。

但是，政府无法消除来自百姓对收入降低的不满，以及政府自身形象的损毁，于是在人民和政府的共同期望下，主张政府干预的凯恩斯主义经济学近年来在全世界大行其道。

政府影响经济的手段有很多，例如通过转移支付、增减公共开支、调整居民工资收入水平等，也可以通过财政政策、货币政策，包括使用一些金融工具等来调整宏观经济，熨平经济周期峰值。但是在经济下滑期间，政府一般会主动选择财政刺激政策或扩大信用的货币政策，甚至会双管齐下，一般不会主动降低公共开支和税收。

经济周期无论发生在任何时代或以任何形式发生，从本质上讲都以信用（资本）的扩张为开始的标志，以信用（资本）的过度扩张为结束的标志，期间都有"资本"的影子，都是资本在经济活动中"上蹿下跳"导致的。而资本是人类社会商品经济发展起来以后财富积累的产物和象征，资本可以为私人所有，可以为企业所有，也可以

---

① 如大型铁路工程等。

为国家所有。资本自从产生以来，就一直活跃于人类经济活动的所有过程：它是人类经济活动追逐的目标，也是人类活动的幕后推手；它是人类行为的主宰，也是人类灵魂的寄托；它能让人获得天堂般的享受，也能让人获得地狱般的火燎。**从古至今，人类对待资本的态度没有变，人类在资本面前的本性没有变**，不同时代的经济周期只不过是人性在追逐资本过程中不同心态和手段的反映而已。

经济的周期性循环是人类永远走不出的怪圈。历史的车轮已经驶入了 21 世纪，只要中央银行体系持续存在，一个国家资本主义的特征就永远存在，经济将在一轮又一轮的"复苏、繁荣、衰退、萧条"中不断循环。历史经验证明，在人们追逐资本的过程中，政府的力量不容小觑，因为政府眼看着自由竞争下欣欣向荣的经济活动总想有所作为，并把那些它认为不好的东西清除出去，带领国家和人民走向更理想的社会状态。然而实际情况是，如果政府没有过度开支和花费，不对经济活动过度干预，社会经济会温和增长，人民会有幸福感；如果政府靡费过大，随意干涉社会经济活动，则必然会导致极端的通货膨胀，出现社会经济活动衰退和萧条，人民生活困顿难熬，此时社会危机就难以避免了。

当然，我们也可以把经济周期的上升和下降阶段看作一个人的两条腿，人要想向前走，就要一步一步地走。例如，我们可以把自由竞争状态看作左腿，把政府的干预看作右腿，只要这两条腿能够均衡发展，这个人就能稳步前行；任何一条腿迈的步子过大，都可能会导致身体失衡而踉跄甚至跌倒。

六、本节小结：用最简单的人类行为分析来理解经济理论和证券投资

经济学看似高深莫测，实则简单可触。

如果我们从简单的社会历史发展的角度来理解，经济活动其实不过是任何社会都存在的正常现象，它起源于生产力水平的提高、产品的增加以及产品的交换，并随着经济的发展产生了货币这种一般等价物。人们在交易的过程中主要体现的是对所交换产品价值的主观心理评价，以及在此基础上经济行为的变化。资本的进一步积累和增加，使得一些个人和国家手里的财富迅速增长，因此拥有较多财富的个人就可以通过投资各类产业而获取更多的财富，国家就可以对外发动战争、进行殖民统治，对内进行基础设施建设，或者增加政府开支，以保护低收入者的利益。资本在个人手中积累并用于投资属于自由竞争式的市场行为，是"看不见的手"；资本被国家用来实施对内对外的一些经济政策被认为是对市场的干预，是"看得见的手"。经济周期就在这两只手力量的此消彼长下循环往复、周而复始地发展着。

经济学当中，涉及宏观调控的财政政策、货币政策、收入政策是政府干预经济的

具体方式、方法，而且可以再细分，例如可通过政府举债的方式来加大基础设施建设，通过加大或减小公开市场操作的频度和力度来调节市场当中货币的流动性。细致到企业层面，会涉及收入、成本、利润、税收等财务知识，以及市场营销、生产管理、资本运营等诸多专业知识。所有这些都是经济学所涵盖的，只不过由于时间所限，任何一个人都不能在短时间内，将所有这些内容统统学完。这当然就导致了尽管你学习非常用功，依然存在重大的知识缺陷的客观事实。

追逐股票价差的投机客，想要做到"低价买入，高价卖出"，也需要掌握必要的经济学基础知识，在学习的时候，可以借鉴诸葛亮"观其大略"的方法，对一些主要核心思想进行抽取，然后多思考，多请教，多查阅知识性强的网页。只有带着问题去学习，投资者才能利用好有着海洋一样无限量知识的互联网，从而形成自己比较全面而系统的知识体系。

所有的经济学现象中都隐含着一个共同的经济学常识，那就是人们往往通过商品的价格对其进行主观的价值衡量，然后根据衡量后的价值做出买或者不买的行为。正如《史记·货殖列传》中所说的："贵上极则反贱，贱下极则反贵。贵出如粪土，贱取如珠玉。"

股票市场是资本市场当中的一个细分市场，人们在资本市场中买卖股票是典型的经济活动，反映出了人们在股票投资中的心理活动和买卖行为。人们一方面通过对其内在价值的评估来判断股票是否有价值，另一方面通过对有价值股票价格波动规律的探寻来寻找最合适的买入点，而衡量股票是否有价值最主要的依据是价格。影响股票价值和价格的因素，就是接下来要具体探讨的宏观经济政策及数据、微观企业经营方面的因素。

第二节　影响股市的经济数据

比较常见的与股市涨跌有关联的宏观经济数据和金融工具有：国内生产总值（GDP），居民消费者物价指数（CPI）[①]，制造业采购经理人指数（PMI）[②]，货币发行

[①]　经济学上通过 CPI 的数值高低判断是否存在通货膨胀（Inflation）：CPI > 3%，属于通货膨胀；CPI > 5%，属于严重通货膨胀。

[②]　制造业采购经理人指数（PMI）是一个综合指数，计算方法全球统一。PMI 在 50% 以上，反映制造业经济总体扩张；低于 50%，则通常反映制造业经济总体衰退，接近 40% 的时候更加危险。

量（M0、M1、M2[①]），正回购与逆回购，利率和银行存款准备金率等。

它们与股市涨跌之间的一般关系见表 6 – 1。

表 6 – 1 宏观经济数据或金融工具与股市涨跌之间的一般关系

宏观经济数据或金融工具	与股市涨跌之间的一般关系	
国内生产总值，GDP	GDP 增加或增速加快，股市上升	GDP 下降或增速变缓，股市下跌
居民消费者物价指数，CPI	CPI 温和上升，股市上升	CPI 持续下降，股市回落。CPI 快速上升，政府会采取措施抑制物价上涨，股市下跌
制造业采购经理人指数，PMI	PMI 高于 50% 且逐渐增加，表明经济活动处于景气区间，且前景向好，股市上升	PMI 低于 50% 且逐渐降低，表明经济活动处于不景气阶段，且前景悲观，股市下跌
货币流动性指标：这里主要指央行对流通市场"放水"的充裕程度	流动性越强，意味着市场当中的资金越多，越能够推动股价上升，此时股市上升	流动性越弱，意味着市场当中的资金越少，成交量越稀少，市场越不活跃，股价逐级下跌
利率和银行存款准备金率（存准）	降低利率和存准，意味着央行试图增加投资和消费，扩大货币供应量，资本市场中的资金充裕，股市上升	提高利率和存准，意味着央行试图抑制投资和消费，减少货币供应量，资本市场中的资金收紧，股市下跌

然而，这只是一般理解，现实情况要复杂得多。很多经验丰富的投资者对基本面的分析是否管用莫衷一是，有的甚至认为完全不管用。因为当这些数据被公布出来的时候，已经有一些聪明人事先预测出来了，或者被一些消息灵通人士事先掌握了，因此市场是否对此消息有反应难以判断；即使数据十分保密或者根本无法预测，在它被公布出来的时候，投资者对这些数据的解读也往往是不同的。换句话说，市场指数并不完全与宏观经济数据相向而行。所以，有经验的投资者是不会盲目地按照表 6 – 1 来预测股票价格并指导投资行为的。

二十多年的统计数据也证实了经济数据、金融工具与股价指数间并没有必然的相关性。

---

① M0：流通中的现金，即在银行体系以外流通的现金；M1：狭义货币，即 M0 + 企事业单位活期存款；M2：广义货币，即 M1 + 企事业单位定期存款 + 居民种储蓄存款 + 证券公司客户保证金 + 其他存款。

一、GDP 与上证指数

国内生产总值（GDP）是按市场价格计算的一个国家（或地区）所有常住单位在一定时期内生产活动的最终成果，而上证指数代表了所有在上海证券交易所上市的各个行业股票的价格走势，甚至被认为代表整个国家所有行业的企业经营业绩的好坏。从理论上讲，GDP 与上证指数间应该有某种相关性。

按照一般的经济学理论，当 GDP 增幅提高的时候，经济发展速度加快，私营部门的盈利能力增加，投资能力和扩张行为增多，会促进就业；员工工资提升，消费能力增强，从而促进第三产业发展；政府税收增加，又会增加国民福利支出。反映到股票市场上，就是随着 GDP 增幅的提高，股票指数也会节节升高。

实际情况会不会这样呢？我们先看看中国股票指数与名义 GDP 增长的比较情况。如图 6-4 所示，从图中可以看出，由于中国改革开放以来经济迅速发展，从宏观上看，股市也呈同步上升的局面，这点是不难理解的。

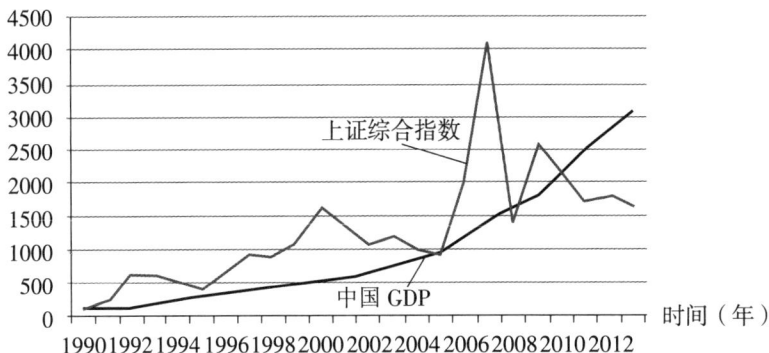

图 6-4　中国股票市场与名义 GDP 年变化率

但是，投资者还要关注中观、微观层面的股市涨跌情况，因为从中观、微观层面上看，股票价格的波动往往是非常大的，有时能有几倍的价格差，一般来说，投资者是难以对如此之大的价格差坐视不管的。所以我们需要了解中国股票指数与 GDP 增长幅度间的关系，就一般的理解，股市不仅会提前 6～12 个月反映经济的好坏，而且与 GDP 的增幅也有对应关系——表现为 GDP 增幅增大，股市上涨；GDP 增幅减小，股市下跌。

表 6-2 所示为 1991—2013 年上证指数涨跌幅度与 1990—2013 年 GDP 增长率的具体数值，图 6-5 所示为根据表 6-2 制作的上证指数的变动与 GDP 变动的关系图[①]。

---

① 图中国内生产总值数据来源于国家统计局网站。

表 6 - 2　上证指数涨跌幅度与 GDP 增长率

年	GDP 增长率/%	上证指数涨跌幅度/%	二者是否一致
1990	3. 8	/	/
1991	9. 2	129. 4	/
1992	14. 2	166	是
1993	14	6. 84	否
1994	13. 1	− 22. 3	是
1995	10. 9	− 14. 29	是
1996	10	65. 14	否
1997	9. 3	30. 22	否
1998	7. 8	− 3. 97	是
1999	7. 6	19. 18	否
2000	8. 4	51. 73	是
2001	8. 3	− 20. 62	是
2002	9. 1	− 17. 52	否
2003	10	10. 27	是
2004	10. 1	− 15. 4	否
2005	11. 3	− 8. 33	否
2006	12. 7	130. 43	是
2007	14. 2	96. 66	是
2008	9. 6	− 65. 39	是
2009	9. 1	79. 98	否
2010	10. 4	− 14. 31	否
2011	9. 3	− 21. 68	是
2012	7. 65	3. 17	否
2013	7. 7	− 6. 75	否

GDP 增长率与上证指数走势图

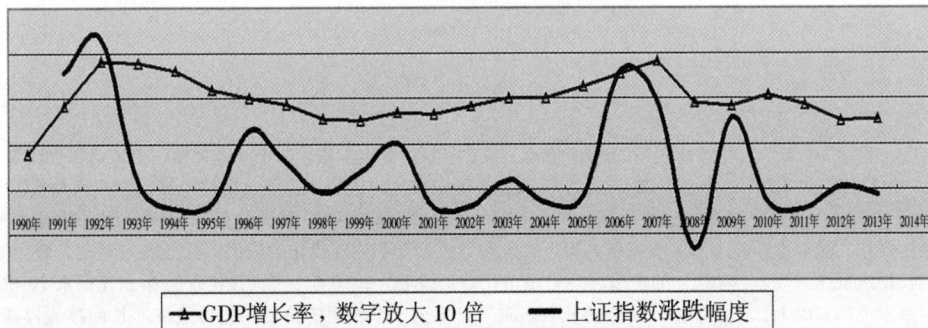

图 6 - 5　上证指数涨跌幅度与 GDP 增长率之间的关系

由于 1990 年 11 月 26 日才开始设立上海证券交易所，指数增幅的比较实际上从 1992 年开始。从表 6 - 2 和图 6 - 5 中可知，1992—2013 年的 22 年中，上证指数与 GDP 走势一致①的有 11 次，不一致的也有 11 次，一致性为 50%。

50% 的一致性，这跟将一枚硬币抛向空中看落地后正反面的概率很相像。这个数字对投资者有什么帮助吗？喜忧参半，似乎没有什么帮助；况且，GDP 增幅数字都是在第二年的 1 月份公布，投资者在这一年中是不知道 GDP 是否增长的，当然可以通过关注每个季度公布的 GDP 增幅数字，大体预测一年的 GDP 增幅情况。但是，就算能够估算出来本年度 GDP 的增长幅度，就能确定本年度上证指数一定上涨还是下降吗？只有 50% 的可能性啊！

另外，一个国家的经济增长往往会经历高速增长、中速增长、低速增长这三个阶段，不可能一直维持两位数的高速增长。麦迪森数据研究结果表明，当一个国家的人均收入达到 8000 国际元的时候，就会从高速发展阶段进入中高速发展阶段，GDP 增长速度会降低 30%~40%。中国作为一个赶超型经济体，从 1978 年释放改革信号到 2010 年左右，长达 30 年的高增长已经不可维持了。那么接下来怎么办？政府会出台什么样的政策？会不会陷入贫富差距过大、社会动荡的"中等收入陷阱②"？政府所出台的政策对股市会有什么样的影响？在回答这些问题之前，我们先看看韩国的经验。

与中国一样，同属于赶超型经济体的韩国在 1998 年达到了人均收入 800 国际元的分界线，随后韩国在"金融、企业、政府、劳动力市场"这四大领域进行了显著的改革，使得韩国经济平稳过渡，自 1998 年以来，从高速发展阶段平稳过渡到中高速发展阶段，并一直保持着较高的发展速度，经济发展活力一直强劲。我们可以从韩国 1998 年以来股市和 GDP 增幅的关系图中看到这个结果，即使 GDP 增速有所下降，股市发展势头也依然强劲，如图 6 - 6 所示。

---

① 这里的"一致"是指按年统计的 GDP 增速上涨，上证指数也上涨；GDP 增速回落，上证指数也回落。
② 也称"拉美陷阱"，20 世纪 70 年代，一些拉美国家，如阿根廷、智利、乌拉圭等国，在人均 GDP 达到 1000 美元之前曾出现过一段发展较快时期。但是，当人均 GDP 超过 1000 美元之后，收入分配差距越来越大，弱势群体增多，城乡差距扩大，失业率居高不下，大多数人享受不到现代化的成果，社会陷入动荡，政局不稳，经济增长持续低迷。"拉美陷阱"的典型表现是城市化畸形发展。2010 年，《人民论坛》杂志在征求 50 位国内知名专家意见的基础上，列出了陷入"中等收入陷阱"国家的十个方面的特征，包括经济增长回落或停滞、民主乱象、贫富分化、腐败多发、过度城市化、社会公共服务短缺、就业困难、社会动荡、信仰缺失、金融体系脆弱等。

图 6 - 6　韩国股票市场指数与名义 GDP① 增长之间的关系

2013 年 11 月，中共十八届三中全会提出了包含经济体制、政治体制、文化体制、社会体制、生态文明体制在内的五个体制的改革和中国共产党党内建设制度的改革，明确了"市场在配置资源中起决定性作用"的"市场决定论"，同时列出了上千项全面涉及"养老医疗、行政审批、扶持小微企业、鼓励创业创新"等一系列压缩政府权力，释放市场活力的举措，以及持续性地重拳打击腐败、限制公款高消费、取消副部级以下公车配备、加强国家安全等深化改革的具体举措，以避免国家陷入"中等收入陷阱"，实现中华民族伟大复兴的中国梦，促进国家社会、民生、政治、经济、军事等的全面发展和升级。

所以，结合国内的政策举措以及韩国的经验，我们完全有理由相信，今后中国的股市也一定会随着 GDP 数值的进一步增长而阶段性上升。

二、CPI 与上证指数

CPI 是居民消费者物价指数，是一个反映居民家庭购买消费性商品和服务时价格水平变动情况的宏观经济指标。它是根据老百姓日常生活中所购买的产品和服务，例如食品、教育、娱乐、住房等，加权计算出来的，但是国家统计局并没有公布 CPI 的计算公式，也没有公布各项指标和权重，更没有说明地区差距的具体算法、各项加权的理由等内容。所以有些学者明确声明统计局的 CPI 数据不可靠，但是投资者也只能按照国家统计局每月、每季、每年公布的 CPI 数据来对股票市场的价格变动进行研判。

按照一般经济学的理解，CPI 轻微上升，且逐年增加，是经济扩张的信号，股市也

---

① 郑鹏，题为"从世界各国股市与经济的关系看中国股市现状"的讲座。

会随之逐年攀升。5% 是一个临界点，超过 5%，就意味着通货膨胀[①]，经济过热，出现了资产泡沫，需要通过调高利率、提高银行存款准备金率或者对债券市场采取回购等措施来限制经济过热，使更多的钱回流到银行，这样的话，对应的股票指数才会随之下降。

实际情况怎样呢？我们先看看图 6－7，这是 1991—2013 年上证指数的变动与 CPI 变动的关系图[②]。

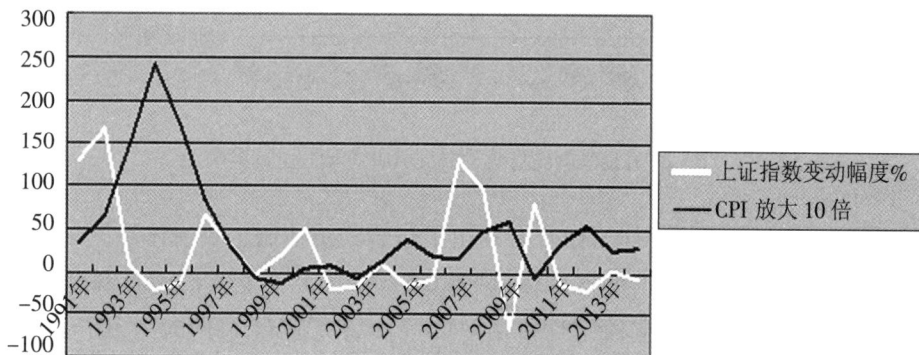

图 6－7　1991—2013 年上证指数的变动与 CPI 变动的关系图

从图中我们可以发现，1991—2013 年的 23 年中，上证指数与 CPI 走势不一致的情况共出现 9 次，一致的情况共出现 14 次，一致性达到了 60.9%。

在中国实行有计划的市场经济初期，如 1997 年之前，由于对宏观调控技术掌握得不够熟练，造成了 1997 年之前的 CPI 数据（包括其他经济数据）大起大落的现象[③]，因此在分析的时候是可以忽略掉 1997 年之前数据的。

在 1997 年以后的 17 年里，虽然在 2008 年和 2011 年出现两次 CPI 超过 5% 的情况（分别是 5.9% 和 5.4%），但大体属于正常的市场经济周期性波动。在此期间，上证指数与 CPI 走势不一致的情况共出现 8 次，一致的情况共出现 9 次，一致性为 52.9%。

根据以上的一致性数据，我们似乎需要谨慎对待 CPI 的高低与股市的涨跌间的关系。

三、利率与上证指数

GDP 和 CPI 都是经济活动运行的结果，可以通过数学模型进行预测和计算，不可

---

① 早期学者认为 CPI 低于 10% 属于温和的通货膨胀，100% 以上属于超级通货膨胀，10%～100% 属于奔腾的通货膨胀。这样高的数字一般在规范的经济体中不会出现。

② 数据来源于国家统计局网站，为方便读者观察，此图中的 CPI 数字放大了 10 倍。

③ 在 1993 年、1994 年、1995 年、1996 年，CPI 数据竟然分别达到了 14.7%、24.1%、17.1%、8.3%。

以直接调节或改变。

利率，是资金的成本比率，可以直接调节或改变。它是各国中央银行用以调节资金成本和供给量的工具，理论上利率没有上下限要求，可以无数次使用，只要央行觉得有必要。

利息是资金的成本，利息＝资金×利率。生产经营者不管向商业银行、民间大户或者其他任何金融机构借款，都要支付利息。

一般来说，市场化的利率随行就市，可高可低。但是央行会根据国民经济发展的整体状况提供一个比较合理的基础利率，所以实际上的市场化利率（即实际利率）往往参照基础利率重新定价，并随着基础利率的高低同方向变动。在利率市场化之前，人们往往参照基础利率来解释资本市场；在利率市场化以后，人们往往应用实际利率来解释资本市场。

按照一般的理解，基础利率上升，意味着央行收紧流动性，市场缺钱，股市应该下跌；反之，基础利率下降，说明央行释放流动性，市场中钱多，股市应该上升。

事实是否如此呢？

我们看一下1991—2013年上证指数的变动与贷款利率变动的关系图①。

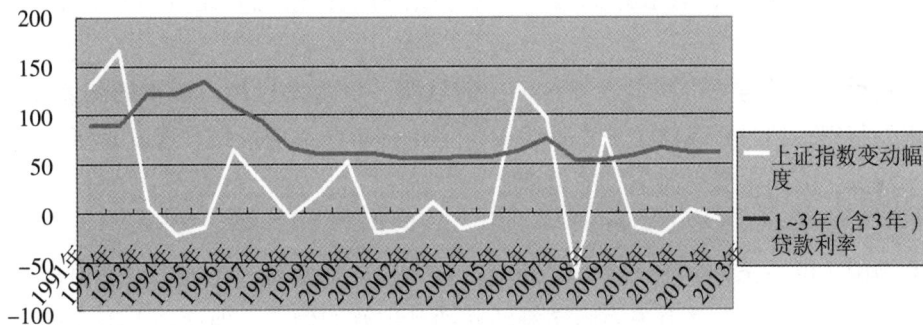

图6-8 上证指数变动与贷款利率变动的关系图

从图6-8中我们可以发现，1991—2013年的23年中，上证指数与利率走势一致的情况共出现9次，不一致的情况共出现7次，不相关的情况共出现7次，一致性仅为39.1%。

当然，由于利率的调整比较灵活，其对股市的影响往往在公布利率政策的当日前后就会产生，是否会导致股市发生趋势性转变则并不一定。例如，在2008年期间，中国人民银行对短、中、长期贷款利率同时做过6次向下的调整，但是上证指数并没有

---

① 数据来源于中国人民银行网站，利率是1～3年（含3年）贷款利率，为便于观察，将贷款利率的具体数字放大了10倍。同时，由于央行利率调整比较灵活，很多年份都是一年调整好几次，方便起见，利率以每年12月30日时的利率为准。

发生趋势性转变，2008 年的表现依然是跌跌不休，并创造了 65.39% 的最大历史跌幅，并在以后利率没有发生大的调整的情况下，一直延续跌势到 2014 年 7 月。

四、货币发行量

货币发行量是一个国家发行的货币总数，根据我国现行货币统计制度，将货币发行量的构成层次分为 M0、M1、M2。

M0：流通中的现金，即在银行体系以外流通的现金，是企事业单位和居民个人手中持有现金之和；

M1：狭义货币，其值为 M0 + 企事业单位活期存款；

M2：广义货币，其值为 M1 + 准货币（企事业单位定期存款 + 居民各种储蓄存款 + 证券公司客户保证金 + 其他存款）。

M1 反映着经济中的现实购买力，M2 同时反映现实和潜在购买力。若 M1 增速较快，则消费和终端市场活跃；若 M2 增速较快，则投资和中间市场活跃。M1 过高，M2 过低，表明需求强劲，投资不足，有涨价风险；M2 过高而 M1 过低，表明投资过热，需求不旺，有衰退风险。中央政府和央行据此判定经济状况，调整货币政策。

就货币发行量与股市的关系来说，一般认为，货币发行量与股市的涨跌正相关，即货币发行得多，股票市场上涨；货币发行得少，股票市场下跌。这就是所谓"大河有水小河满，大河水少小河干"的道理。

但是，事情也不是这么简单。

在中国，以美元为主要结算方式的出口贸易的蓬勃发展，使得国内进出口业务中产生了巨量的外汇。但是由于中国实行特殊的外汇管制制度，即原则上不允许民间持有大量外汇，也不允许大额外汇持有人自由进出国门——外管局规定，民间因旅游、求学等事由出国时，最多可以兑换 5 万美元外币，因此所有进出口企业业务中产生的外币都被国家收回，以当时的汇率等额兑换成相应的人民币，拨付给这些企业。这导致了中国人民币数量的逐年增长，尤其是自 2003 年以来，中国的货币发行量巨幅增加。国内人民币发行数量的激增，直接推高了房地产、股票、大宗商品等资产价格，居民消费价格连年攀升。到 2014 年 6 月，中国政府持有的外汇储备为 39932.13 亿美元[①]，这意味着有至少 24 万亿的人民币被陆续投放到国内市场[②]。

根据 21 世纪网的统计，2008—2012 年全球各主要国家和地区 M2 存量的变化如图

---

① 数据来源：中国人民银行网站。
② 按照美元兑人民币 6.2:1 的比例计算；同时考虑 2003 年以来美元兑人民币逐渐从 8.3:1 降至 6.2:1 左右，已经有很大升值过程。

6-9 所示。从图中我们可以看出中国的 M2 逐年上升，并在 2012 年跃居世界第一。图 6-10 显示的是各主要国家和地区新增 M2 的数值，图中显示中国连续 5 年新增 M2 都是最高的。

M2 存量/万亿人民币

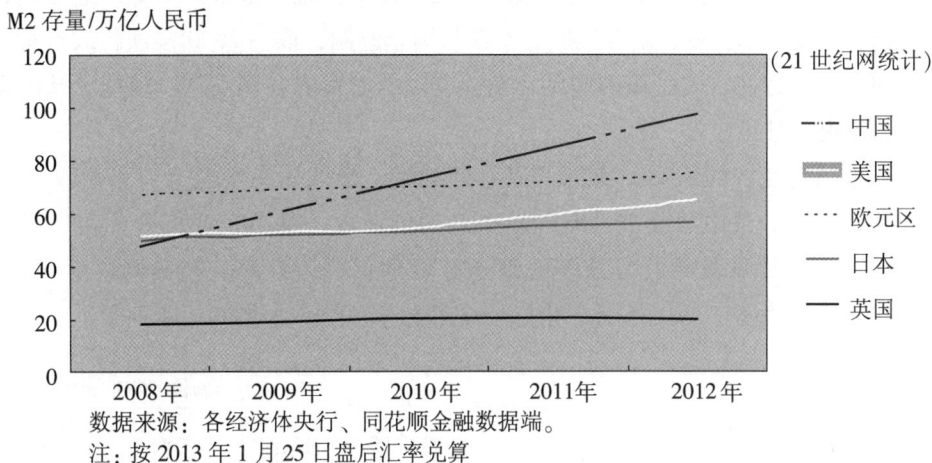

图 6-9　各主要国家和地区 M2 存量的变化

新增 M2/万亿人民币

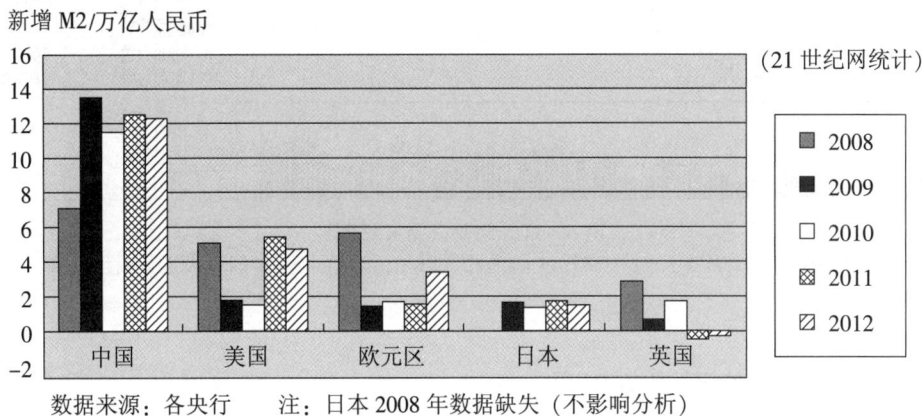

图 6-10　各主要国家和地区 M2 新增情况

我们都知道，M2 是指广义货币，是货币供应量的重要指标之一，国际上 M2 的计算公式是"流通中的现金＋支票存款＋储蓄存款＋政府债券"。M2 不仅反映现实购买力（现金＋支票存款），还反映潜在购买力（储蓄存款＋政府债券）以及投资市场的活跃程度。

由图 6-9 和图 6-10 我们可以判断中国每年国内的货币投放量是非常巨大的，加上 2009 年中国政府为应对金融危机推出的 4 万亿刺激方案，以及 2012 年的第二次 4 万亿刺激，导致了中国国内的货币到了异常巨大的地步。

不过，中国在 2013 年 11 月召开的十八届三中全会上明确了经济发展中"市场的决定性作用"，所以，尽管中国国内有如此巨大的货币存量，但是政府并没有引导商业银行将贷款发放给不具有创新能力的过剩产业以及房地产行业，反而实行"定向调控"和"微刺激"的政策，将资金引导至节能环保、云计算、物联网、生物技术、电子商务、军工航天、信息安全等有关国家战略布局、民生福祉、未来技术等产业方向，同时加大国有企业改革力度，引导民间资本参与国企改制，取消 2000 多项行政审批，激发市场的活力；另外，人民币的国际化渐入佳境，对世界各国高铁、核能、基础设施等方面的投资也日见成效。

股票市场是经济的缩影，我们可以看到的是，十八届三中全会以来政策导向传递到股票市场，导致中国股市具有创新概念的创业板、中小企业板股票在二级市场有惊人的表现，其中表现最为抢眼的就是节能环保、云计算、物联网、生物技术、养老医疗、电子商务、军工航天、信息安全等相关股票，如图 6 - 11 所示。

图 6 - 11　创业板周 K 线图，
自从 2012 年 12 月 4 日创下 585.44 的最低点以来，2013 年全年创业板指数屡创新高

五、央行的货币调节工具

中国人民银行可以动用的一般性的控制市场中资金规模的工具主要有：公开市场操作，再贴现率，存款准备金率。

1. 公开市场操作

公开市场操作是货币政策工具之一，指的是央行通过在金融市场上买卖政府债券来控制货币供给和利率的政策行为，是目前多数发达国家的中央银行控制货币供给量的重要和常用工具。

当经济处于过热状态时，中央银行卖出政府债券回笼货币，使货币流通量减少，导致利率上升，促使投资减少，从而达到压缩社会总需求的目的。当经济处于增长缓慢、不景气的时候，中央银行买进政府债券，把货币投向市场，使货币流通量增加，导致利率下降，从而刺激投资增长，使总需求扩大。

在操作的时候，央行会选择信誉好、资金实力强、交易活跃的商业银行、证券公司、信托公司等进行招标。为了顺利地卖出债券，获得现金，央行会给这些机构一个短期的折扣，这个折扣就是回购利率。同时，为了便于随时调控，央行会把债券抵押给金融机构，并承诺一定期限内赎回。这种方式就是央行采取的"正回购"方式（回购就是赎回的意思）。卖出债券规模越大，回购利率越高，说明央行回收货币的意志越坚定。

反过来，央行为了释放流动性，会买进债券，这就是所谓的"逆回购"方式。

由于回购的期限比较短，例如1天、7天、14天等，故回购利率在某种意义上就会被市场解读为短期利率的评价尺度。

对于股票市场而言，当央行使用正回购方式抛售债券、回笼资金的时候，股票市场由于对资金紧张的担忧会下跌；反之，当央行使用逆回购方式释放流动性的时候，股票市场会上升。

图6-12显示的是2013年全年的回购利率变化情况，其中在2013年6月的时候，回购利率达到了惊人的6.92%，当时市场一片悲歌，投资者在失望之余发明了一个词汇叫作"钱荒"，上证指数创出了1979.21点的年内最低，如图6-13所示。

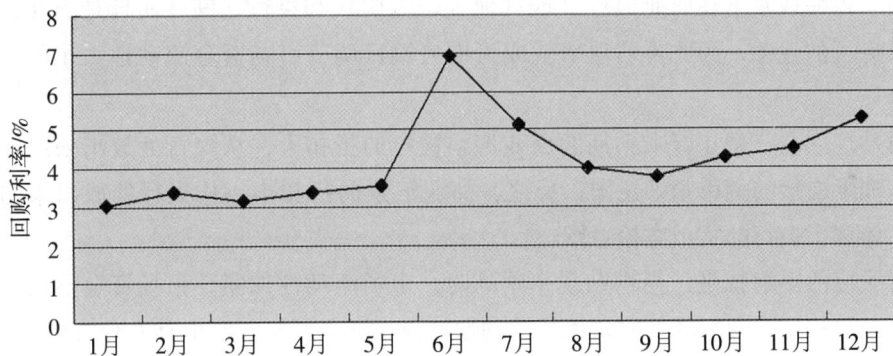

图6-12　2013年全年回购利率变化情况

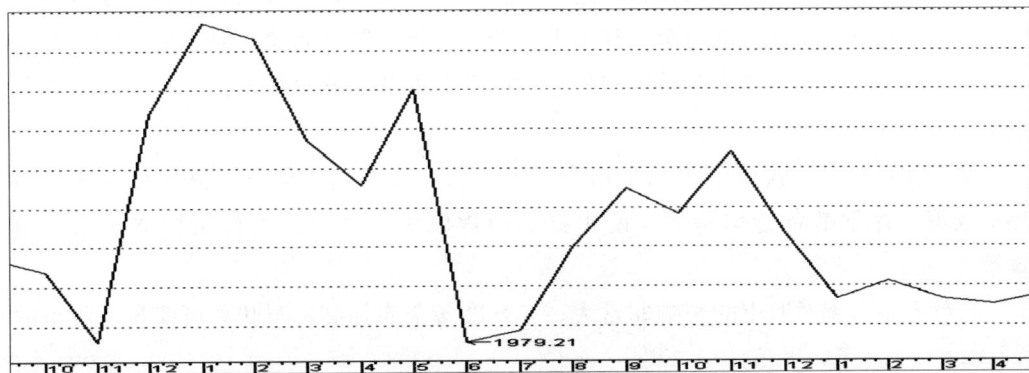

图6-13　上证指数走势图

2. 再贴现率

我们首先要搞清楚几个概念——贴现、贴现率、再贴现、再贴现率，再探讨它们与股市的关系。

贴现指商业汇票（如银行承兑汇票）的持票人在汇票到期日前，为了取得资金，贴付一定利息将票据权利转让给商业银行的票据行为，是持票人向商业银行融通资金的一种方式。银行对票据进行贴现时，不能按原价买入，必须打一定折扣，这个折扣就是贴现率。例如，一家企业持有一张100万元的未到期的承兑汇票（假定为1年期，在第一天就进行贴现），因为急需现金，经过协商，从商业银行处获得98万元现金，此时的贴现率就是2%[①]。

再贴现是商业银行将已经贴现但是尚未到期的商业汇票卖给中央银行而获得资金的行为。再贴现意味着商业银行向中央银行贷款，从而增加了货币供应量。同样，央行也不可能按照原价买入商业票据，也要打一定的折扣，这就是再贴现率。这样，上述商业银行从企业那里获得的100万元的未到期的承兑汇票，如果随即可以从央行处获得99万的现金，则再贴现率就是1%，商业银行就赚取了1%（即1万元）的收益。

由于再贴现发生在商业银行（或其他金融机构）和央行之间，而且是商业银行主动恳求央行的业务，因此再贴现率就成为中央银行调节市场资金流动性大小的一个重要工具。

再贴现率高，意味着未到期的商业汇票被打的折扣大，从央行处放出来的货币偏少，体现了央行的货币紧缩意图；反之，商业汇票的折扣小，从央行处放出来的货币偏多，体现了央行的货币宽松意图。

对股市的影响就是：当再贴现率很高时，市场流动性偏紧，市场资金不足，不支持股市上涨；再贴现率降低时，市场流动性增强，资金宽松，股市有上升的预期。

3. 存款准备金率

金融机构为保证客户提取存款和进行资金清算，需要在中央银行中有一定数量的存款，这笔存款称作存款准备金。存款准备金是一种风险准备金，是不能够用于发放贷款的。中国人民银行要求金融机构的存款准备金占其存款总额的比例就是存款准备金率。

这个比例提高，说明更多的货币存放于央行，不能用于放贷，央行执行紧缩的货币政策。存款准备金率降低，说明更多的货币用于贷款，央行执行宽松的货币政策。

存款准备金率对股市的影响非常大。存款准备金率提高，意味着可能投入股市的

---

① 贴现率＝（1－银行实付金额÷票据面额）×（360÷从贴现日到到期日的天数）×100%。

资金减少，股市将会下跌；存款准备金率降低，意味着流动性增加，市场预期会有更多的资金投入股市，股市将上涨。

图6-14所示为2003年以来银行存款准备金率变动图。从中我们可以看出，存款准备金率一直处于上升通道。

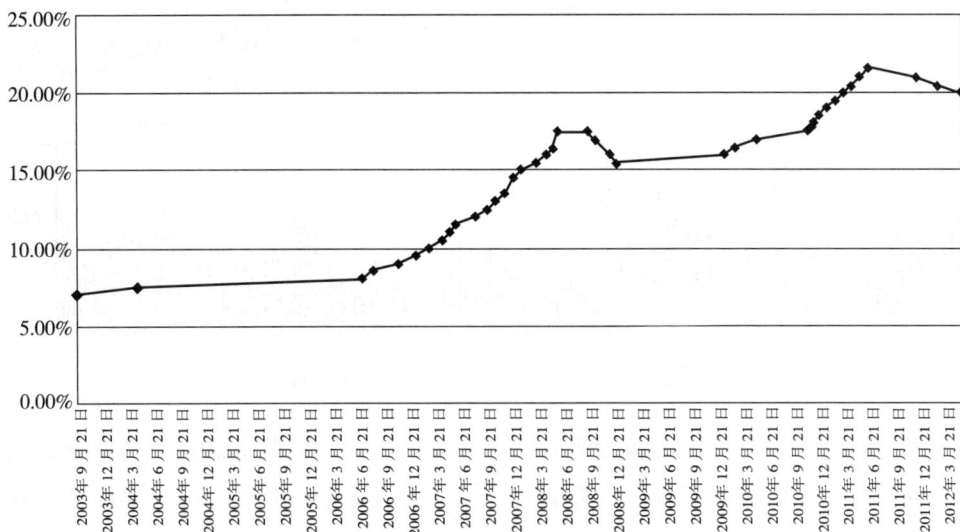

图 6-14 银行存款准备金率历年变动图

当然，就股票市场来说，如果有一种力量能抵消存款准备金率提高带来的资金短缺，那么股市还是不太容易受到存款准备金率这个因素影响的。

但是如果中央政府收紧银根的决心很大，应用多种货币工具来调节市场的话，那么股市是经受不起这种重大打击的。例如，自2010年以来，政府提倡科学发展观，鼓励绿色 GDP 政绩，央行提高短中长期贷款率并维持高位，将已经很高的存款准备金率再次逐渐调高，收紧银根的信号非常明显，市场出现资金短缺的现象，股市一路下跌，如图6-15所示。

同时，2010年以后，股市下跌还有一个重要的理由，那就是"影子银行"的规模逐渐膨胀。

2010年以后，由于资金短缺，中国如雨后春笋般涌现了大量的融资性投资担保公司，以及各种虚假的私募股权基金。一方面，担保公司的实际业务变成了银行的业务，即"揽储、放贷、吃息差"，只不过是高息揽储、高价放贷①，客观上也确实满足了中小微企业的短期资金需求；另一方面，一些许诺更高回报的担保公司和所谓的"私募股权基金"挂羊头卖狗肉，以股权融资之名，行大肆骗钱跑路之实。影子银行的出现

① 出于稳定的考虑，学者们不再使用"高利贷"这个刺激性的字眼，而使用"影子银行"这个中性词汇。

图 6 – 15　上证指数 2009 年 12 月 18 日至 2014 年 3 月 7 日周 K 线图

导致了中小企业的融资成本大幅度攀升，一些上市公司也面临着融资难、融资贵的问题，在上市公司中，除了银行信托类上市公司，其他行业的上市公司业绩普遍下滑[①]，金融骗术使得民间资本再次出现一次大规模的重新分配。加上央行本来就通过利率和存款准备金率收紧流动性，这三重因素同时发生，股票市场严重失血，形成了 2010 年以来中国股市一直处于下降通道的态势。

六、国家产业政策对股市的影响

中国的经济采用政府主导下的发展模式，国家通过行政命令、行政许可、行政审批等强制力量，对国家资源进行分配，同时借助市场经济的力量，大力发展民营经济，作为国有经济的补充。

自 1978 年开始的"改革开放"，首先满足人们不断增长的物质文化需求，因此第一阶段中以彩电、冰箱、洗衣机等家用电器为代表的家电企业，以及"三来一补"的外贸出口型企业成了中国经济的主要领导者。在股市当中，家电板块和进出口贸易板块等表现不俗，这些行业大概经历了 15 年左右的黄金期。

以 1998 年取消福利分房，将房地产作为支柱性产业为分界线，自此以后，房地产板块、汽车板块、钢铁、水泥建材、家装、家电等各个板块连续走强，这些板块大约也有 15 年左右的黄金发展期。

---

① 银行信托类上市公司业绩好，而其他上市公司业绩差的现象普遍存在于 2011、2012 和 2013 年度。

到 2013 年，情况发生了重要的变化，以 11 月 9—12 日召开的中共十八届三中全会为标志，中国未来的经济发展模式将发挥"市场调节的决定性力量"，以取消大量的行政审批为特征，政府将逐渐从原来不恰当的位置上退下来，回归到关注民生、服务人民、重视环保、鼓励创新等领域中。以后的中国经济发展模式，将是主要由市场主导、政府提供战略性引导和扶持。

这是对改革开放的非常简单的梳理。如果说 2013 年 11 月之前，国家产业政策还有效，还会对股市起到决定性作用的话，那么，2013 年 11 月以后，中国的经济增长模式将主要依靠市场的力量。在现有的股票市场中，那些具有较强竞争能力或者具有独有专利技术、知识产权、特许牌照、独有渠道的上市公司，将表现得更好。同时，那些满足政府关注民生、服务大众、美丽生态、节能环保、国防安全、文化创新等的上市公司也将有持续性的良好表现。

七、企业微观经营对股票的影响

判断企业经营情况的好坏，主要通过财务报表。财务报表，既是反映上市公司业绩好坏的重要材料，也是投资者判断企业内在价值高低的重要依据，很多财务分析模型都是根据企业财务报表而来的。这里简单介绍两种财务分析工具，一是国际国内通用的 EVA，另一个是笔者自创的 FSI。

1. 经济增加值 EVA

经济增加值（Economic Value Added，EVA），等于税后营业净利润与全部资本成本之间的差额。其中，资本成本既包括债务资本的成本，也包括股本资本的成本。

EVA = 税后营业净利润 − 全部资本成本 = 税后营业净利润 − 资本 × 资本成本率

EVA 的核心思想是：由于资本投入是有成本的，故企业的盈利高于其资本成本的部分才是真正为股东创造价值。因此，一般认为，EVA 既是全面评价企业经营者为股东创造价值能力的工具，又是企业绩效考核的基础和核心。

但是否真的如此呢？

有人认为不一定。例如，王国顺等（2004）通过对沪深 1052 家非金融类上市公司使用 EVA 和传统会计指标进行分析后认为：运用 EVA 方法评价我国上市公司绩效时，在绝对有效性上与传统绩效指标间存在一定差异，但在相对有效性上与传统绩效指标相对一致。主要原因在于上市公司治理不太规范，业绩造假频仍，政策干预过多等，体现出了中国股票市场的弱有效性特征。

但是，有些人的研究认为 EVA 对于构建投资组合有较好的借鉴作用。瞿绍发等（2013）选取了在沪深两地上市的 624 家 A 股公司，使用了 1998—2000 年三个会计年度的数据，使用 EVA 指标和传统会计指标衡量上市公司绩效，结果发现：每股收益、净资产收益率等传统会计指标对股价波动几乎没有解释能力，EVA 年度值、每股 EVA 值等指标则具有一定的解释能力；在使用基本面选股时，EVA 指标也更具有分析股票投资价值的能力，EVA 排名靠前的股票投资组合的收益率要大于市场平均组合的收益率，并远远大于 EVA 排名靠后的股票投资组合的收益率。

2. 财务稳健指数 FSI

财务稳健指数，是笔者在与某财经杂志合作撰写河南省上市公司发展力时创造出来的一种分析工具，使用"盈利能力""偿债能力""经营效率""发展能力"四个指标来初步界定发展力，主要使用 F10 里上市公司公开的财务数据进行计算，以所在行业上市公司的平均值为行业的平均值，以对比被研究对象发展力的大小。

当时，笔者从实战的角度来研讨如何评价上市公司的财务绩效，如何发现上市公司的内在价值，指导人们进行股票价值投资。在构建模型时，加入爱德华·阿尔曼的财务预警 Z 值，提出了"上市公司财务稳健性系统暨财务稳健指数 FSI"的财务绩效分析工具。这个工具后来经过实践、完善和补充，对合理评估上市公司价值，选取值得投资的上市公司股票，有一定的帮助。FSI 有如下的使用规则。

（1）当 FSI < 2.5 的时候，企业处于危险边缘，提示有较大财务风险，可能的机会在于重组。

（2）当 FSI > 4.1 的时候，企业业绩非常优良，财务状况上佳，可能的风险在于业绩下滑。

（3）当 FSI 处于 2.5～4.1 之间的时候，企业处于稳健发展期，可能的风险在于企业内外部因素的不确定性。

（4）连续观察上市公司多年的 FSI 值是一种好的投资习惯。

（5）累计观察各季度财务数据，并连续计算 FSI 值，可为构建股票池提供更细致的数据和决策参考。

笔者当时使用 FSI 连续追踪了客车类上市公司历年变动情况，之后认为：对于提倡价值投资的稳健型投资者来说，宇通客车由于 FSI 数值偏高且持续向上，具有良好的投资价值；而对于短线投机型的炒家来说，亚星汽车由于连年 FSI 数值较低，业绩较差，且在 2009 年出现巨大的经营问题，如果该股价格跌到一定程度，可以考虑资产重组改善业绩的可能性，如图 6-16 和图 6-17 所示。

FSI 指数虽然在一定程度上能够帮助投资者选出具有良好内在价值的上市公司，但是由于一些上市公司实际财务数据的准确性值得怀疑，这种方法自然也就有它的不可靠性。

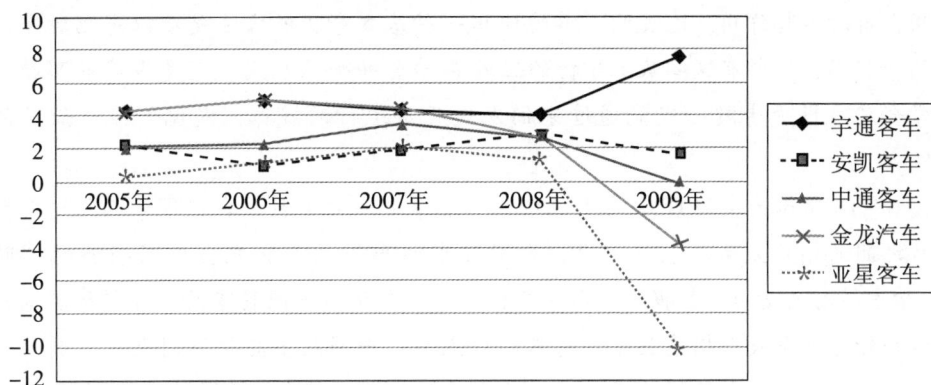

图 6 - 16　5 家客车类上市公司 2005—2009 年的 FSI 对比

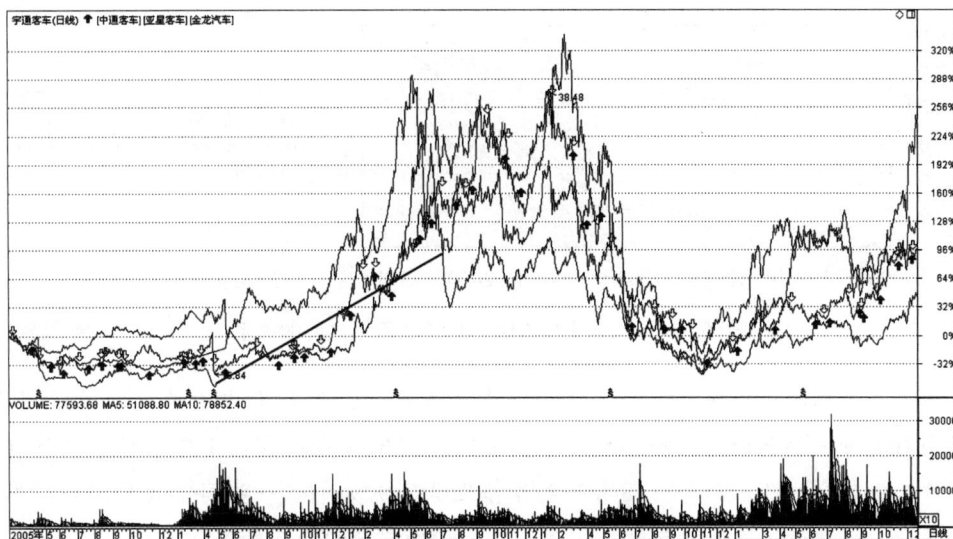

图 6 - 17　通达信软件只能显示四只股票的价格对比
（此图是宇通客车、中通客车、亚星客车、金龙汽车
四家客车公司 2005—2009 年的股价表现。注意纵轴是百分比，并非绝对价格）

　　总体来说，鉴于中国上市公司的财务数据普遍存疑，投资者不管使用 EVA 还是
FSI 判断上市公司业绩的好坏优劣，都要尽量谨慎。

本 章 小 结

　　本章讲述的是基本分析及其对股票价格的影响。通过对很多方面进行分析和研究，
我们可以发现，无论是宏观经济数据 GDP、CPI、利率、汇率，正逆回购，还是国家产
业政策、企业微观经营情况，似乎都不能决定或影响股票价格的升跌。这些因素有时

起作用，有时不起作用。这说明，单纯使用一种基本分析的方法是难以窥测股市涨跌规律的。然而，把所有这些基本分析的工具都学会并加以应用，也是很难的事情。即使都学会了，投资者就一定能通过它们发现股市运行的规律，发现价值被低估的股票吗？

图 6-18 所示为中国 GDP 与上证指数、汇率之间的关系，我们很难判断这些数字与走势之间的相互关系。也就是说，中国股市似乎依然不能充当中国经济的"晴雨表"。学术界对大量历史数据进行研究分析后，基本认为中国股市的涨跌与经济周期不是简单的传导关系或正相关关系，基本的观点有：中国股市与经济周期有着弱的相关关系（黄华继，丁维，2009）或复杂的关系（赵可，丁安华，2013），股市与资金的充裕度有着较强的正相关关系（杨晓杰，2012）等。

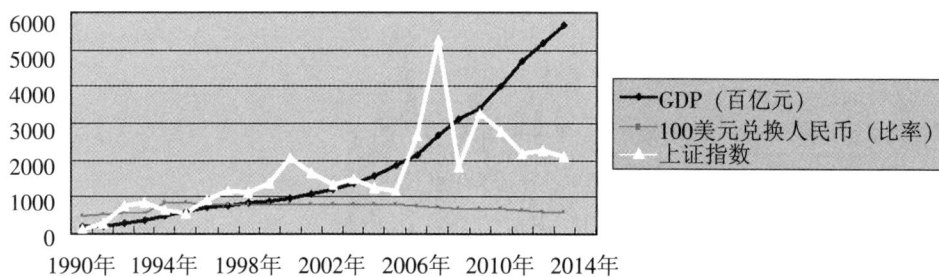

图 6-18 历年中国 GDP、股市、汇率之间的关系

另外，影响股市涨跌、股价高低的因素还有很多，例如有中国特色的政治因素，市场会对其有一些解读，从而影响股市的涨跌，国家有时也会指示包括资本市场在内的各方确保稳定的政治局势。还有一些军事因素，例如中东一些国家政局不稳，军事斗争不断，会导致国际油价攀升或下跌，从而影响国内的经济发展。

这些都说明，股市的涨跌与政治因素、经济数据或金融工具的调整并非简单的正/负相关关系。股市有自己内在的运行规律，经济数据不管以什么方式公布，也不管在什么时间公布，股市都会以自己的方式进行回应——或者同步，或者无反应，或者反向，都是有可能的。

笔者之所以讲解这么多，是想告诉读者：股票的价格走势，一方面与宏观经济数据好坏、市场流动性松紧等基本面因素有关，另一方面也与这只股票本身的股性、该公司的经营绩效、主力是否深度介入等多种因素有关。换句话说，基本面分析是分析大盘及股价的重要工具，基本面数据是决定股价涨跌的众多因素中的重要部分。投资者最关心的是自己手中的股票能不能上涨，具体股票的上涨取决于基本面、技术面和心理面的共同作用。因此，从根本上说，对市场做出的所有分析都映射出了投资者对股价未来走势的心理预期，这种预期为投资者买卖股票提供了"能说服自己"的理由。

第七章　心理分析

心生于物，死于物，机在目。

——《阴符经》

古希腊德尔菲神庙墙上镌刻着一句箴言："人啊，认识你自己。"

认识自己，了解自己，是人类自我意识开始觉醒以后，一直苦苦追寻的目标。不同时代的哲学家、思想家对于人类自身的描述各有千秋、各具特色。

早期的思想家把人简单描述为"能用腿走路而身上没有长毛的动物"。今天看来，这个结论过于简单，难道把能直立行走的大猩猩身上的毛剃光，它就是人类吗？

生活在公元前5世纪的古希腊思想家普罗·泰戈拉认为"人是万物的尺度，是存在者存在的尺度，是不存在者不存在的尺度"。这个观点道出了人类作为地球统治者的绝对权威。例如，我们说苍蝇、老鼠是坏的，是因为它们传播疾病、盗取粮食，人类讨厌它们，所以想尽办法消灭他们；说青蛙、蜻蜓是好的，是因为它们可以吃掉苍蝇和蚊子——是人类决定哪种动物是"好的"还是"坏的"。其实每一种动物都有自己的生存空间和生存特点，只是有些动物的生存妨碍、影响甚至有害于人类的生存，所以才会被人类厌恶乃至追杀。

当然，有关"人"的哲学见解还有很多，林林总总，丰富多彩，限于篇幅，这里不做过多的介绍。

本章明确地提到投资者亏损的重要原因之一是"源于自身"。这是由于投资者不了解自己，无法发现自身的优点与不足，不能适应变幻莫测的市场行情，投资收益往往就会很糟糕。

虽然说证券投资看起来很简单，就是"买"和"卖"这两个动作，操作一下鼠标就解决了，但这样简单的投资行为，其实是你复杂心理活动的结果。简单地说，你有什么样的想法，就有什么样的投资。你之所以购买这只股票而不买那只股票，你之所以在这个时候买入而不是在其他时间买入，一定是你心理活动的反映，而你的心理活动是你对自己所掌握的信息的分析与研判，包括对图形的思考、对股票未来走势的研判、对自己风险承受能力的界定，以及对市场方向性的确认等。

必须要说明的是，人的心理活动包括了理性部分和非理性部分。如果是一个理性的投资者，他一定会首先对自己有一个全面的评估（诸如风险承受力如何，投资知识够不够，适合长线投资还是短线投资，等等），然后才会去证券公司开户交易，并在以后的交易过程中不断总结经验教训，逐渐提高自己的操作水平。但可惜的是，绝大部分投资者是稀里糊涂进入股市的，且缺乏系统培训与指导，在证券投资的时候，理性的投资很少，非理性的投资很多，这点已经得到金融心理学的证明：**当涉及金钱利益的时候，人很少做出完全理性的决策。**

本章的内容就是通过帮助读者了解自己属于哪种人格，明白人类共有的规律性认知缺陷，知晓植根于人性中系统性的、有章可循的心理偏差，从而锻炼自己、升华自己，在真枪实弹、残酷无情的投资战场中沉着应对。

第一节 我是谁?

我记得自己刚刚入市的时候,总是陷入这样一个让自己黯然神伤的怪圈:我总是能够发现一些价格很低的股票,并买入它们。但是买入后股票很长时间的不上涨令我十分焦虑,我总是对自己说"等等,再等等,很快就会涨上去",结果还是不涨……经过几次心理上的反复折腾,我实在不能忍受自己的股票一直趴在那里了,于是卖掉手中的股票,像卸掉身上的重担一样,轻松、愉快了很多。但是没过多久(有时甚至是卖掉后的第二天),我就发现我卖掉的股票像中了魔似的疯狂上涨,经常性地翻倍甚至翻几倍! 这让我极为痛苦、失望和沮丧,总感觉这个市场在戏弄我,侮辱我的智商,这让我内心深处充满了挫败感!

一次巨大的伤痛我记忆犹新,我于 1997 年"幸运地"买入中国第一只被特别处理的股票"苏三山"①。当天买入后,第二天就发布消息,被"ST(特别处理)"了。当时根本不懂什么叫作特别处理,只是从股评家那里得知:"特别处理"意味着公司经营情况很差,很有可能退市,如果退市,那就意味着股民血本无归。当时听了这样的评价,我的心几乎都要跳了出来,紧张极了。第三天,我直接去证券公司卖股票,结果跌停,根本卖不出去;第四天,依然跌停,卖不出去……连续出现 4 个跌停,我都卖不出去,读者可以想象我这 4 天是怎么过的! 第七天,正好是个星期五,开盘后我一看有买盘,不管三七二十一就直接卖掉了! 哎呀,可算是卖掉了,虽然赔了不少,但是毕竟没有全赔。紧接着,星期六、星期天心理压力略微减轻一些,但是还是不舒服,毕竟赔了很多啊!

要命的是下周开盘以后的行情,周一涨停,周二涨停,周三涨停……很快股票又涨回到我的买入价! 我的天哪! 那段时间我的感受就是刚被人打了左脸,紧接着又被人打了右脸,感到愤恨交加、无地自容,恨不得找个地缝钻进去,从来没有败得这么惨过!

这到底是怎么了?

很长时间我不明白为什么是这样的结局:为什么我买入后它不涨,我卖掉后它疯涨? 为什么市场这么冷酷无情,总跟我开这种气死人的玩笑? 我已经很努力地学习股票投资知识了呀! 我已经坚持很长时间了呀! 经常去证券公司看行情②呀! 股票啊,你

---

① 后更名为"四环生物",股票代码000518。
② 20世纪90年代后期,电脑、互联网尚未大规模进入家庭,看行情、买卖股票都需到证券公司大厅。

怎么偏在我卖了以后上涨呢？

这种严重的挫败感让我有一段时间对自己的智商产生了怀疑：我是不是太笨了？总是赶不上趟儿！我甚至认为自己根本就不适合炒股票，还是老老实实地上班吧。

但是天生不服输的劲头又上来了，我就不信这个邪！别人能做好的，我为什么就做不好？那些在股市里赚大钱的人，很多都没有多高的文化水平，我这个名牌大学的毕业生怎么能输给人家呢？别人都说我的脑子特聪明，我也自视甚高，相信通过努力和学习一定会有好的结果。

直到后来我读了中国人民大学人力资源管理专业的研究生，在高校里教授"组织行为学"① 的时候，我才逐渐意识到：**人之所以失败，往往不是败给别人，几乎都是败给了自己**。我能选出价格处于底部的股票，基本说明我是一个长线投资者，那我又怎能在乎短期的盘整呢？我能选择好买点，为什么不能选择好卖点呢？看来我还是不了解我自己，或者没有深度地返观内照，发现那个整天伴随着自己的"真实的我"。

从那时起，我开始深入地思考有关人类认知的问题：我们对外部事物的看法是从哪里来的？我们为什么会有这么多的看法？它们会对证券投资产生什么样的影响？这些看法能不能被改变？该如何改变？

一、自我认知

所谓自我认知，就是一个人对自己的整体认识。自我认知往往随着年龄、知识和经验的增加而加深、全面，知识贫乏的人、太年轻的人了解自己的程度往往不够。一般来说，每个人对自己都会有某种程度的认知，会认识到自己的优点、缺点，"我是一个爱帮助别人的人""我是一个不喜欢冒险的人""我讨厌细节"等等就是自我认知。

有没有强烈的自我认知愿望和真实的自我认知能力，是判断一个人是否真正成熟的重要标志。在这个问题上，年龄和学历并不是最主要的。在真实生活中，有太多的人即使年龄很大，但是依旧偏执、冷漠、以自我为中心，不考虑别人感受，这些人多半缺乏足够的自我认知知识和全面的自我评价能力，只管自己的感受而不管别人的死活。当然，这样的人也是可以通过心理学教育改变的。

约哈里窗户理论说明的是自我认知、行为举止和他人对自己的认知之间在有意识或无意识的前提下形成的差异。该理论虽然经常被用来解释人际沟通和改善人际关系，但是用来解释人类自我认知的片面性依然有效。图 7-1 中这四个区域的含义如下。

---

① "组织行为学"是研究人在群体中的心理活动和组织行为的一门学科，涉及很多心理学知识。

	别人知道	别人不知道
自己知道	1 开放区 (公众形象)	2 隐藏区 (隐私)
自己不知道	3 盲目区 (背脊我/盲点)	4 未知区 (深蓝/潜在)

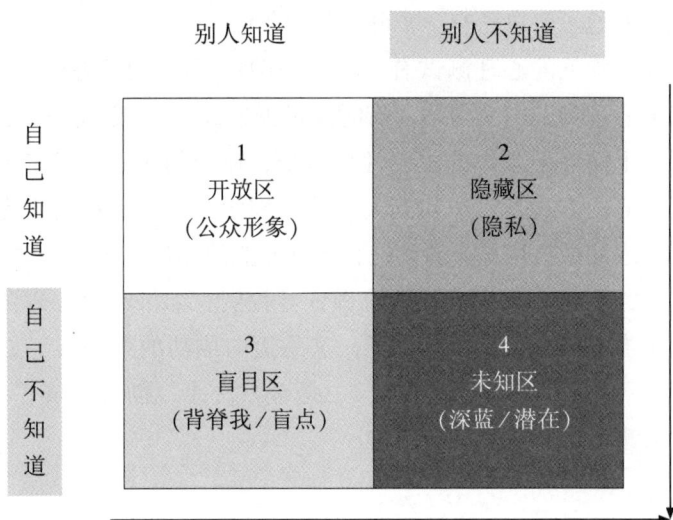

图 7－1　约哈里窗户理论

开放区：这是一个自己和别人都清楚的区域，你喜欢什么、讨厌什么，有什么样的愿望，有什么经常表现出来的价值倾向等，自己清楚，别人也清楚。在这个区域，双方沟通时不会产生矛盾和冲突，除非意思理解错了。

隐藏区：这是一个只有自己才了解的区域，别人不清楚，又称为隐私区。这部分包括一些自己难以启齿的错事，或者丢人现眼的经历等。总之，这部分意识会一直憋在肚子里，甚至一辈子都不能说出去。在这个区域，一般不会发生人际沟通，因此也不会产生矛盾。

盲目区：这个区域很有意思，自己的某些部分别人很清楚，自己却不知道。有人会问："难道还有这种事吗？"有的。例如，你吃饭时经常吧嗒嘴，吃得有滋有味，可能别人不喜欢，说你的时候，你还浑然不觉："有吗？我刚才吧嗒嘴了吗？我怎么不知道？"例如，你总喜欢说"下次吃饭时我请客"，而到饭后结账的时候，你却掏出一堆一元钱的零钱，别人说你几句，你还不服气："我真没带大钞，你们不知道我是有名的'卫生兜'吗？"古人所说的"当局者迷，旁观者清"说的就是盲目区的情况。在这个区域，由于自己经常表现出自己不了解的那部分特征，因此经常会出现沟通上的矛盾或障碍。

未知区：这一部分，自己不了解，别人也不了解，属于未知区域，因此无法进行沟通或理解，这部分大概属于弗洛伊德所认为的"无意识"部分。

通过约哈里窗户理论，我们不难看出，人类的自我认知在盲目区和未知区这两个区域是存在着盲点和未知的。要想更加深入、更加全面地了解自己，人们必须在这两个区域上下功夫，至少应从第 3 区，即盲目区着手改进。

值得庆幸的是，应用心理学已经取得了长足的发展，同时结合计算机和互联网技术，使得一个人更好地了解自己有了十分便利的条件。

现在国内外比较常见的心理测试有 16PF、MBTI、霍兰德职业倾向测试等①，你只要选择一个严肃的心理测试中文网站（有时需付少量费用），完成相关题目，就可以得出一个测试结果，上面会记录你的主要性格特征，适合的职业，或者可能取得成功的领域等。当然，更好的方式是设法找到大学的心理学或人力资源管理专业的老师，让他带你到专门的心理测试机房里，对你进行更加专业的心理测试与评估。

实事求是地讲，不是每一个人都适合做证券投资。如果经过心理测试，你发现自己比较适合从事证券投资，那么，恭喜了，这是迈向成功的第一步。如果你发现自己不适合做证券投资，那么你有两个选择，一是金盆洗手，彻底放弃；二是继续热爱，坚持不懈，因为心理测试有时候也会出错。

二、社会认知

所谓社会认知，就是一个人对其他人或事物总的看法，具体而言，就是对其他人的心理状态、行为动机和意志做出推测和判断，也可以称作社会意识。例如，我们讨厌说假话空话的领导者，我们喜欢幽默诙谐的同事，我们认为这世界是由物质构成的，并不存在鬼神，我们对一家人的团结友爱非常看重，我们要求上市公司信息的发布对所有的投资者一视同仁，这些都属于社会认知的范畴。

社会认知是一个人成长过程中外部环境影响的结果，家庭、老师、领导、同学、朋友都会对一个人的社会认知产生重要的影响，其中最根本的影响来源于"社会化②"。社会认知在某种程度反映了对人或事物的喜欢或偏爱的程度，譬如家长喜欢指责别人，孩子就会经常推脱责任；老师喜欢唐诗宋词，学生也会吟诗作对；而国家层面的、潜移默化的社会化教育，使人们有着区别于其他国家人民的独特性格和处世方式。

同时，在人们对外部的人或事物形成印象、做出判断的过程中，有一种惯常性的思维模式，那就是**人们会主动地、自觉地将所获得的那部分信息整合成一个紧凑的、有意义的概念，这就是社会认知中的一致性规律**。这种社会认知中的一致性规律往往是我们进行基本判断、做出决策的重要心理依据。例如，我们跟一个人接触后，发现这个人有几次说话不算数，我们很自然就会给他贴上"言而无信"的标签；我们有时看到一个演员角色扮演得非常成功，就会认为这个演员"在生活中一定非常优秀"，就会想尽办法寻找他的活动轨迹、生活信息，甚至浮想联翩。其实这些都是人们获取信息的途径有限，所得到的信息不完整所致，再加上认知的一致性规律的作用，使得我

---

① 16PF 个性测试是一种测试受试者个性特征的工具，MBTI 是一种经常用于职业选择、人际沟通、选拔任用的性格测试工具。

② 社会化是通过对个人进行教育，使之思想、行为符合社会规则要求的过程。

们在思维上存在着众多的认知偏差和归因错误。

三、人类的认知偏差和归因错误

常见的认知偏差有"首因效应""近因效应""晕轮效应""定型效应"等。

首因效应：即人们经常通过第一印象判断一个人。常见的现象是"一见钟情"，这就是典型的将第一印象作为全部印象的例子。有时候一些新股民选择股票时也会这样，他们会选一些股票代码中有 8 的股票，例如 000518、600168，或者对特殊名称的股票有好的第一印象。

近因效应：指人们总是忘记他的过去而以他的近期表现来评价一个人。例如，一个学生经常表现很差——迟到早退、考试不及格、不积极参加班级活动，老师同学都对他的印象不好；但是人们慢慢发现他变好了，经常起得很早，打扫卫生，认真上课……于是大家对他的印象开始好起来，这就是近因效应。我们看到很多股票有一些所谓的"高点或低点"，这些高点或低点，往往就是曾经在不远处出现的"高点或低点"。这也是近因效应在股票价格运行上的一种表现。

图 7-2 显示，2012 年 2 月以来，中航机电一直在 11.50～17.50 元/股的箱体内震荡。震荡就是反复出现"高点"和"低点"的过程，这就是心理学中的近因效应在投资者行为上的反映。

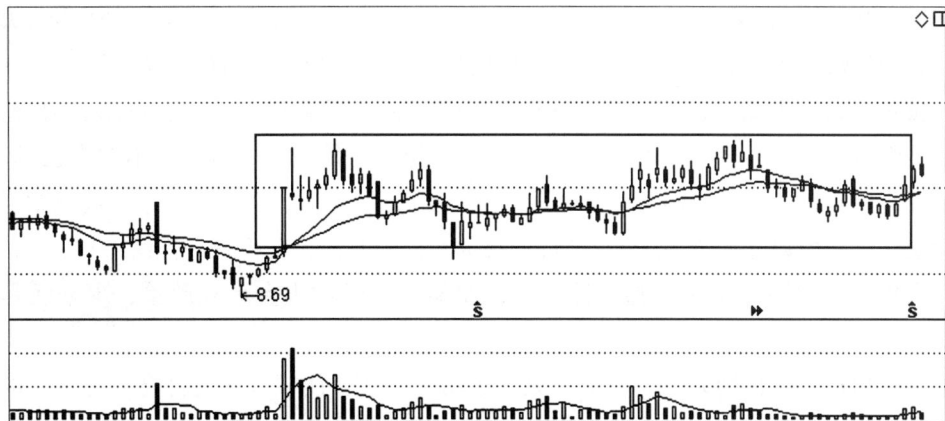

图 7-2 中航机电周 K 线图

晕轮效应：用一个人某一方面的特征去覆盖其生命其他方面的特征，一好百好，一坏百坏。投资者在投资的时候，往往会非常喜欢一只股票而不舍得卖掉，就是因为它曾经有过两次涨停，总觉得它曾经涨得那么好，一定会再次涨起来，这就是晕轮效应的体现。

定型效应：指人们对一些特别的人有比较固定的看法乃至刻板印象，例如认为南方人精明，农村人淳朴，老师是人类灵魂的工程师，医生是救死扶伤的白衣天使等。在投资的时候，我们也会认为股票跌到一定程度时，"政府一定会救市"，或者"国有上市公司亏损到退市边缘，一定会重组"，据此入市会经常遭遇一次次的失败——倒不是因为政府没有救市，国有上市公司没有重组，而是救市的时机不到，重组的条件没有谈妥——所以，投资者往往会因定型效应选择错误的时机入市而亏损。

就投资而言，所有的这些认知偏差一方面会影响我们对股票的选择和入场时机的选择，另一方面，会影响我们对出场时机的选择——这个选择直接导致了我们是赢还是亏。

我们知道，人们获取信息的途径、方式总是有限的，人的大脑处理信息也是有局限性的，同时人类成长过程中受到的"使人聪明的"教育①，甚至一些压力情况下的情绪失控等，都会导致人类认识外部的人或者事物的时候出现偏差乃至错误。

我们都知道"耳听为虚，眼见为实"这句话，然而，眼睛看到的就是真相吗？如果你学习了很多心理学有关"认知"方面的知识的话，恐怕就不会这么认为了。

我们在证券投资当中，更要看清这一点，不要轻信小道消息，不要迷信所谓的专家。要知道：当小道消息传到你的耳朵里的时候，早已经不是什么秘密啦！专家建议的"抛出"说不定就是为主力机构低位吸筹做宣传。

在认知偏差中，我们还有一个知识点要了解，那就是归因。所谓归因，就是"找原因"。人们在总结经验，反思教训的时候，总会找找原因，这个找原因的心理过程就是归因。找到原因是解决问题的第一步，找到原因以后怎么制订新的方案则是第二步。

归因错误常表现为"推过揽功""高估自己，低估别人""角色差异"等。

推过揽功：很简单，就是当有功劳的时候，认为是自己的原因，自己出力最多；出现失败或者错误的时候，把原因归结到别人身上，是别人搞砸的，不关自己的事。例如，当你投资成功的时候，往往对自己大加赞扬："看看，我多有本事，我就知道这只股票会涨，所以才低价买进。"当自己投资亏损的时候，就把责任推给市场："这个主力太狡猾、太阴险了……都怪监管层，偏偏这个时候出台什么政策，本来我是挣钱的！"。

高估自己，低估别人：当一个人取得成功的时候，往往认为是自己努力奋斗的结果，失败的时候，则把原因归结为外在力量；当别人取得成功的时候，总认为是源于外部因素，是别人的运气好、手气壮，当别人失败的时候，总认为源于内部因素，是别人不努力，不刻苦。这就是常见的"高估自己，低估别人"的归因错误。别人投资股票赚钱了，很多人不屑一顾："嗘，他不就是胆子大、运气好嘛！我要是早点儿加入股

---

① 例如，商业上"不做赔本的买卖"的规则，被一些投资者简单使用，在被套的时候不做止损，导致长时间的套牢巨亏。

市，赚得比他多！"看到别人投资股票失败了，一些人幸灾乐祸："我早就告诉过你，股票那玩意儿不能玩！都是骗人的把戏。"

角色差异：主要是指不同的人因为角色、地位、立场等的不同而导致的归因错误，往往也被认为是人际矛盾、沟通不畅的主要原因之一。例如，上级把营销工作的失败归结为下属不团结，能力发挥欠当；而下属认为是由于上级提供的支持太少，培训工作没有做到位。生产部门认为产品质量不合格率增加是由于加班工资不能及时发放，工人心里有意见；财务部门则可能认为是由于生产部门提供的加班名单有错误，不能发放加班工资。

归因错误主要源于人类的自私心理以及信息处理能力的有限性。

不管是认知偏差还是归因错误，都源于人对信息进行处理的心理过程出现了问题。在大多数情况下，一个人的心理活动与行为表现有着高度的一致性，因此作为投资者，需要了解人类在认知自己、了解他人和外部事物时候的一些基本规律，通过了解这些认知规律，对照自己，直面自己的认知偏差甚至是认知错误。只有看到自己的认知偏差或错误，并意识到它们对自己投资的负面影响，投资者才可能主动寻找纠正认知偏差或错误的方法和技巧，如图7-3所示。

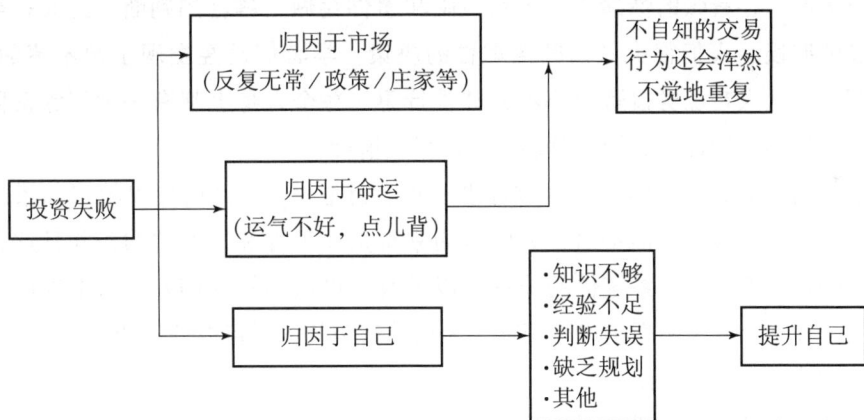

图7-3 投资失败时的常见归因

四、投资时的情绪与知觉偏差

情绪是每一个正常人都具有的心理体验。学术界一般认为情绪包含4个心理过程：①情绪首先来源于大脑的感受，是外部刺激作用于大脑引起的主观感觉；②情绪包含了认知的成分，同时涉及对外部刺激的主观评价；③情绪引起情感的变化、身体的反应以及行为的动机；④情绪引发表情、语言、身体动作等情感表达。

人们在进行证券投资时的情绪往往是一种短期反应，因为证券价格的波动以及各种信息对大脑的刺激会使人们在投资操作时产生情绪反应。这种情绪反应主要有：

（1）因为没有及时大量买进或者没有及时大量卖出而产生的后悔情绪；

（2）担心价格进一步下跌而产生的恐惧情绪；

（3）担心价格升高以后再次回落而产生的贪婪情绪；

（4）价格上下波动致使自己经常出错而产生的不耐烦情绪。

上述这些情绪会影响到投资者的操作行为，对应表现为以下投资行为：

（1）等待观望，期望价格再次下跌到/再次回升到心理价位（或合理价位），或者随即加码买进/立即全部平仓；

（2）割肉；

（3）落袋为安；

（4）离场观望/调仓换股/因怀疑自己的系统而迷茫。

任何一种情况都可能会让投资者产生这样一种行为，那就是干脆不管不问，眼不见心不烦。

一般认为，情绪发生时并不必然带来行为的表达，那么在证券投资领域，为什么会经常出现因为投资者情绪变化而导致的投资行为呢？

研究表明，**在紧张的情绪中，人对风险和事件会做出糟糕的判断。尤其是当涉及金钱利益的时候，人们很少做出完全理性的决策。**学者们已经发现了数不清的证据，足以证明大多数人在证券投资时都不会理性行事，**每个人身上都有一种根深蒂固的系统性、重复性的非理性，这种所谓的非理性就是情绪化。**

这里介绍一下2002年诺贝尔经济学奖获得者丹尼尔·卡纳曼提出的"前景理论"。这种理论认为在牵涉经济活动时，人的行为常常是非理性和有偏差的，并且这种偏差是有规律的，即人类具有系统性的非理性以及有章可循的知觉偏差。这个理论说明**在不确定的条件下，基于不同的风险预期，人们的行为倾向是可以预测的。**

前景理论有四个基本结论：

（1）大多数人在面临获利的时候是规避风险的，这叫作"确定效应"；

（2）大多数人在面临损失的时候是喜好风险的，这叫作"反射效应"；

（3）大多数人对得失的判断往往根据参考点确定，这称为"参照依赖"；

（4）大多数人对损失比对收益更敏感，这称为"损失效应"。

简而言之，人们对损失和获得的敏感程度是不同的，损失时的痛苦感要大大超过获得时的快乐感。人们在面临"已经得到的东西"时往往小心翼翼，不愿冒风险，而在面对"已经失去的东西"时会很不甘心，容易冒险。人们对损失的痛苦比对获得所带来的喜悦更敏感，而损失和获利是相对参照点而言的，改变评价事物时的参照点，就会改变对风险的态度。

这种理论很好地解释了投资者在证券投资中的诸多表现。

（1）确定效应："二鸟在林，不如一鸟在手"，在"确定的收益"和"赌一把"之间，多数人会选择"确定的收益"，在进行证券投资时表现为"见好就收，落袋为安"的操作。

（2）反射效应：在"确定的损失"和"赌一把"之间做抉择，多数人会选择"赌一把"。现实投资中，那些一再被套的人，总是幻想股价还会折返回来，结果导致亏损越来越大，这就是"不设止损，让亏损奔跑"的投资者。

（3）厌恶损失：白捡的 100 元所带来的快乐，难以抵消丢失 100 元所带来的痛苦，在证券投资中表现为"宁可错过，也不敢做"的操作。

（4）参照依赖：多数人对得失的判断往往根据参照点确定。举例来说，在"别人年收入 6 万元，你年收入 7 万元"和"别人年收入 9 万元，你年收入 8 万元"的两个选择中，你愿意选择哪一个？结果显示，大部分人会选择前者，尽管选前者自己的年收入更低。这就是参照依赖效应。参照依赖效应在证券投资中给我们的借鉴就是以历史的高点或低点为参照物，往往构成价格的压力位或支撑位。当然，你还可以使用参照依赖的心理效应进行求婚——在四姐妹的四个男友中，如果你是挣钱最多的，那么在其他条件相同的情况下，在这四个准女婿当中，你一定是获得丈母娘夸奖最多的、最受敬重的、最可能求婚成功的人——尽管你每月只挣 7000 元，但其他 3 个挣得更少，他们每月只挣 3000 元。

（5）捐赠效应：捐赠效应体现在股票投资上就是总觉得自己买的股票不好，人家买的股票好，于是频繁地调仓换股、追逐热点。由于中国股市往往板块轮动，一些股票涨了几天以后，会横盘整理或者下跌洗盘，很多投资者便沉不住气，总恨不得自己手中的股票天天涨停，动不动就换掉手中的股票，满怀期待地买入其他似乎要上涨的股票，但是又害怕"卖掉的股票继续涨，买入的股票又下跌"，于是经常陷入"调仓换股"的紧张和不安当中，后来发现：**长期频繁地"追逐热点"和"调仓换股"并没有给自己带来更多的收益，反倒不如坚持持有一只股票收益大。**

（6）迷恋小概率事件：很多人买过彩票，虽然中大奖的可能性微乎其微，你的钱 99.9999% 的可能都支持福利事业和体育事业了，可还是有人心存侥幸，幻想天上掉馅饼。表现在证券投资领域中，典型的行为就是"做错以后，心存侥幸"，明明盈利系统已经发出明显的卖出信号，但就是准备扛一下，他会想：万一系统出错了呢？微观层面的价格波动系统很难有 100% 的准确度，再等等看吧！有时候投资者看到自己所构建的盈利系统对了 6 周，错了 8 周，就认为系统错误，或者将一周翻两番①的人视为英雄。

（7）过度反应：在高潮时期待更高的高潮，在低谷时害怕更低的低谷，具体表现

---

① 对于高杠杆的外汇交易，存在着一周甚至一天翻倍的可能性，但是风险很大，投资者入市要谨慎。

为对上涨行情的非理性追逐，对下跌行情的非理性杀跌。

（8）过度自信：指的是人们系统性地低估某类信息并高估其他信息，认为自己知识的准确性比现实中的更高的一种信念。同时将自己的成功归因于自己判断准确，将自己的失败归因为政策漏洞或者"黑嘴"混淆视听等。

（9）从众心理：也叫羊群效应，是指投资者缺乏自己独立的思考和分析，总是跟着大多数人行动，即盲目相信一件事情，只因为许多人相信它。客观地讲，有时从众效应并不会导致错误的行为，有时候当绝大多数人都认为股票上涨并买入的时候，你也应该买入，因为价格很可能还会上涨，如果此时你无动于衷的话，反倒会失去一次盈利的机会。在股票已经通过互联网远程交易的情况下，从众效应已经不像最初在股票交易所柜台交易时那么明显了，但是在股票价格走势上我们经常可以看到从众心理的表现，一种常见的表现就是追涨杀跌，股票价格暴涨暴跌。这一方面有主力庄家的资金堆积，另一方面有很多中户大户从众心理的推波助澜。对于中小投资者来说，不宜过分追逐暴涨暴跌的股票，因为短时间被套也是很难受的一件事。

人类的情绪化和认知偏差是导致价格异常波动的最重要因素，也是人们经常所说的股价"不确定"的心理来源。也就是说，任何资本市场，不管是股票市场、期货市场、黄金市场、外汇市场，实物交易市场、虚拟交易市场，只要是有群体参与交易的经济市场，都必然存在着"不确定"现象。

五、投资时的决策

决策就是选择，在我们面临多种选项时的选择。决策有很多种划分方式，这里主要从风险的角度给予划分。

我们在面对一只价格波动股票的时候，会有这样的心理过程：买还是不买？以现价买还是等等看？

这就是投资者面对的投资决策，可以分为确定型决策、风险型决策、不确定型决策三种。

（1）确定型决策是一种决定以后一定能够实现的决策，即我们决定这么干后，一定会产生我们期望的结果。例如，我决定在某证券公司开户，其一定会给我一个资金账号。

（2）风险型决策是带有某种可能性的决策，往往使用概率数学进行计算。例如，选择在哪家证券公司开户都可能有这样或那样的风险，投资者需要在明确目的的基础上进行选择，目的就是"能最大限度地帮助自己盈利"。假如 A 证券公司的投顾团队很强大，但是佣金很高；B 证券公司的佣金比较低，但是投顾团队能力一般。经过综合对比，选择 A 证券公司对投资者更有利，于是决策就是选择在 A 证券公司开户。其他像找工作、男女选择结婚对象等都属于风险型决策。

（3）不确定型决策，就是未来不可知的决策，无论如何都不知道决策以后的结果，类似于赌博。

严格说来，这三种都是理想的决策类型，因为在现实生活中，很多决策有某种风险性，也有某种不确定性，或者虽然有确定性，但也有一定的风险性。

就股票买卖而言，我们做出的决策更多是风险型决策，而不是确定型决策，也不是不确定型决策。这是因为在买卖股票的时候，我们可以通过技术分析和基本分析来找到"上涨可能性大的股票"，即在大部分情况下，我们是可以盈利的，但是偶尔也会因为人类的情绪化和认知偏差导致非理性的价格急剧波动，出现让投资遭受亏损的情况。

股票买卖存在着风险，本书所构建的盈利系统的重要功能就是尽量降低这种风险，提高投资的盈利能力，让投资者买卖股票的时候，依据系统发出的信号买卖，无论亏损还是盈利，心理上都保持稳定与踏实，因为"买股票买的是价格上涨的可能性"，依据信号买卖就是找到了更加准确的买卖机会。这就是我们的投资理念。这种理念通过一些技术指标的选择等被植入盈利系统当中，确保投资者买入股票后有更大的上涨可能性。正如投资者所熟知的那句话：市场中变化的永远是价格，我们交易的是理念。

第二节　炼心术

人类，作为一个在地球上生存繁衍的物种，跟其他的物种一样，都需要随着环境的变化，发展出众多的适应环境的生存策略。千百年来，人们的观念、思维、身体器官的进化或退化，都是为了适应环境以获得更好的生存机会而已。

进入现代工业文明以来，出于追求更加幸福生活的本能需要，人类对地球资源的开采日益严重，金银铜铁锌等各种矿藏已经挖了3000多年，石油已经开采了200多年；对河流的污染已经远远超过了河水的自净化能力，千百条河流已经发臭变色；对地下水的严重超采已经导致几百条河流干枯、湖泊消失、湿地绝迹……人类因为自身的疯狂与贪婪造成水、土壤、大气等方面严重的生态危机，这也是人类自找的生存危机。

所以笔者一直在问这样的问题：人为什么活着？如果地球有知觉的话，它会愿意让人类在地球上生活吗？人类能不能通过约束自己的行为而减少对环境的破坏呢？能不能通过技术的进步来修补已经被破坏了的生态环境呢？

作为一个在社会上工作的普通人，我们所追求的难道不都是远远超过我们所需要的吗？一些人在进行证券投资的时候，想每天都抓一个涨停，想每年的财富能翻几十倍，正是如此，一些人每天都因为自己手中的股票没有涨停而痛苦，因为自己买得太高、卖得太低而恼怒，追涨杀跌，高抛低吸，辛辛苦苦，追追逐逐，整天陷入焦虑不安、彻夜难眠的不良情绪之中。

难道，我们不能通过学习来改变认知方式，通过修炼来克制自己的欲望吗？我想是可以的。

本节所讲的"炼心术"，其实就是通过对传统文化的解读、炼心方法的推荐，培养读者做证券投资时的哲学思维，更好地服务于投资实战。

哲学是追求智慧和真理的学问，它是通过分析个体的特征来研究世界本源的形而上的学科。有无哲学思维，对于包括证券投资在内的任何职业或者事业，都是非常关键的。正如著名华裔物理学家杨振宁所说的："不管你是物理学家、生物学家、化学家，还是数学家，你要在学术上有所成就，最终都必须是哲学家。"

哲学思维对证券投资至少有如下的意义。

①了解人性的本质：恐惧与贪婪共振。

②理解人们买卖股票的本质原因：一群贪婪的人在自以为是地采取行动，把对方视作自己眼中的猎物。

③认清证券市场的本质：投资场所还是投机场所？是否是少数人剥夺多数人的场所？

④形成自己的投资理念：只赚自己能赚到的那部分钱。

⑤确保长期稳定获利：为无为而无不为。

对一个真正的证券投资大师来说，有一套核心哲学理念是长期交易成功的根本保证。没有核心哲学理念，你就无法在真正的困难时期坚守你的立场或坚持你的交易计划。

但是，真正具备哲学思维，形成一套自己的核心交易哲学理念，需要跳出证券投资的局限，进行更高层次的对宇宙、人生的解读，并使用一些独特的炼心方法。下面就是笔者多年投资、阅读、实践的心得体会，写出来与诸位共享。

一、炼心术之一：莫做欲望的奴隶

人有欲望，并不可怕，也不耻辱，问题在于有些人会被自己的欲望所牵制，很难从对欲望的追求中抽身，重新审视欲望本身的可行性或者合理性。因此，这些人一定会堕入"人为财死，鸟为食亡"的必然轮回。

我们在生活中，眼见耳闻太多太多这样的事例了。

所有的犯罪，包括贪污腐败、偷盗抢劫，不都是如此吗？他们难道不知道那种行为是犯罪吗？为什么就克制不了自己的欲望呢？

一些企业广告，不都是在吊足胃口、刺激欲望、制造消费吗？太多的消费者被裹挟了、操纵了，甘心情愿地将自己的钱放到企业那永远也填不满的口袋里。

在农村或者城市，屡有因为金钱而吵骂的夫妻，因为出轨而破散的家庭，因为房产而绝情的父子，因为欺骗而断义的朋友。这些，不都是因为物质利益蒙住了双眼，双方都不肯退让所导致的吗？

更不用说那些为了名利而制造假新闻、严重偏离道德底线的所谓"网络名人""×××姐"了。

包括中国工程院张建云院士在内的很多科学家相信，由于人类活动的日益加剧，地球温度会上升，到2050年左右地球温度会上升2℃左右。这小小的2℃会导致大气循环发生变化，这种变化会引起许多人们意想不到的事件发生，例如极端天气——突然性的集中降雨导致越来越多的城市出现内涝现象，威力越来越大、破坏严重的台风天气，流域性的洪水泛滥①。这种极端天气不仅仅发生在中国，整个地球都受到了影响。除了极端天气之外，比较频繁的地壳活动导致的地震、海啸、湿地消失、物种灭绝等，难道跟人类永无休止地破坏大自然没有非常大的关系吗？

人类应该克制自己。人类的"高级"，应该体现在对自己欲望的克制上。只有人类知道并且做到克制自己的欲望，才是"高级"的！

二、炼心术之二：觉者畏因，迷者畏果

凡事总有因果，种什么样的因，结什么样的果。结果是原因导致的，有什么样的结果，就有什么样的原因。

有些人害怕的总是结果：担心找不着工作，担心爱人变心，担心身体不好，担心儿女不顺利，担心父母身体不好，担心投资失败，担心做生意受骗……他们之所以害怕结果，就是因为结果一目了然，但凡是个人，都看得清清楚楚。趋利避害是人的本能，人们当然会回避这些不好的结果。但是他们不清楚、不细想什么样的原因会导致这些结果，更重要的是，什么样的因素能够避免这些结果出现。

担心找不着工作，那为什么不事先付出更大的努力提高自己的专业技能和求职技巧呢？

担心爱人变心，那为什么不找找自己个性的原因，改变一下不懂得关心他人和退让的毛病呢？

担心儿女不孝顺，那为什么不把孩子们教育好，给他们创造更好的工作生活环

---

① 2007年7月，中国的淮河流域发生了流域性的洪水，2600多万人受灾，200多万公顷良田被淹。2012年7月21日，特大暴雨引起北京城市内涝。2014年，河南中南部部分地区严重干旱，秋粮绝收。2014年7月23日，"麦德姆"台风导致海南省农业、渔业大面积绝收。

境呢？

担心股票投资失败，为什么不事先做很多阅读、讨论和思考呢？

迷惑的人，也分层次：小迷者，经时不解①**；大迷者，至死不悟。**

而觉悟的人，是那些有智慧的人，他们担心的是事物发展的原因。他们担心没有认真学习，找不到理想的工作；担心自己没有真心对待别人，所以朋友之间才会缺乏信任；担心没有正确锻炼身体，所以才会身体羸弱；担心没有对子女进行道德教育，没有为子女做好表率，所以才会带来子女不孝……

这就是觉悟的人，他们担心的是促使事物发展的原因，而不是事物发展的结果，有因必有果，有果自有因。担心原因，才能了解问题的症结在哪；担心结果，只会陷入顾影自怜的悲苦。担心原因，可以事先做出调整；担心结果，却是覆水难收。

证券投资依然如此，股市当中不会同情弱者，只会记住成功者。股市当中没有无缘无故的富贵，只有不明不白的灾祸。

因此在股票投资生涯中，投资者种"好因"，自然就会结"好果"。投资者应该学习、实践、交流、反思、再学习、再提高，而不是成年累月地在"不买后悔、买了担心"中重复和循环。

第三节　觉　醒

作为投资者，我们应该以什么样的方式来对待这个变幻莫测，甚至异常凶险的资本市场呢？我们应该有怎样的觉悟，才能够在这个市场当中做到持续、稳定获利呢？

一、市场根本不理会你的喜怒哀乐

一些投资者进入股市，其实目的很简单，就是为了赚钱。赚谁的钱呢？投资者在市场中获得收益的方式有三种：一是银行活期存款利息；二是因为买入某只股票而获得的上市公司分红派息；三是买入价格较低、卖出价格较高而获得的价差。就银行活期存款利息来说，因为利率很低，因此这部分收益非常少；上市公司的分红派息往往是每10股派息几元钱甚至几毛、几分钱，折合到每股上，也就是每股最多送几毛钱，再看看一股十几乃至几十元的价格，折合一下，结果就是1元的投资最多只能获得几

---

① 经时不解，即经历很长时间也不理解。

分钱的收益，实在是太少了。万一有的上市公司不分红，或者买入股票时价格太高，分的那一点红利还不足以抵消价格下跌造成的亏损，就算有点儿分红，岂不也是白费？

所以，绝大多数投资者买入股票的主要目的是赚取价格波动的差价。既然大家都是这个目的，你想挣我的钱，我还想挣你的钱呢！那么，以尽可能低的价格买入，以尽可能高的价格卖出，就成了股市赚钱的唯一法宝。

然而价格的波动受制于多种因素，有时候涨起来令人目瞪口呆，跌下去又叫人心惊胆战，所以有人从市场的风险性角度，把市场比喻为充满凶险、云诡波谲的江河湖海。投资者就是要在这种不可捉摸的风险中施展技巧，赚取伴随着高风险的真实收益。

其实，市场到底是什么？我们从市场交易规则的角度来理解的话，**市场是一个参与者众多的群体，是一个人人都想把别人兜里的钱拿到自己兜里的巨大群体**。只不过，这种"拿"是合情合理、合乎规则的"拿"。如果你埋怨市场偷走了你的钱，并因此耿耿于怀，那说明你还没有打麻将的牌友更讲道理。因为市场就是这样，不是你挣钱，就是他挣钱。他不赔钱，你怎么赚钱？愿赌服输，不找借口，谁也别怨。

也就是这样的原因，**市场不会在乎你的喜怒哀乐，也不会在乎别人的喜怒哀乐，市场不会在乎任何人的情绪、情感。市场是中性的**，它不会因你的情绪波动而波动。**价格变动过程中，你的害怕或者恐惧都影响不了价格的变动：它不会因为你的担心而上涨，也不会因为你的疑虑而下降；不会因为你的错误而停顿，也不会因为你的高兴而疯狂。总之，它与你无关，它就像是一列具有一定运行轨迹的火车：你买不买票，它都会正常行驶；你错过与否，它根本无所谓。**

有人说，每一次通货膨胀都是一个"劫贫济富"的过程[①]，因为结果往往是穷人更加贫穷，而富人的财富继续增加或者不受任何影响。其实，不光是通货膨胀，其他一些政策的实施，例如社会保障、房地产政策等，都是这样的财富再分配的过程。在股票市场中，我们也可以将其理解为：每一次股票上涨是一次"劫散济庄"的过程，即抢劫散户，补贴庄家，所谓"大鱼吃小鱼，小鱼吃虾米"就是这个道理。

所以，对于中小投资者来说，认清这个现实，你就不会再因自己的亏损而抱怨这个市场，不会再轻易地受人蛊惑而追涨杀跌，不会因买不到最低、卖不到最高而满腹牢骚，也不会再因失去一些机会而唉声叹气。在这个市场中，中小投资者唯一能做的就是不断学习新的知识，不断提升自己的投资水平，好在这样一个充满不确定性的市场中拥有更大的胜算。

二、找准自己的投资定位

在资本市场中，投资者可以从不同的角度进行划分。

---

① 《金融知识国民读本》，中国人民银行编著，中国金融出版社，2007。

①根据对风险的偏好，投资者可以分为保守型、稳健型、激进型。

②根据持有股票时间的长短，投资者分为长线投资者、中线投资者和短线投资者。

③根据偏重价值还是偏重价格，投资者分为投资者和投机者。

④按照资金量的大小，投资者可以分为超级机构、主力机构、私人大户和普通散户。

本书按照投资者的聪明程度，将其划分为智慧型、平凡型、愚蠢型。这三类人分别对应股市中持续赚钱的人、不亏不赚的人、持续亏钱的人。当然，投资者的类型是可以发生转变的，一个原来愚蠢的投资者通过学习与改变，是可以变成一个智慧型的投资者的。而一个本来智慧的投资者，如果骄傲自满，不思进取，也会很快变成一个愚蠢型的投资者。

找准自己的投资定位，其实就是弄清楚你自己是一个什么样的投资者。一方面，你可以通过一些严肃正规的测试来知悉自己的投资类型；另一方面，你也要清楚地认识到，人的思维方式和认知能力是不断发展变化的，是会随着年龄、阅历、知识、经验的增加而变化的，可能年轻的时候，都是"初生牛犊不怕虎"，是个激进型的投机者，随着年龄、阅历、知识的增加，会变得稳重，成为一个智慧型的投资者。所以说，在做投资者类型测验的同时，你需要增加知识，改变原来的认知方式，因为赚钱的永远是少数，如果你一直秉承着大多数人的思维模式，那么亏钱将是必然的。

同时，你要记住**市场中永远有比你强大的人，永远有比你消息灵通的人，永远有比你脑袋聪明的人，永远有比你的资金多的人**，任何时候都要谨言慎行，认真做事，低调做人。而且市场当中永远存在着你所不知道的信息，再智慧的研究报告也可能"正好"或"恰当"地忽略了什么。

最重要的一点是：你只是个游戏参与者，而不是游戏规则的制定者。当你暂时失败的时候，不要抱怨，唯一能做的就是正视错误，改正错误；当你暂时成功的时候，要感谢这个市场给你提供了这么好的平台；当你暂时找不到自己的定位时，也不要紧，多学习，不仅仅要学习股票本身的技术分析和基本分析，还要学习历史、经济、政治、宗教等多方面的知识。

三、预测——盈利系统的陷阱

我经常遇到一些投资者向我询问这样的问题。

★我这只股票还会不会涨啊？

★我已经盈利了，该不该卖出啊？

★我手中的股票会不会因为大盘向下走而下跌呢？

★大盘都涨成这样了，我手里的股票怎么还不涨啊？

★一个老师昨天让我卖掉，怎么今天又涨了啊？

★证券公司的客户经理前天建议我买入，结果被套了12%，咋办？

★我已经坚持3个月了，也不见什么动静，要不要卖掉呢？

……

这样的问题确实不好回答，我一般会实事求是地告诉他们这些问题不好回答，我不知道该怎么办，我不能随便地说出来一些不负责任的话误导别人。况且是他们在操作，不是我在操作，上述这些问题如果是我在操作的话，我都能应对，都能解决。注意，是持续地应对、持续地解决。但事实是他们在操作，我如果只给出一两句建议，就做不到持续地应对、持续地解决，而这样的一两句建议其实对他们的操作是没有意义的。如果他们理解了我的意思，下次就不会再问我这么简单甚至很傻的问题了；如果他们实在不理解的话，我只能告诉他们，我的盈利系统回答不了类似的问题，它是一个确保大概率获利的交易模型。

还有，在电视、广播里，我们经常能看到或者听到一些股评人士对大盘或某只个股做出如下的类似评述：

"今日大盘上攻2300点表现乏力，预示上档压力过大，主动性买盘资金的积极性不高，且板块表现凌乱，不排除明日回撤并试探2270点的支撑位。如果2270点不破，大盘有望继续上升；如果破掉2270点，则大盘可能再次检验2238点的支撑位。在大盘不稳定的情况下，投资者可以关注调整到位的医药股、蓝筹股……"

"……这是一只上海本地股，我们知道，上海自贸区协议的确定对上海本地股无疑是一个重大利好。这只股票因具有自贸区的概念曾经被大幅拉升过，后创出15.80元高点后逐级回落，最低探至12.23元/股。由于自贸区对上海的意义重大，影响深远，我个人认为，该股在以后的一段时间还会有积极的表现，投资者可以在13～14元/股之间吸纳，等待进一步的拉升，止损位在12.23元/股……但是由于该股业绩欠佳，缺乏实质性业绩的支撑，也不排除今后长期回落，寻找与其实际价值相符的价格区间……以上意见，仅供参考。"

普通投资者按照这样的说法进行操作时会发现，要么不知道这些专业人士在说什么，要么不知道如何操作或者操作时经常出现亏损。有经验的投资者知道，类似这样的股评可以听一下，借鉴一下人家的观点，但是操作是自己的事。毕竟，你如果按照人家的方法操作，赚钱了，你没有分给人家一毛钱；亏损了，你也不应该埋怨人家。股评人士的生存方式就是评价股市，至于评价得对不对，你听不听，你听了以后赚还是赔，人家是不管的，"股市有风险，投资需谨慎"嘛！

如果读者经常观看、收听或者阅读很多访谈式、个人式、口头的、书面的对股市大盘或者个股的评价，仔细思考一下这些话的内容和细节，就会发现对股市的评价中有很多主观预测的成分，但是主观的信息是无法指导操作的，因为谁也不知道明天到

底会怎么样；同时这些股评有很多假设前提在里边，例如"如果……，就会……"，要是这些前提不存在，这种预测就毫无意义了。

笔者曾经看过一本研究江恩理论的书，在书的最后，作者根据他对江恩理论的理解，对未来三年的中国股市做了一次大胆的预测，而且画出了图形，让读者检验。当时我在阅读这本书的时候，非常佩服作者的胆量，甚至有些崇拜，因为他居然能把未来三年的股市走向预测得清清楚楚。但可惜的是，三年以后，我重新拿起那本书检验书中预测的结果时，发现预测不仅不准确，简直到了严重失实的地步，因为大盘走出了一个与书中预测方向完全相反的运行轨迹！

所以，对于一些所谓的预测，我基本上是不相信的，因为没有任何一种方法，或者一个人能够准确告诉你大盘或个股在某个时间能到达某个价位，对市场波动的预测比天气预报或者地震预测更加困难。

既然市场是无法预测的，那投资者该如何是好？本书在前言中说得很清楚，买股票就是买股票上涨的可能性，所以我们要做的就是通过对当前和历史数据的研究和分析，发现价格上涨/下跌的可能性有多大，寻求明确提示价格将要上涨/下跌的特殊信号。

四、靠不住的期望收益 E 与风险 σ

市场是有风险的，投资未来的收益是不确定的。为了便于比较和决策，人们引入了数学公式对这种不确定的收益进行计算和衡量，称之为期望收益。实际操盘时可以这样定义：期望收益也称为预期收益，是指拿一笔钱进行投资时，根据已知信息进行预测得到的收益。预期收益与资本初值的比率就是预期收益率，预期收益率 =（预期收益 − 资本初值）÷ 资本初值 × 100%，但是投资者仅仅根据这个公式是无法提升自己的投资收益的。

在实际股票投资过程中，为了分散投资，投资者往往至少投资两只股票，经常使用统计数学的相关知识进行估算，且模型方法很多。下面就是其中一个用来计算投资组合预期收益率的数学公式，这个公式的基本含义是：投资组合的预期收益率应该不低于无风险收益率（例如国债利率等）。

$$E(R) = R_f + \sum \beta_i X_j [E(R_i) - R_f]$$

式中：$E(R)$ 为投资组合的预期收益率；R_f 为无风险收益率，即这笔钱没有任何风险就可以得到的收益率，一般以政府长期债券利率或者长期银行利率为参考；β_i 为所投资股票的风险系数；X_j 为该股票投资占总资金的比例；$E(R_i)$ 为平均风险股票的收益率。

假如，政府十年期国债收益率为 10%，某人拿出 10 万元，分别投资了 A 和 B 两只股票：投入 A 股票 4 万元，A 股票的风险系数为 0.8；投入 B 股票 6 万元，B 股票的风险系数为 1.2。平均风险股票的收益率为 15%。那么，这个投资组合的预期收益率就是

$$E(R) = 10\% + 0.8 \times 40\% \times (15\% - 10\%) + 1.2 \times 60\% \times (15\% - 10\%) = 15.2\%$$

然而，这个公式的漏洞在于，风险系数 β_i 是一个变动值，每周、每月、每季度都是不同的，市场平均风险股票收益率也是事先难以确定的，这两只股票的相关系数也是经常变化的，所有这些都决定了用数学方法得到的计算结果与现实投资结果之间的距离很大。

对于风险的计算也是如此。风险是投资收益所付出的代价，是投资发生亏损的可能性。要想获得投资收益必须付出代价，这种代价就是失败的概率。

从类型上，我们一般把风险分为系统风险和非系统风险。系统风险就是市场风险，是所有股票共同运动，始终无法消除的风险，例如国内国际经济形势变化，局部地区发生灾难等引起的风险；非系统风险就是个别风险，主要是指上市公司本身问题所引起的风险，例如业绩造假、违法违规等造成的风险。

与测量期望收益一样，测量投资风险也有很多种方法，统计数学使用实际收益率与预期收益率之间的离散程度来表示，一般用方差或标准差表示（标准差是方差的平方根）。

$$\sigma^2(R_p) = W_A \sigma_A^2 + W_B \sigma_B^2 + 2 W_A W_B \sigma_{AB}$$

式中，$\sigma^2(R_p)$ 是方差，投资组合风险，一般将平方根以后的数值作为投资风险来衡量；W_A、W_B 是投资股票 A 和股票 B 的资金分别所占的资金比例；σ_A 是投资股票 A 的风险，用标准差表示；σ_B 是投资股票 B 的风险，用标准差表示；σ_{AB} 是两只股票的相关系数。

还是以上面的投资组合为例，省略复杂的前期计算，假设最后结果是：投资股票 A 的方差为 0.0042，投资股票 B 的方差为 0.0056，相关系数为 0.0018，那么最终构建 AB 投资组合的风险为：

$$\sigma^2(R) = 0.0042 \times 0.4^2 + 0.0056 \times 0.6^2 + 2 \times 0.4 \times 0.6 \times 0.0018 = (6.72 + 20.16 + 8.64)/10000 = 0.003552$$

开方后，$\sigma = 5.96\%$，这就是构建包含 AB 两只股票投资组合时的风险衡量。同样，这个数学公式在实际应用时也有漏洞，那就是投资任何一只股票的风险及其相关系数都是事前通过假设计算的结果。由此可见，现实的投资情况与理论估算的结果相差极大。

根据上文计算的投资组合的预期收益率是 15.2%，投资风险是 5.96%，说明这个投资组合的收益风险比为 15.2%/5.96% = 2.55，理论上我们可以认为每亏损 1 元钱可以获得 2.55 元的收益，或者说每做 3.55 次投资，有 1 次亏损，2.55 次获利。

总而言之，不管是预期收益率还是投资风险，都是通过数学计算得到的假设数据。

无论采用哪种期望收益与风险的分析模型，无论怎样计算，都是在一定的假设前提下给出的数学公式。一旦这些假设前提不存在或者发生了变化，那么再正确的计算也没有意义。况且，公式当中的符号所代表的概率、风险系数、相关系数等要么是事先的"估计"，要么是以前的数据，要么来自其他公式的推导，这样的数学公式和推演能不能指导投资者构建投资组合，是值得怀疑的。

我们还可以通过其他投资品种来怀疑预期收益率的可靠性。

一些商业银行或者其他金融机构，往往会推出一些名为"××宝""黄金挂钩""城投信托"等所谓理财产品，一般年收益率为 4.5%～5.7%，甚至更高，明显高于银行公开发布的一年期定期存款利率。

事实上，商业银行或其他金融机构推出的个人理财产品，主要有固定收益类以及挂钩理财类两种。

固定收益类理财产品承诺有固定的预期收益，发行者往往在产品宣传资料上给出吸引眼球的预期收益率数值，但实际上银行拿这些钱主要投资央行的票据业务，例如贴现业务，由于央行通过非特定资金规模实施正逆回购，以随时控制市场流动性及短期利率，因此这些票据的实际收益率肯定会发生变化，最终会影响个人购买的理财产品的收益。也就是说，预期收益率并不会像宣传的那样高。

挂钩理财类产品较为复杂，其风险高低取决于挂钩的是什么商品。一些与黄金、外汇挂钩的理财产品，往往存在着全球性的汇率风险，像有些美元理财产品与黄金挂钩，到期后用美元支付收益。假定黄金价格上涨，投资者获得了预期收益，但是由于美元兑人民币汇率下跌，投资者还是发生了隐性亏损。

因此，投资者无论是投资股市，还是购买所谓的理财产品，都需要深入思索，认清形势，不要轻易被所谓的预期收益等理论值蒙蔽。**一旦一个结果能够被事先计算出来，那已经不是实际的市场行为和结果了。**

五、重构成熟的心智模式和操盘技术

盈利是盈利模式产生的，亏损是亏损模式产生的。没有模式，盈利就是水中月、镜中花，虽然看上去很美，但并不属于你。

盈利，从现象上看就是人的操作符合了市场发展的方向，从心理上讲就是人的意识流符合了价格流，用一个公式表示就是：盈利模式＝成熟的心智模式＋操盘技术。

成熟的心智模式是投资者在投资过程中长期保持并形成习惯的"不害怕、不后悔、不过分自信、不联想、没有内心冲突、踏实稳定"的心理状态，它来自投资者对股票长期的坚持，也来自经常性的获利；应用操盘技术时，要通过对基本面、技术面的分析，使自己的投资合乎市场发展的趋势，经常性的学习、交流和实战是获得优秀操盘技术的重要保障。成熟的心智模式和良好的操盘技术互为因果，都是在长期的投资实战中，通过接受很多个惨痛的教训，总结成功的经验，逐渐形成的，再次用于实战是非常有效的，就像一个人的左手和右手一样，缺一不可。

然而从细节上讲，每一次当下的交易都是随机的，不可能精确计算出最佳的买卖点。因为参与者众多，大家心思各异，价格时而向上，时而朝下，你的心智模式再成熟，也不可能完全符合"当下"这个随机交易。因此缺乏成熟的心智模式和良好的操盘技术的普通投资者经常"被套"，即便短暂"被套"，也往往被他认为很严重，以至于很焦虑，由于会他不具备良好的操盘技术，因此会涌出不知道什么时候能解套，到底还会跌多久等心理。所以当他被套以后，经常会假装很忙，故意不看，不喜欢别人问他买的是哪只股票，而内心非常渴望价格再折返回去，这都是本能的回避痛苦的心理。如果股价果真折返回去，高于他的买入价了，他就会长出一口气，接着会跟别人吹牛："我就知道价格还会再涨上去。"——如果是这样的话，这基本上就是一副自欺欺人的嘴脸了。

成熟的心智模式，即"不害怕、不后悔、不过分自信、不联想、没有内心冲突、踏实稳定"的习惯性心理状态，本质上是"纯粹的理性"，体现为投资者对各种消息具有强大的处理能力。股票市场中充满了谎言和欺骗，你要坚定一点：**所有的内外在因素，以及各种各样的消息和数据，无论经济学家和股评家评说得多么头头是道，其在价格上都必有反映**。对于你来说，只有反映到价格上才是有意义的，因此，你可以不关注所有这些因素，主要关注价格的变动就行了。从投资效果上讲，任何投资都是三种结果，即赚钱、赔钱和盈亏平衡。你投资股票如果赚钱了，**要明白赚钱的原因——买点正确，卖点恰当；持股的时间符合自己的投资理念；持股期间没有受到股评家、经济数据和各大网站对板块和市场点评的影响**。你投资股票如果赔钱了，**要明白赔钱的原因——买点错误，卖点失当；持股的时间不规则，心理波动大；持股期间经常受股评家、经济数据和各大网站对板块和市场点评的影响**。如果在投资中能明白赚钱和赔钱的原因，并在以后的投资生涯中，减少赔钱的概率和次数，增加赚钱的概率和次数，那么你的心智模式就成熟了。

良好的操盘技术体现为对风险的管理以及对趋势的把握。市场当中的风险有很多，例如上市公司停牌以及业绩发生重大下滑等。当然最根本的风险，归根结底还是投资亏损的风险。从操盘技术上来说，亏损可能来自在趋势发生时不按照趋势操作，使用震荡指标时钝化失效；从时间上看，可能是长期投资者选择买入点粗糙而产生的短暂性亏损，或者市场突发性的非理性行为导致的阶段性亏损。无论是什么样的亏损，一旦出现，都是一件不愉快的事情。这时候，要不要止损，以及怎么止损，就显得尤为重要。市场上有关止损的技巧很多，笔者认为，以趋势是否改变为止损的重要依据是比较好的选择，并不提倡跌破支撑位为止损的依据，也不赞成毫无技术可言的固定比例的止损。

山东药玻日 K 线图见图 7-4，在日 K 线图上显示有四个圆圈，如果按照日 K 线趋势进行操作，且以日线死叉为止损出局依据的话，这四个圈的位置都应该是止损出局的位置。但是从图 7-5 所示的周 K 线图上看，这四个圈的位置恰恰是周 K 线第二根均线的支撑位，是极好的摊平成本的再次买入点。所以，在日线中的止损点处，投资者不仅不应该卖出，反而应该加码买进。

图 7-4　山东药玻截止到 2014 年 4 月 28 日的日 K 线图

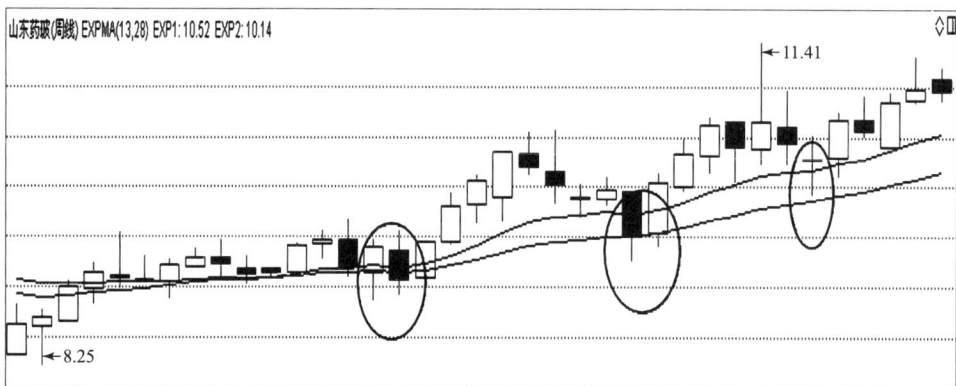

图 7-5　山东药玻截止到 2014 年 4 月 28 日的周 K 线图

对于趋势，笔者的定义是：**趋势就是一些事先由特定技术指标指示的、股票价格在大概率情况下运行的方向，以及事后有明显表明股价运动方向作用的轨迹。**趋势是价格运动引起的。引起价格运动的因素是非常多的，外在因素和投资者的心理活动都会引导价格波动的方向，从这个意义上讲，**市场就是价格的波动**。作为一个投资者，无论你的资金有多么庞大，你唯一能做的就是顺势而为。从时间上看，趋势有三种：长期趋势、中期趋势和短期趋势。投资者需要认真自我剖析，看自己到底适应哪种趋势。就判断趋势而言，笔者不太喜欢主观地画上升趋势线或下降趋势线，认为那是一种主观的做法，而且画出来的直线并不符合市场价格波动的非线性特征。笔者倾向于把移动平均线作为趋势线，并且坚定地认为这样的认识才是最可靠、最有实战价值的。

本 章 小 结

心理磨炼是投资者成为一个高手所必须经历的心路历程。这不仅仅体现在股票投资上，在任何行业中都是如此。就股票投资而言，成功的投资者所应具备的素质如下。

（1）精通技术。投资者对技术分析要非常熟悉，这是你迈向成功的第一步。

（2）无关对错。不预测未来——价格走势的细节是不可知的，但是其特征是可以预测的，因此即使暂时"被套或亏损"也不要担心，你会有 N 个操作技巧来化解它，也会有稳健的心理基础对待它。

（3）忘记过去，尤其是失败的过去。成熟的心智模式对任何投资结果都能做到不悲不喜、心平气和。

（4）不找借口，尤其不要把失败归结为运气不好、主力狡猾、上市公司造假，甚至管理层的政策。失败是你投资的必要组成部分，就像武林高手也一定经历过很多次失败一样。投资失败绝不仅仅是指你亏损了，很可能源于你没有遵守自己的交易系统，所以要检讨自己盈利模式的正确率和心态是否稳定。

但是，如果你经过较长时间的投资实践，仍然觉得自己具有下面这些特征，笔者建议你永久或暂时离开这个市场。

（1）无法应付较大的压力，对事物经常持有消极的态度，内心存在许多冲突，而且在事态出差错时总是抱怨别人。

（2）自己没有一套持续坚守的交易原则，很容易成为随大流的人。经常受人蛊惑，容易上当受骗，缺乏长期、认真的思考，因此没有真实的内心坚持。

（3）缺乏把一次投资看成一场战役而具备的组织能力和足够的耐心。听从别人的意见进行投资，实际投资时不知道如何把握买入时机、进场节奏、资金配比以及卖出时机、离场节奏和资金配比。

长期盈利的关键是不会在偶尔做错的时候看轻自己。任何大师的自律和投资能力都不是天生的，只要掌握了盈利模式，成功与否完全取决于你的心理。

第八章　构建你自己的盈利系统

君子藏器于身，待时而行；时行则行，时止则止。

——《周易》

我们在第三章"盈利系统的构建思路"中谈到过，几乎所有投资者都希望拥有一套"绝对赚钱"的盈利系统。不少遨游在起伏不定的股海中的同仁们，像武侠小说中试图成为天下第一的武林人士一样，长期痴迷于证券理论或交易系统的学习和研究，希望能够找到一本能应用于股市的《葵花宝典》，或者觅得一把能够挥洒于股市的倚天剑或屠龙刀，使其能够笑傲股海，独孤求败。

然而理智告诉我们，我们很难打造那个理想的"绝对赚钱"的系统，我们面对的是一个风云变幻的市场，是个波诡云谲的江湖，这个市场当中唯一不变的就是变化。我们这些大大小小的投资者，应该怎么办？我们该如何认识、如何理解、如何对待这个市场呢？更为重要的是，我们该如何利用已经学到的知识来构建一个持续、稳健获利的交易系统呢？

第一节　我们该如何理解这个市场？

投资者买卖股票获利的关键在于买到处于底部的股票，然后在高位卖出。投资者如果想做到最大限度地获利，就需要让这样的"低买高卖"的工作循环得最快。

每一个理性的成年人，进入股票市场以后，每天面对着涨涨跌跌的股票，眼见耳闻着各种各样的信息，学习着金融、经济、财务类的知识，都试图看清经济发展的深层次规律，发现股票涨跌的内在逻辑，在市场出现价值洼地时买入，在市场出现价值泡沫时卖出。

然而任何一种买卖都是"同行不同利"，不用说普通散户中盈利者很少，即使是每年成立的数百家私募和公募基金公司，最终也不过只有 10～20 家的胜利者，其余均处于亏损、清盘的状态。面对这种情况，投资者需要擦亮眼睛，认清市场的本质，发现市场的内在逻辑。

一、混沌理论

1963 年，美国气象学家爱德华·诺顿·劳伦斯发现，在动态系统中，物体不断以某种规则复制前一阶段的运动状态，而产生无法预测的随机效果；人们无法用单一的数据关系，必须用整体、连续的数据关系，才能加以解释及预测该物体的行为。例如，高山并非圆弧形，海岸线不是直折线，云朵不是圆盘，股价走势不呈折线形，但是我们看见云彩，就知道那是云彩；看见海岸，就知道是海岸。为什么？就是因为物体具有自我相似的特性，存在着测不准的现象。他把这种现象称为混沌现象，这种理论被称为混沌理论（Chaos Theory）。混沌理论提出以后，被广泛地应用于气象学、地理学、天体学、经济学、金融学等学科领域。

在资本市场当中，包括股票在内的各种证券或商品，其价格的波动就像云彩、海岸、河床一样，存在着"自我相似规则"和"测不准现象"。如果混沌理论可以解释股票价格波动的话，将对投资者有很大的启示。

（1）市场是自然的函数，它的行为并不遵循古典物理学、参数统计学或线性数学中的规律。通过画支撑线或压力线——都是直线——的方式来判断压力点和支撑点在哪里是不可靠的，趋势的折返点可能出现在 0.382 处，可能出现在 0.5 处，可能出现在 0.618 处，还可能出现在 0.36、0.53、0.64 处，因为人性里有不可捉摸的成分，也有可以观察的成分，反映到市场上的折返程度不能简单地使用数学方式来描述。即使看起来很准的移动平均线，也经常因为人性中的反复无常而经常被击穿。

（2）没有人根据市场来交易，我们都是根据自己的信念系统（即对市场的理解）来交易。市场参与者众多，消息五花八门。不同的投资者对不同的信息处理方式不一样，不同的投资者对相同的信息处理方式也不一样，同一个投资者在不同的时间对相同的信息处理方式也不一样。所以市场的波动是众多投资者心理活动的外部反映，这些纷繁复杂的心理活动体现了他们对市场的不同理解。

（3）市场也是一种能量（或物体），能量（或物体）具有沿着阻力最小方向运动的特性。市场一旦形成趋势，就不会轻易改变，除非有巨大的力量改变它或者趋势的力量逐渐衰减。只不过这种运动的方向并不是直线式的，往往是波浪式行进的，投资者要做的就是发现那些已经具备这种持续上涨能力的股票后以恰当的价格买入，直到趋势的力量衰减或者外部的巨大力量改变趋势为止。

而我们所打造的盈利系统，可根据我们自己的交易理念，在股票市场当中找到适合自己的那"一杯羹"，即所谓"弱水三千，我只取一瓢饮"。

二、市场是否有效？

20世纪60年代，美国芝加哥大学的尤金·法默①和哈利·罗伯茨先后提出了有关市场有效的理论。这种理论认为，在一个充满竞争和信息交流的市场中，有关股票的任何信息都能够快速地被所有投资者知晓。这就是说信息完全透明时，任何投资者都不会获得超额经济收益，只能获得与市场平均风险相对等的平均收益，这种市场就是有效的市场。

很显然，这是一个理想状态下的市场，在现实中几乎不可能存在，因为股票市场当中的一切信息是不可能快速、完全被所有投资者掌握的。根据对市场信息掌握程度的不同，哈利·罗伯茨将有效市场分为强有效、弱有效和半强有效三种。

强有效市场，指绝对有效率的市场，即所有的"公开信息、历史信息、内部信息"都完全、迅速被市场中的所有投资者知晓。这时市场是最有效率的，此时基本分析、宏观分析和技术分析都是无用的，因为投资者不可能通过研究上述三类信息中的任何类型获得超额收益。这时候的市场，没有内幕交易，没有利益输送，阳光操作，清清白白，国家证券监督管理机构的基本设想就是达到这样"公开、公平、公正"的境界。

半强有效市场，是中等有效率的市场，股票价格会对"公开信息、历史信息、内

---

① 尤金·法默定义了与证券价格相关的三种类型的信息：一是"历史信息"，即历史上基于证券市场交易的有关信息，如历史股价、成交量等；二是"公开信息"，即一切可公开获得的有关公司财务及其发展前景等方面的信息；三是"内部信息"，即只有公司内部人员才能获得的有关信息。

部信息"中的"内部信息"有反应，对"公开信息"和"历史信息"无反应，投资者试图通过研究历史数据和公开资料获得差额收益是不可能的事情。此时基本分析没有用途，历史研究也没有意义，只有获得"内部信息"才会获得超额收益。"内部信息"可以被延迟，不能快速传递给所有的投资者，这一方面说明了内部信息传递效率出了问题，另一方面说明即使快速传递了出去，也不是所有的投资者都具有分析这些信息的能力。

弱有效市场，是效率最差的市场，股票对"公开信息、历史信息、内部信息"中的"公开信息"和"内部信息"有反应，对"历史信息"无反应。这意味着，投资者试图通过"历史信息"来研究股票走势并获得超额收益的希望落空，要想获得超额收益，应该把注意力集中在"公开信息"和"内部信息"上。

当然，我们都知道，任何资本市场都不是完全有效或者完全无效的，都是有效的，只不过程度不同而已。对于中国的投资者来说，我们更感兴趣的是中国的股票市场是否有效？在多大程度上有效？

彭作祥（2002）通过 AR－X－GARCH 模型，庄新田（2001）通过判别沪深两市收益率序列相互独立性，史代敏（2001）通过判断沪市存在"周五效应"，李兴绪（2004）通过对上证综指进行随机游走检验后认为中国股市未达到弱有效。

李凯（2000）通过对股价进行时间序列相关性检验和游走检验，邓子来（2001）通过对股价进行自回归检验和游走检验，冉茂盛（2001）通过 R/S 方法进行实证研究后得出我国股市已达到弱有效的结论。

史永东（2002）通过 Kalman 滤波模型，黄济生（2001）利用数理方法进行游程检验、自相关检验和正态检验后认为中国证券市场效率随着发展阶段的提高而不断提高，向弱有效方向过渡。

从上述学者对中国股市实证分析的结果中我们可以看出，多数学者还是赞同我国股市目前已初步呈现出弱有效态势，但还没有达到半强有效的观点。这意味着，要想在中国股市中获得超额利润，应该把精力集中在获取"公开信息"和"内部信息"上，同时"历史信息"也不可忽视，换句话说，所有的信息都应该研究。

这样的基本结论似乎很令人失望——对于绝大多数普通投资者而言，不是经济学家，做不了如此高深而又乏味的科学研究。他们只是一群"追逐价差"的人，更在乎的是"市场能不能给我们投资或投机的机会"。

所以我们需要暂时抛开市场是否有效的纠缠，从实战经验角度分析。我们已经认识到一点，那就是股票价格的波动是各种因素复杂交汇的结果；更重要的是，股票市场从诞生到现在，从最初的筹资功能发展到了今天的资源配置功能，从简单的人工报价发展到了对互联网技术的应用，**它已经有了自己的特征，有了自己的运行规律，它依托于基本面但又不完全反映基本面，既受制于资金面，也受制于心理层面。换句话**

说，股票的价格波动时而正确，时而错误。正确的时候就是股票价格与基本面相一致的时候，此时投资者往往是没有特别的机会的；错误的时候就是股票价格严重脱离基本面的时候，此时往往是投资者出手的时候，如图8-1所示。

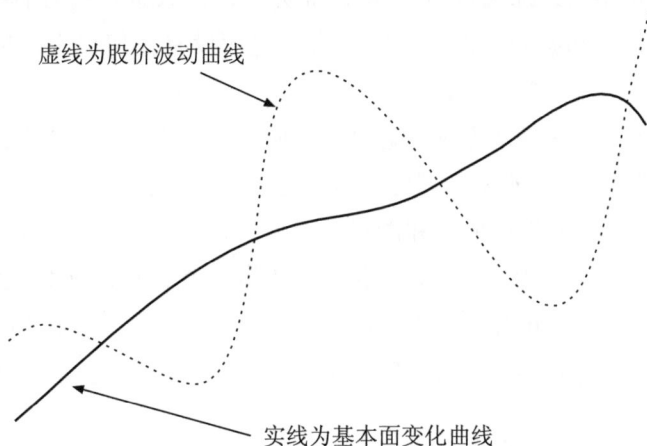

图8-1 股票价格围绕着企业内在价值波动

沃伦·巴菲特说过，投资者应该利用"市场先生"的错误获得高额利润。另一位投资大师乔治·索罗斯则认为：市场实际上永远是错误的，市场的估值总是失真的，市场上的价格并不是潜在价值的被动反映。所以，从实战的角度，我们可以不理会市场是否有效，市场是否正确，关键是能否从中找到获利的机会并抓住它。

根据以上阐述，我们要做的就是在市场犯第一个错误，即股票被错杀的时候，以较低的价格买入；在市场犯第二个错误，即股价严重高于价值的时候，以较高的价格卖出。

三、是不是零和游戏？

零和博弈又称零和游戏，是博弈论中的一个概念，是指参与博弈的各方，在严格竞争条件下，一方的收益必然意味着另一方的损失，博弈各方的收益和损失相加总和永远为零，双方不存在合作的可能。也可以认为：在零和游戏中，自己的幸福是建立在他人的痛苦之上的，双方都想尽一切办法实现"损人利己"。零和博弈的结果是一方吃掉另一方，一方的所得正是另一方的所失，整个社会的利益并不会因此增加一分。

与零和博弈相对应的是"双赢"的概念，是指博弈双方协商、谈判、共同合作，使各自的收益都达到最大化。

我们举一个例子。在双扣扑克牌玩法中，一方（即一组）的胜利意味着另一方（一组）的绝对失败，胜利一方会打更大数字的牌，如果一方最先打到K并取得胜利，就会应用双方事先约定的"败者请客"（输钱）的规则，因此这是非常典型或者非常简单的零和游戏的例子。

然而，有赞助方的双扣比赛就不一样了，如果赞助方不要求参与方有任何金钱支出，只需要人员参与，那么胜利一方获得奖励，输家也没有任何金钱上的损失，此时的比赛就是非零和游戏，而且会因为有获得而没有任何损失，被称为"正和游戏"。

那么股票市场呢？交易双方都愿意胜利，而不愿意失败，所以股票交易不可能是一个"双赢游戏"。这种"游戏"是零和游戏还是"正和游戏"？

首先，股票市场并非简单的零和游戏，因为一方的损失并不完全等于另一方的获得。例如，主力拉抬一只股票，需要支付人员工资、资金利息成本、交易成本、印花税、公关成本，即使将其拉升到原来价位的一倍，主力也只有大概40%的净收益，其余的60%用于支付上述成本（具体计算见第二章第三节），就是说散户的亏损并不是都让主力赚走了。

其次，单纯地以金钱的损失来衡量是不是零和游戏显得过于简单，因为一些人在股市当中交易，会给他带来极大的心理满足，使他获得其他游戏所不能给予的乐趣，并因为自己持之以恒的学习精神而受到别人的赞誉和尊重。还有一些人只投入股市一点点钱，让自己"有个事儿干"，不在乎挣钱赔钱，那些退休的大爷大妈就是如此。当然也不能排除一些人进行交易是为了避险，甚至是转移资产。

因此可以说，股票交易肯定不是简单的零和游戏，还应当考虑交易者的其他心理需求。当然，股票交易也不可能是双赢游戏，是介于零和游戏和双赢游戏之间，更偏向于零和游戏的一种"游戏"。

这意味着，要想参与交易，在股市当中持续获利，投资者就要尽可能地学习，掌握尽可能多的信息资料，长期坚持，构建自己的盈利系统才能制胜，而不是随随便便受到股市赚钱效应的吸引就疯狂入市，亏钱了就采取鸵鸟策略[1]，再也不看行情。如果采取这样的策略，在这场游戏中，投资者不仅仅会成为名副其实的"傻瓜"[2]，而且会成为彻头彻尾的失败者。

四、谁来决定股票的价值？

我们知道，价格和价值是不同的概念，投资者通过证券公司买卖股票时看重的是

---

[1] 鸵鸟遇到危险和困难时，总是把自己的头埋在沙子里，一动也不动，结果很快就被自己的天敌吃掉。所以，鸵鸟策略指的是自欺欺人，以为自己看不到，危险和困难就不存在或自动消失，这显然是不可能的。现实中，鸵鸟策略是指用消极躲避的态度面对危险和困难。

[2] "傻瓜"这个词汇并非绝对贬义，而是对没有技术也无法学习的参与博弈的一方的客观指代。

股票的价格，这个价格是买卖双方交易博弈的结果；而对于价值这个概念，教科书上一般将股票的价值分为"票面价值（即面值）""净资产数值（即净值）""清算价值"和"内在价值"四类。其中，"内在价值"被认为是股票真正的价值，代表着上市公司的未来收益，我们经常听到的"价值是价格的基础，价格围绕价值波动"中的价值指的就是内在价值。经济学家告诉人们要通过计算这只股票未来收益的现值来判断这只股票现在的价格是高还是低，低的时候就买入，高的时候就抛出，并以此逻辑创造出很多计算股票内在价值的数学模型，例如零增长模型、戈登模型（Gordon Model）、多元增长模型、贴现现金流模型等，对估算股票价值提供了一些必要的指导。

然而股票估值模型的问题是：每种模型的公式本身就存有漏洞；最关键的是，**所有的估值模型都只考虑了这个企业的价值，而忽略了其他投资者的行为**。所以说，无论专家们创造出多少估值模型，都是根据上市公司的财务数据等进行计算的，这种计算本身就有误差；即使没有误差，完全准确，模型也只是计算出了这只股票的价值而已，如果当下的价格低于这个价值就应该买入吗？非也，因为我们还要考虑其他投资者对待这只股票的态度。如果其他投资者还不认可这个价格，缺乏参与热情，仅仅你一个人买入是无法支撑股价逆转的（除非你是机构主力），其结果就是买入以后被套。

同时笔者还认为：价值源于人类的主观评估，价格则是这种主观评估以后的报价，评价即评估以后的报价。任何一件物品，不管它有没有价值，只要有人认为它有价值，它就是有价值的；如果人们认为它没有价值，它就是没有价值的。例如一件宋代的钧瓷花瓶，历史上一般倾向于认为它有价值，所谓"家财万贯，不如钧瓷一片"，但是在"文革"破四旧时期，如果你家里有这么个古董，反而是个灾祸，最好的方式就是砸碎，然后像垃圾一样扔掉。

所以说价值本质上源于主观评估，经过主观评估，有价值的东西就有价格，价值越高的价格就越高；没有价值的东西就没有价格，价值越低的价格就越低。**价值，与其说是商品的内在价值，不如说是商品的市场估值；与其说价值决定价格，不如说市场估值决定价格**。

除此之外，西方经济学的基本常识还告诉我们，决定商品价格的还有一个重要因素，就是供给与需求情况。需求大，供给少，价格就会上扬；需求少，供给多，价格就会下跌。

股票也是如此。一只股票，不管它是业绩优良还是经常亏损，不管对应的上市公司符合国家产业政策支持还是作为落后产能要被淘汰，它首先有一个被市场评估的价值，然后如其价值被低估，越来越多的人开始买入，其价格就要开始上扬了；如其价格高于其市场估值，越来越多的人开始抛售，其价格就要下跌了。

可以用下边的公式表示股票价格的决定因素。

$$P = f \ (V, \ S, \ D)$$

式中，P 为价格；V 为市场估值；S 为股票的需求；D 为股票的供给。

这个公式说明了，**股票的价格是由市场估值和供需状况决定的。**

笔者在准备证券从业资格考试的时候，曾经学习过一些股票定价的知识，例如折现法、每股收益法、市盈率法等。但是我一直怀疑，即使你计算得很准确，那些计算出来的数字就代表着股票的真实价值吗？上市公司的财务报表、管理团队、行业地位、隐含资产等，也会影响股票的内在价值和外在价格。很显然，试图通过研究基本面来发现股票的价值是一件要求很高且非常复杂的事情，这并不适合缺乏经济学和财务学训练的普通投资者。

况且，绝大多数的学者都倾向于认为中国的股市属于或接近于弱有效市场，即股票的历史信息、公开信息和内部信息都谈不上准确、客观、真实、透明，那么使用这些估值模型或者计算公式本身就不合时宜，其计算结果与实际情况南辕北辙并不为奇。

我们很想做到通过对上市公司基本面的研究，发现被市场低估的股票，买入并长期持有。然而通过上面的分析，我不得不说，这只是一个美丽的梦想！**投资者进行基本面分析时的最大困惑就是"不知道什么时候进场"。**一只股票价值被低估，后期它可能会被继续低估，所以如果买的价格不对，投资者依然会遭受严重的亏损。**因此研究进场点和出场点，才是投资的关键！**而这需要扎实的技术分析能力。

维克多·思波朗迪在其著作《专业投机原理》中说道："**唯一能决定股票价值的就是市场。**"这个观点更尖锐，更直接，他几乎就是在说，所有的价值分析都是没有意义的，投资者只要关注股票的市场价格就行了，只有市场才能决定一只股票的价值有多高或多低，也只有市场能决定股票的供应和需求。是的，除了市场之外，还有谁能决定股票的价值呢？经济学家、股评家以及数学模型看来都是难当此任的。

最后，我们要说，使用资产定价模型来分析一只股票"到底含金量有多大"大概是靠不住的，因为无论你算得多么准确，也只是理论上的假设，都没有实战中的看图分析来得清清楚楚。如果股票的价值被低估了，市场会有明显的反应，即呈现出所谓底部特征；如果价值被高估了，市场中也会出现明显的信号，不劳你费心费力搞如此复杂的数学计算。

五、技术分析本质上是心理分析

技术分析是通过对股票价格、成交量进行研究来判断股价未来走势的分析方法，主要通过数学计算得到相关结果。对于期货市场，技术分析除了研究合约价格、交易量以外，还需要研究持仓量；对于外汇市场，由于交易量巨大，不存在任何一个主力或机构操纵的问题，甚至一个国家也不能操纵，所以在外汇市场中甚至可以不研究成交量，而只研究价格。

其实，不管是股票、期货还是外汇市场，**对所有资本市场的技术分析都是对市场中群体买卖行为的规整，通过数学的方法变成可以辨别的形态（样式）曲线，从而判断某种情形发生的概率高于另一种情形。**

资本市场中的买卖是一种经济行为，任何外在的买卖行为都以隐藏的心理活动为基础，任何经济行为本质上都是心理活动的外部表现。在远古时期如此，现代如此，今后还是如此；就个人来说如此，就集体来说也如此；在实物市场中如此，在金融市场中还是如此。

例如，我们到超市买西红柿，有个大、饱满的，也有个小、有疤痕的；有颜色鲜艳的，也有略显青涩的；有转基因的，也有非转基因的；有进口的，也有国产的；有价格高的，也有价格低的。我们在选购西红柿时，其实就是一个观察、对比、思考的过程。这个过程一来受制于自身的购买能力，二来受其他购买者的影响，此外还受购买时间、是自用还是送礼等多重因素的影响。

购买西红柿是这样，购买股票也是这样。

大多数人都认为移动平均线在很多时候能够指导投资实践。为什么呢？因为移动平均线本身就是投资者心理活动的结果。价格上穿短期均线和长期均线形成金叉，这只是一个表象，从心理角度分析，意味着相当数量的投资者愿意以一个比以前买入价格（远期价格）高的价格（近期价格）买入。如果越来越多的投资者愿意以更高的价格买入，价格就会越来越高，移动平均线所代表的平均成本就会逐渐抬升，已经买入的投资者不愿意卖出，股票出现阶段性的"供求失衡"（即求大于供）现象，这会进一步点燃越来越多投资者的购买热情，股价将进一步上升。尽管中间会出现回抽行情（即所谓折返行情），但这只不过是部分投资者获利回吐的结果，而且价格的下跌会让部分被套者更加惜售，正好给前边没有买入的人制造了买进的机会，所以，出现折返行情的结果是坚定了一部分参与者的市场信心，也让一部分人持股观望，从而减少了市场中流通股票的数量。长期投资者看到有利可图，会以长期投资的心理买入并较长时间持有，这样又把股价推入了上升通道。反之，如果移动平均线形成死叉，结果会怎样呢？读者可自行分析。

震荡指标也是一样，都是利用人类的共性来交易。当大家趋之若鹜、蜂拥到市场当中时，震荡指标的数值一定会过高，价格一定会下跌或回抽（这是大概率事件）；反之，当大家对股票都着急忙慌、争先恐后地卖出的时候，震荡指标的数值一定会过低，价格一定会上涨或反弹（这也是大概率事件）。

技术分析的失灵或不确定性，主要表现在两个方面：一是在行情处于震荡整理状态的时候，多空双方处于激烈对抗和争夺的状态，表现出来的现象就是整体的投资活动不明显，因此记录投资者活动的技术分析指标处于暂时的失灵或不确定状态；二是折返行情发生时间不确定、折返深度（或高度）不确定，这主要源于人类经济活动所必然表现出来的非理性，这种非理性是对价格涨跌的贪婪和恐惧的精神体现，同时这种非理性说明了价格波动的非线性特征。

因此，技术分析本质上就是心理分析，利用技术指标交易就是利用投资者共性所产生的趋势，或者价格偏差的漏洞进行交易，只不过是以数学方式表现出来而已。

六、将对市场的理解转化为操盘技能

股票市场是个人人都想赚钱的地方。你赚了，一定意味着别人亏了；你亏了，一定意味着别人赚了。你想赚市场的钱，市场也想赚你的钱，大家都捂着自己的钱袋子，盯着别人的钱袋子，绞尽脑汁，机关算尽。所以说，在市场中做一次买卖很简单，通过几秒钟的键盘操作即可完成，但所谓"台上一分钟，台下十年功"，准确、安全地敲击键盘需要投资者平时付出长时间的努力，进行艰苦的学习，经历多次的失败，不断学习、领悟、总结、提高、实践，才能逐渐提高自己的操盘技术，让自己在这个战场中立于不败之地。

在经历了实战交易中的多次胜负以及心理上的考验以后，每一个投资者都要扪心自问：我喜欢交易，还是不喜欢交易？有两种答案。一种是喜欢交易，它适合我的个性，能够考验我的耐心，促使我学习，挖掘我的潜能，我愿意持续交易，把交易当作人生中最大的目标和事业的基础。如果是这种答案的话，不管时间多么漫长，你将必然步入良性循环——"在烈火中升华，在岁月中不朽"，成为一个长期获利的投资者。另一种答案是不喜欢交易，或者不适合交易，你无法在股市的涨跌中保持冷静，也难以在亏损中心态安宁，股市让你心绪不定、喜怒无常、心灰意冷，那么我建议你暂时甚至永远离开这个市场。其实，给出第二种答案的投资者，也不是没有突破的可能。看到过蝴蝶破茧而出吗？不经历痛苦的破茧，毛毛虫就无法长出翅膀，就无法领略高处的盛景。只有经历过风雨，才能见到美丽的彩虹，英雄从来都不是一天炼成的，都是踏着自己和别人的血迹顽强坚持下来的人！

投资者需要具备抵御市场中噪音的能力。这种噪音主要有每天的财经新闻、经济数据、专家论市、后市预测、股票推荐等。在投资的初级阶段，我们需要这些知识，也能从中学习到一些基本术语和分析的思路。但是到了一定阶段以后，我们就不能再轻易地相信这些东西了。**不是他们说的不对，而是你的理解跟他们的思路不在同一个频道上**。别人是靠写文章、讲公开课、上电视做评论、推荐股票赚钱的，不是靠投资赚钱的。你根据人家的建议投资，结果亏损了，你不能说人家的不是；同样的道理，你根据人家的建议投资，结果赚钱了，你也不会分给人家一毛钱。你应该为自己的盈亏负责嘛！凭什么让人家承担道德的谴责？难道你不知道"买卖股票，风险自担"的道理吗？当然，从另一个角度看，我们也不能排除个别评论员借机为主力解套的可能。因此，无论怎样，**投资者对于财经专家的看法和股评人士的建议，一定要永远保持警惕**，要有自己的思考，不可盲目地相信。

从概率论的角度理解市场，投资者需要秉持下列信念。

①在股市中，任何事情都可能发生，这就是市场的非确定性。

②市场中的每一刻都具有独一无二的性质，但是我们很难对每一刻都进行分析和研究。

③要想赚钱，投资者不必知道下一步会有什么变化，只要选好长期买入点，就具有极大的盈利胜算。

④所谓"优势"，只不过显示的是一种事情发生的概率高于另一种事情。例如，你的盈利系统很聪明，能够帮助你获得较多的盈利，那也只是从概率上统计的结果，并不能说明下一次就做得很好，因为市场中什么事情都可能发生。

⑤界定优势的任何一组变量产生的盈亏都是随机分布的。例如，你的盈利系统中有两个自变量A和B，系统单独使用A出现盈利或亏损的结果，与单独使用B出现盈利或亏损的结果，在统计学上都符合随机概率分布。这一点是想告诉投资者，构筑一个极其完美的盈利系统是不可能的。也说明，在构建盈利系统时使用数量过多的因变量是没有意义的，在有效前提下越简单越好。

最后，投资者要做一下简单的数学演算。如果你在12元/股时买入1万股某股票，出现一个涨停板后，涨到了13.2元/股，你获利1.2万元；到后来它涨到了20元/股，出现一个涨停板就会涨到22元/股，获利2万元。这说明越往后价格上涨对盈利的贡献越大。如果你在12元/股时买入1万股一直到22元/股时卖出，你就会获利10万元，你的总资产就是22万元。这说明，在价格很低的时候买入能保证很大的盈利。如果这只股票涨到15元/股时你买入了，那么你只能买8300股，出现一个涨停板后价格到16.5元/股，你获利12450元；它后来涨到22元/股时你全部抛出，获利5.81万元，你的总资产是18.26万元。这说明，以较高的价格买入时买进的股票数量会很少，最后让自己的盈利不够多。

上述两个不同的数学演算过程，其实是在告诉投资者，尽量以较低的价格买进，而且买进的数量要尽可能多，这会让投资的收益最大化。事实上，在股价启动的早期，往往涨得很慢，经常是小阴小阳、进二退一的走势。这个时候买入，价格低、数量多，是最优的选择，即使出现了涨停也不要有"恐高症"，因为价格依然偏低。所谓"涨停敢死队"，就是一些价格在低位涨停后敢于追涨的人。在低位大量买进后，价格会越来越高，后面涨停价差的绝对值必然高于前面涨停价差的绝对值，所以丰厚的收益往往出现在股价上涨的后期。

第二节　选择适合自己的投资周期

前面已经讲过，本书所强调的盈利系统，就是一种确保投资者持续稳定获利、符合投资者自身特征的投资知识、投资策略和投资心理的总和。所有的知识、策略、技巧、对心理的磨炼等都是符合投资者本人特点的。只有这样，盈利系统才是他本人能够使用的，能够评价和能够改善的。

本节所讲的投资周期属于投资策略部分，是指投资者从买入到卖出的时间间隔。表面上看，这种时间间隔，只不过是个时间周期而已，但折射出了投资者的个性是沉稳还是急切，对市场的理解是宏观还是微观，以及在此基础上对行情分析软件和技术分析工具的选取与使用情况。

根据投资持有股票时间的长短，投资者可分为长线投资者、中线投资者和短线投资者三种类型。但是，目前并没有明确的时间框架可用于界定具体多长时间是长线投资，多长时间是中线投资，多长时间是短线投资。但是对于这个必须要明确并深入内心的问题，投资者一定要引起足够的重视！对于如何判断自己是个什么样的投资者，本书有两个观点。

一是根据你自己的投资偏好进行判断。你以什么样的偏好买入，你就是一个什么样的投资者。例如，你以价格向上突破 10 日移动平均线买入，你就是一个短线投资者；你以价格向上突破 60 天（12 周）移动平均线买入，你就是一个中线投资者；你以价格向上突破 120 天（6 个月）移动平均线买入，你就是一个长线投资者。

而且，需要提醒投资者，时时刻刻遵照你自己的投资逻辑进行投资。也就是说，既然你是个短线投资者，就不要在出现短期卖出信号时死扛着不卖，非要坚持什么"长期投资"或者"价值投资"；既然你喜欢在中期支撑位买入，就证明你是个中线投资者，也就不要动作过于频繁，非要再变成个短线投资者不可。是什么样的投资类型，就做什么样的投资，不要因经不起诱惑或打击就轻易改变你的投资周期。

二是从股票行情分析软件的实际使用角度进行判断。本书把使用日 K 线以下技术分析工具的投资者称作超短线投资者，例如使用 60 分钟 K 线图；把使用日 K 线技术分析工具的投资者称作短线投资者；把使用周 K 线技术分析工具的投资者称作中线投资者；把使用月 K 线技术分析工具的投资者称作长线投资者，并以此构建不同的盈利系统。实际上，由于行情分析软件上的时间周期可以随时调整，日线与周线、月线上的数据可以相互换算，本质上是一回事，所以读者不可过于拘泥日、周、月 K 线图的字面意思。

一、长线投资者

长线投资者一般根据较长时间周期的技术指标（例如12月移动平均线）进出股市。长期均线虽然很慢，但是可以作为短期"噪音"的过滤器，即忽略短期价格波动对心理的影响，因此操作简单，不费力气，投资者用简单有效的系统就可以为自己带来财富；而且从理论上说，只要趋势一直持续下去，长时间的持有会让自己的财富变得非常巨大，尤其是当你选对股票的时候。有数据表明，平安银行上市以后的20年间，价格翻了14.8倍；华兰生物上市以后的7年间，价格翻了108倍，如果加上分红派息，收益就更加可观！

当然，长线投资者需要有足够的耐心，才能将可能得到的财富装入囊中。而且长线投资并非没有风险，万一最初选股失败，投资者会面临长期的巨大亏损。例如，珠海中富（000659，*ST中富）在1996年上市，上市当年价格在17.6～34.2元/股之间波动，17年后的2013年，其价格在1.8～2.99元/股之间波动。当然，期间总股份从2887.5万股增加到12.9亿股，如果普通投资者不参加配股的话，股本扩张约14倍，累计分红每10股13.2元（税前），复权后相当于1996年价格在1.39～2.08元/股之间波动，比较2013年时的价格1.8～2.99元/股，17年的投资几乎没有什么收益，投资者还要承担股票退市的风险，总体看来，很不划算。长线投资的优缺点如表8-1所示。

表8-1 长线投资的优缺点

优 点	缺 点
持股时间长，无须整天看行情，可以干些别的事情	持股时间长，在某种程度上也是一种心理煎熬
交易成本较低	交易的机会少，投资者往往受不了其他股票上涨的诱惑而调仓换股
如果买入价格很低，那么往往会获得较多利润	长期交易系统中，如果买入时机不佳，会面临大幅度被套的情况，甚至有40%的账面亏损
长期盈利系统不受短期市场因素的影响，可靠性较高	短期的波动会让长期系统暂时失效，导致投资者小幅度亏损
	万一选股失败，长期投资或败得很惨

二、短线投资者

由于中国 A 股市场依然执行 T＋1 的交易制度，以及只能做多的政策（只有少量股票可以融资融券，且起点资金为 50 万），因此，中国投资者购买的 A 股股票只能在第二天及以后卖出，不能像期货或者黄金、白银、外汇那样进行 T＋0、双向买卖的日内交易。

所以，在中国投资 A 股的短线交易需要至少两天的时间周期。

现实中有这样一些短线投资者，他们主要在下午 2:30 以后对涨幅居前的股票进行选择，通过买入那些出现长阳的股票并在第二天卖出而获取 2%～10% 的利润。这种操作方法无可厚非，关键是要求投资者具有比较强的短线把握能力以及毫不迟疑的心理基础。累计下来，应用这种方法的投资者也会获得较大的收益。一年有 250 个左右的交易日，如果 50 个交易日获得绝对正收益，其余 200 个交易日一半盈利一半亏损的话，那么也至少可以获得 2.7 倍的收益。证券公司是非常欢迎这样的投资者的，因为这样的交易可以产生源源不断的手续费。

短线投资的优点在于经常有交易性机会出现，为此，投资者每天需要投入大量的时间和精力来观察盘面的走势，以期获得相应的交易性机会。股谚云："长线是金，短线是银。"应该说这是一种似是而非的说法，因为如果短线抓得好，短时间内投资者能够大幅度盈利，而让这种短期大幅盈利的状态持续下去，岂不成"短线是金"了吗？

短线投资的缺点是耗损精力，这会增加投资者的心理成本。之所以称之为短线"投资"，就是因为持有时间太短，买卖过于频繁，如表 8－2 所示。

表 8－2　短线投资的优缺点

优　点	缺　点
每天都存在多次交易机会	短期内耗费大量精力，心理压力较大
避免大幅度被套	交易成本增加
如果盈利系统的盈亏比很高，可靠性很强，那么短线交易将一直获利	利润受限，短期内一般难以获得大幅度收益
对于 T＋0 制度的保证金交易品种，例如期货、黄金、白银、外汇等，日内交易不会有隔夜的风险和资金成本	短期盈利系统受市场的随机干扰较大，这会让系统可靠性降低

三、中线投资者

中线投资是投资周期介于短线和长线之间的投资行为，中线投资的优缺点见表 8－3。

表8-3　中线投资的优缺点

优　点	缺　点
持股时间较长	需要承受心理煎熬
交易成本中等	交易的机会中等
以中期指标买入，价格并不会很低，也能获得一定幅度的利润	中期交易系统中，如果买入时机不佳，会因为市场短期因素影响而被套
中期盈利系统容易受短期市场因素的影响，甚至会出现迫使投资者卖出的假信号	中期的波动会让长期系统和短期系统都出现暂时失效的情况，会让投资者无所适从

在操作时，中线投资者往往以股价上穿/下破中期移动平均线（如MA60）为依据进行买卖，或者依据MA（15）和MA（60）的金叉或者死叉来操作①。当然，实际投资的过程中，不少人会根据自己的喜好而选择其他时间数值的均线或者其他指标，但总体来说，中线投资往往意味着较长时间地持有股票，一般为数周至数月。这里需要再次明确一下道氏理论的观点，在道氏理论里，中期趋势其实是修正行情，持续时间往往长达数周至数月。所以道氏理论中的中期趋势跟我们实践中认为的中线投资是完全不同的两个概念。

四、顺势投资者

不管是长线投资者、中线投资者还是短线投资者，在其时间周期内，价格的运行都存在或大或小的趋势。长线投资者偏好的是长线投资，以长期技术指标或价值分析为进场的依据。价格并不必然会因为长线投资者的买入而上涨或不再下跌，依然会在各种因素的作用下具有独特的个性，运行独有的走势。在价格的运行波动中，道氏理论说得非常明白，长期趋势中有主要趋势、折返行情和次级趋势，长期趋势中隐含着中级趋势和短期趋势。长期趋势中的主要趋势，可以认为由多个中级趋势组成；长期趋势中的折返行情，也可以认为是个中级趋势。每一个中期趋势当中又隐含着无数个次级趋势，即每日的主要走势。因此，从趋势的角度来说，投资者在进行趋势交易中，最理想的是将所有趋势中的利润都吃掉，即把所有波浪的上涨都转化为利润，把所有波浪的下跌都规避掉，并准确地在折返行情价位再次买进/卖出，如图8-2所示。

---

① 实践中，不同的投资者有自己偏好的指标和数值选择，这里选择15天和60天均线只是作为一个简单的举例。

图 8-2　理论上的买卖点

　　然而这是不可能做到的，任何投资者都不应该有如此梦幻的想法！因为普通人是做不到规避掉所有的下跌，获取所有利润的。但是社会上有一些新加入的竞争者为了吸引大家的注意力，故意将这种不可能演示给一些懵懂的投资者，好吸引他们入会交易，让自己赚取高额的手续费，这点是很多新手投资者不可不防的！

　　如果还原股市的本来面目，我们就会发现其实趋势刚开始是不存在的。不同的投资者对股票当下价格有不同的认识：有的认为价格高，就会抛掉或者持币不买；有的认为价格低，就会买入；有的还在思考，就不会采取行动。正是这些投资者对价格的不同看法，构成了交易市场中买和卖两种力量的斗争。正是价格的连续性以及多空双方的力量对抗，才形成了价格的各种形态以及所谓趋势。

　　趋势表明一种力量战胜了另一种力量，使得价格朝着有利于自己力量的方向发展；趋势代表着市场单一力量的取胜，预示着价格运动的方向。像所有的运动着的物体一样，股价一旦开始朝某个方向运动以后，就不会轻易改变（尽管当中会有一些波折），这就是趋势的重要含义。根据这样的理解，本书早已给出了对趋势的定义，那就是**趋势就是一些事先由特定技术指标指示的、股票价格在大概率情况下运行的方向，以及事后有明显表明股价运动方向的轨迹**。首先，趋势是事后得知的能够明确观察的运动轨迹；其次，事先趋势是一种符合概率统计的猜想或估计；再次，没有谁事先能够知道趋势什么时候结束。因此趋势交易者要做的就是在趋势发生之前，以概率统计的方法估算这种趋势发生的可能性——这可以通过使用技术分析工具来实现——从而进行趋势性操作。而且，不同时间周期的趋势交易者，使用的技术分析工具的时间周期是不同的。

　　经验表明，在中国股市中，长期往往显得过于遥远，短期又难以获取较高利润，中期比较可靠。所以，在中国投资股票，往往使用中期投资理念发现股票运行的中期趋势，以价格上穿年线，回落时不破年线为重要的买入依据，买入后的持有时间往往为 3~6 个月。

五、逆势投资者

逆势投资也称作逆向投资、逆势交易，是与顺势投资相反的一种交易策略。逆势投资有两层含义：其一是情绪上的逆市，也就是巴菲特常说的"别人贪婪时我恐惧，别人恐惧时我贪婪"；其二则是选股策略上的逆市，投资爱选冷门股、偏门股，不随波逐流，不追逐市场热炒的股票。

逆势投资策略是建立在人类"过度反应"情绪基础之上的反向操作。"过度反应"是指投资者过分注重近期发生的信息，表现为高估了所谓"热门的好股票"，低估了所谓"冷门的差股票"；主要投资"热门的好股票"而抛弃"冷门的差股票"；在"热门的好股票"价格已经很高的时候继续买入，在"冷门的差股票"价格已经很低时继续抛售。这样的心理倾向和投资行为会引起股价波动超过其正常水平，形成股市泡沫和遍地可见的价值洼地。逆势投资就是根据这种非理性的现象而进行的反方向操作。

也正是因为这样，逆势投资者的选股思路就是在将眼光放得更加长远的基础上，选择那些不被人们看好的冷门股。这些股票有以下特征。

（1）业绩即将复苏，盈利即将放大，或者即将从亏损反转为赢利的上市公司的股票。这些公司往往当前的业绩较差，被很多分析师、投资者敬而远之，反而给有眼光的投资者带来了低价买入的机会。

（2）业绩很好、分红较多、现金流充沛、估值低但是被市场抛弃的上市公司的股票，它们都会有估值被重新评估的机会，尽管会来得比较缓慢。

在投资组合的构建上，只要资金量允许，永远在 4 ～ 15 种不同板块中分散投资，而且这些板块彼此的相关性最小。

逆势投资为读者提供了一种实战性较强的操作方法，因为普通人毕竟占投资者的绝大部分，普通人的心理和行为往往导致市场非理性，表现为对价格的高估或者低估；在价格处于头部的时候倾向于认为风险最小，因为大家都在谈论这只股票，都在推荐这只股票；在价格处于底部的时候倾向于认为风险最大，因为它不是市场中的热点，不是主流品种，没有哪个专家推荐它。而这往往是普通投资者失败的根本原因。

第三节　选择股票

本书在前言中回答了"什么样的股票是好股票"这个问题，答案是能涨的股票就是好股票。市场当中没有永远的好股，也没有永远的烂股，只有永远的价差。

但是怎么理解"能涨"呢？是"价格处在底部的股票"还是"即将上涨的股票"？是"正在上涨的股票"还是"必然上涨的股票"？

这几个短语的含义是不一样的。

★如果买入的是"价格处在底部的股票"，那么这个底部还会继续构筑多长时间？会不会再创新低，构筑一个新的底部区域？所以，不能买那些价格处在底部区域的股票。

★如果买入的是"即将上涨的股票"，那么这个"即将"代表多长时间？是半小时后上涨，还是一小时后上涨？是明天上涨还是下周上涨？

★如果买入的是"正在上涨的股票"，那么它能持续多久？买入以后下跌怎么办？

★如果买入的是"必然上涨的股票"，那么什么叫作"必然"？这个必然性是怎么体现出来的？它肯定是通过时间体现出来的，这又回到了第二种情况。

事实上，我们买股票买的是什么呢？就是"买入后价格上涨的可能性"。**所以我们应选择买入后价格上涨可能性比较大的股票，而且这种上涨要有一定的持续性，这种股票就是"即将上涨的股票"或"正在上涨的股票"。**尽管我们无法判断买入后这只股票是凌厉飙升还是慢牛爬坡，无法判断买入后它会翻倍还是仅仅维持30%～40%的上升空间，也无法判断买入后是否会有一个下跌将我们套住，但是我们还是要使用上述的技术分析手段以及软件提供的选股功能，选出可能上涨的股票，作为初始的股票池。

一、第一次筛选股票

我们通过使用软件上的"功能——选股器——综合选股"功能，可以找到很多在技术形态上发出买入信号的股票，这属于第一次筛选。在筛选的时候，不同类型的投资者可以根据自己的投资偏好进行筛选，这里举两个简单的例子，如图8－3所示。

（1）使用"选股器"功能，选择"净利润大于0，流通市值小于15亿元，市盈率小于45倍，收盘价大于MA60"，你就可以选出三四百只股票，这对于市场当中的几千只股票而言，范围已经大大缩小了！选择"净利润大于0，市盈率小于45倍"，是出于安全投资的需要；选择"流通市值小于15亿元"，是因为一些投资偏好小盘股；选择"收盘价大于MA60"，是要找出中期向上的股票。

（2）使用"选股器"功能，选择"J值小于0，流通盘小于35亿股元"，可以选择出上百只股票，范围也可以大大缩小。之所以选择"J值小于0"，是因为有些投资者偏好抄底或抢反弹，KDJ指标中的J值小于0的情况下，股票多半会有一次反弹；选择"流通盘小于35亿股元"，是因为流通盘过大，反弹的力度不会太大。

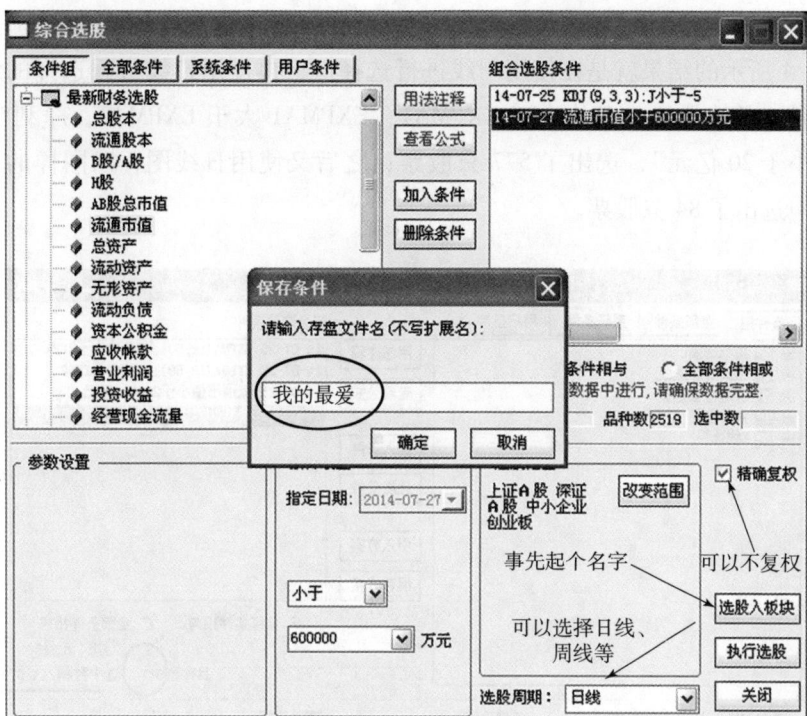

图 8 - 3　选股功能

注意，这两个例子只是为了说明问题，并不代表读者可以照方抓药。没有自己的核心理念和投资技巧，只是简单地比葫芦画瓢一般是没有好结果的。

上述例子当中，在使用"选股器"功能的时候，读者还可以增减其他的条件，或者变换其他的选股指标，以选出你心目中更好的股票。同时，你还可以将自己设定好的条件保存下来，以便以后继续使用它选择股票。

但是，我们要清楚一点：既然是以这种条件选股，那么必然会抛弃不符合条件的股票，这一定会让你失去一些投资其他条件股票的机会，也是没有办法的事情。这种现象在经济学中被称为"机会损失"。

二、第二次筛选股票

进行第一次筛选以后，投资者只是发现了"可能上涨的股票"和"正在上涨的股票"，初步构建了股票池。然而股票池里的股票还是太多了，少则三四百只，多则上千只，总不能都买吧！这么多的股票又该怎么再次选择呢？股票池里什么样的股票才最有可能上涨且涨幅巨大呢？

具体的方法是再次使用"选股器"功能，将第一次构建的股票池作为筛选对象，通过变化分析周期或者增加技术指标、财务指标、增加 K 线指标等方式，再次缩小选股范围。

图8-4所示的结果就是在使用周线进行选择后，再使用日线进行选择的结果。使用周线图时，条件是"收盘价大于EXPMA1，EXPMA1大于EXPMA2，净利润大于0，流动市值小于20亿元"，选出了577只股票；之后又使用日线图，以同样的条件，在这577只中选出了84只股票。

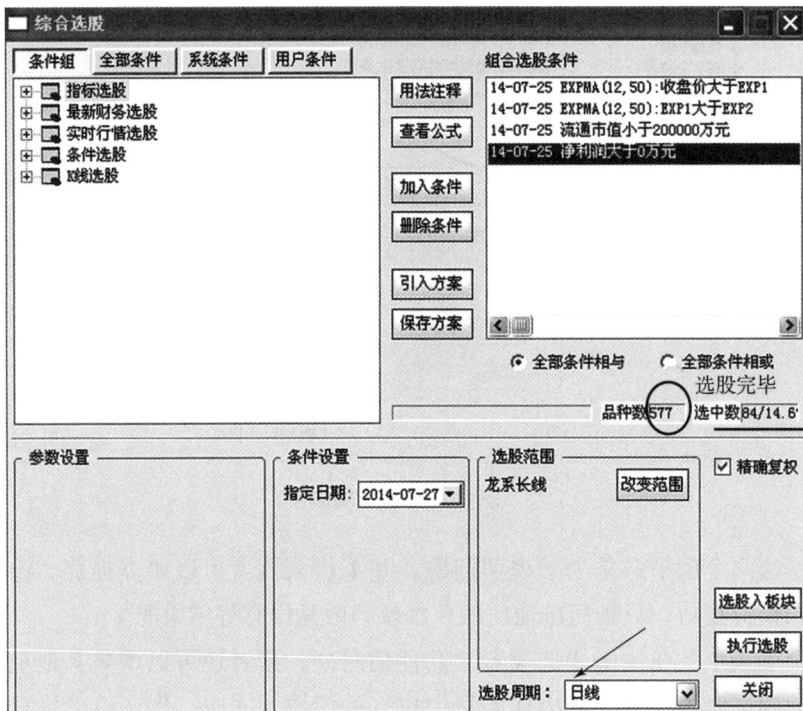

图8-4　再次选择股票

图8-5所示为在第一次使用"龙系长线"指标构建的股票池中，再次使用"身怀六甲"K线指标，选出了6只股票。

可见，通过增加一些条件，或者变化一些分析周期，我们是可以再次将股票范围缩小的。

三、第三次筛选股票

中国股票市场中历来有"风水轮流转，下回到我家"的现象：一种类型的股票涨幅巨大以后，开始回落；另一些曾经被冷落的股票开始活跃。也就是说，由于资金面和股指期货等方面的影响，股票市场齐涨共跌的时代早已经结束了，投资者应该以"游击战"的思路来对待这个风水轮流转的市场。"游击战"指的是采用中期投资的策

	代码	名称	涨幅%	现价	涨跌	买入价	卖出价	总量	现量	涨速%	换手%	今开	最高	最低	昨收	市盈(动)	总金额	量比	细分行业	地区
1	600027	华电国际	0.80	3.76	0.03	3.75	3.76	697943	20	0.00	1.19	3.77	3.98	3.69	3.73	6.67	2.62亿	1.12	火力发电	山东
2	000723	美锦能源	-0.80	6.23	-0.05	6.22	6.23	271460	2462	0.16	13.93	6.28	6.32	6.03	6.28	54.43	1.69亿	3.34	焦炭加工	山西
3	002025	航天电器	0.73	16.51	0.12	16.50	16.51	55055	587	0.06	1.69	16.50	16.52	16.39	30.51	9205万	0.55	元器件	贵州
4	002196	方正电机	-1.58	14.36	-0.23	14.35	14.36	46066	832	0.00	5.71	14.32	14.50	14.10	14.59	329.00	6591万	0.84	纺织机械	浙江
5	002469	三维工程	0.97	10.45	0.10	10.45	10.47	28709	451	0.19	1.29	10.41	10.54	47.34	2994万	1.37	建筑施工		
6	002604	龙力生物	1.50	12.89	0.19											61.15	2427万	0.83	食品	山东

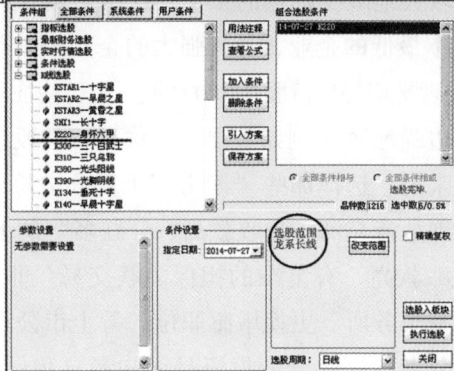

图8-5 再次选股案例

略来进行交易，等一些板块热点退去以后，市场主力一定会在另一些板块上做文章。

同时，中国股票市场也是个"概念股繁花似锦，题材股鸡犬升天"的市场，鲜有业绩持续长久发展的上市公司，也自然难有持续上涨的股票，能连续一年上涨的股票更是寥寥无几。多年以后我们还记得曾经风靡一时的概念，例如"基因概念""机器人概念""民营银行概念""婴童概念""养老概念""石墨烯概念""禽流感概念""灾后重建概念""触摸屏概念""土地流转概念""城镇化概念""水利概念""互联网金融概念""彩票概念"等。既然如此，那么我们的观点是"永远不要和上市公司谈长时间的恋爱"，采用中期（例如6个月左右）投资的策略来买卖股票。

如果前两次筛选主要根据静止的指标来选择，那么第三次就是根据变化的内容来选择。因此，第三次选择就是优选的过程。

这就需要读者在家里做功课了，在前两次筛选后的股票池里，进行如下工作。

（1）板块分类。假设经过前两次选择，股票池里还有400只股票，那么就其行业归属来说[1]，以56个"行业板块"为例，平均每个行业约有7.14只股票。

（2）热点转换。根据行情轮流转的特点，分析哪些行业是当下的投资热点，这样基本上就可以将大部分股票排除在外了，因为热点往往会集中于几个板块，不会全面开花。经过这样的选择，你第三次筛选所建立的股票池中就剩下不足50只股票了。

（3）进行F10信息查询，考察公司的财务绩效，是否有重组预期，主要产品即所在行业，主力持仓情况，所在地区等信息，以选择出更适合的股票。

结合本书第二章第二节"如何测算主力持仓比例"的内容，主力持仓情况基本就

---

[1] 软件默认的行业板块较多，有"证监会行业板块""概念板块""地区板块""行业板块"等划分方法。投资者可以任选其一。

了然于胸了。

同时，投资者还需要了解如下这些基本知识或称之为市场的规律，尽管这些不是百分百可靠，但是可以较大地减少筛选的工作。这些知识分别如下。

①选择"本行业成本最低的企业，品牌强大的企业，占有率高的企业"。

②打开F10，如果发现平均每户持股在10000股以上，往往意味着有一定的主力持仓。

③实践表明，一些边疆地区（例如新疆、西藏等）的股票往往股性很活跃。

④就财务报表分析来说，选择那些"未来三年复合增长率＞20%、毛利率＞20%、净资产收益率＞10%、现金流充沛、预收款高、分红多"的上市公司的股票。

⑤注意那些"应收账款高、有复杂的担保关联交易、非主业盈利增加、大股东经常减持、经常更换会计师事务所、更换敏感职位"等上市公司的股票。

⑥普通投资者不必分散投资。分散投资是无知者自我保护的手段，对那些知道自己在做什么的人来说，分散是没有意义的。

⑦熊市中买入的成长股价格一定会在一年内修复；牛市中首先上涨的一定是大盘指标股，经验表明，它们会涨2～8倍。

⑧大盘处于熊市时，活跃的一定是中小盘股票。

⑨普通投资者由于缺乏产品专业知识，可以选择那些生产的产品能让自己了解的上市公司的股票。例如"衣、食、住、行"类的股票，遍布于纺织服装、中西药品、牛奶饮料、房地产、酒类、肉蛋禽类饲养与加工、汽车制造、公路/水路/铁路运输、旅游、电影媒体、银行金融等行业。

⑩一定要关注国家政策支持的产业或地区的股票。这些政策的显现尽管有滞后性，但是具有长期性。例如国家淘汰落后产能，意味着同行业的恶性竞争减少，底子厚实的上市公司有业绩大幅度上升的可能性；国家领导人经常到国外签署高铁、核能、基础设施建设的国际合作大单，意味着这类上市公司的发展机会很多，也很持久，如图8-6所示。

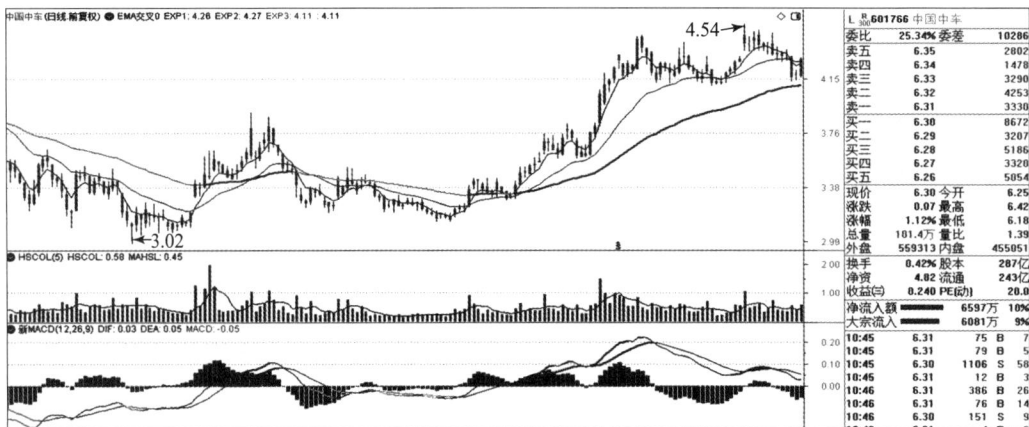

图8-6 中国南车日K线图

四、再次筛选——股性

股性，是股票活跃度的一种通俗化说法，是指股票在长期运行中被投资者行为赋予的相对稳定的股票特性。就像人类具有"急性子"和"慢性子"的个性那样，不同的股票在市场当中的表现也不尽相同。例如，同样是生产医药产品的上市公司，其股票的活跃度就有很大的差异。同仁堂尽管名誉海内外，业绩优良，但是股性一直不太活跃；倒是同样盘子很大，业绩也很好的复星医药，相对而言股性更为活跃。同样生产电子产品的铜峰电子，股性一直比较呆滞，远逊于生产同类产品的江海股份、法拉电子等股票。

我们为什么要研究股性？就是因为通过三次乃至多次的筛选，我们的股票池里还是有太多的技术上发出买入信号的股票，买入哪些股票才更合适呢？这就要研究股性。股性呆滞的、不活跃的股票，即使发出买入信号，我们也要等等看。我们要买入那些股性活跃，同时又发出买入信号的股票，这样才可能让我们的投资收益最大化。因此，**研究股性的意义在于在同时出现买入信号的 N 只股票当中进行优选**。

那么，如何判断某只股票的股性是否活跃呢？有两种方法，一种是 β 值法，另一种是经验法。

1. β 值法

投资学上使用 β 值来衡量股性，它表示的是一只股票在市场当中与综合指数（大盘）的比较结果。β 值越大，说明股性越活跃，投机性越强。

当 $\beta > 1$ 时，该只股票比大盘更活跃。例如，某只股票的 β 值为 1.5，则说明，大盘上涨 10% 时，该股票价格上涨 15%。

当 $\beta = 1$ 时，该股票与大盘活跃程度一致，大盘上涨多少，该股票也上涨多少；反之，大盘下跌多少，该股票也下跌多少。$\beta = 1$ 是个理论值，现实中极少有这种情况发生。

当 $0 < \beta < 1$ 时，该只股票没有大盘活跃，表现得比较沉闷。例如，某只股票的 β 值为 0.8，说明大盘上涨 10%，该股票价格仅上涨 8%。

当 $\beta < 0$ 时，该股票表现与大盘表现背道而驰。例如，某只股票的 β 值为 -0.5，则说明，大盘上涨 10%，该股票下跌 5%。

因此，从 β 值角度来看，当牛市到来时，应该选择 β 值比较大的股票；当熊市来临时，应该选择 β 值为负的股票。

在 F10 里的"港澳特色"以及"行业分析"中的"二级市场表现"中，我们可以发现一些数字，可以通过它们来计算 β 值。"港澳特色"显示的是最近 20 周该股与大盘的涨跌幅；"行业分析"中的"二级市场表现"显示"1 周、1 个月、3 个月、6 个月、从年初至今、1 年"来该股涨跌与大盘涨跌的情况。但是这些统计是历史数据，并不能表示该股票今后的走势。

客观地讲，β 值只是一种判断股票活跃程度的理想方法而已，实际上对选择股票起不到多大的作用。

2. 经验法

有经验的投资者往往了解一些市场中股性比较活跃的股票，可举出很多例子。股性活跃与否很大程度上和庄家有着密不可分的关系，如果一只股票独立于大盘的走势，说明它有超强主力控盘，其股性较强。这类股票要么有新鲜的概念，要么业绩优良，要么有炒作题材等，所以，每当股市有行情时它们往往率先启动，即使在大盘低迷之时也常常会有所表现。

反之，股性"死"的股票要么盘子太大，要么业绩太差，要么缺乏亮点等。这类股票的股性"呆滞"，每当股市有行情时它们也是慢半拍，而且一闪而过；如果股市低迷，它们会率先下挫。

至于那些股性介于"死"和"活"之间的股票，它们既不会领先于大盘，也不会落后于大盘。这类股票往往会有一些特别的经历，例如曾经被恶炒，失败后留下一大批套牢筹码，或者有长期主力照看等。

股票历史上的价格经历会在投资者心目中留下特别的情感，建立起特殊的市场基础和市场形象，在今后的价格运行中往往会聚集人气，引发引人注目的市场表现。

投资者只有在股市中长期浸润，才会对股性有深刻体会。

五、构建投资组合及禁忌

利用软件的多次筛选以及投资者个人的选股偏好和侧重点，投资者基本上就可以做到在几千只股票中选出 10～30 只股票了。

这个选择过程是这样完成的，一部分是靠软件本身的功能，通过设定一些条件，让软件代替投资者进行选择；另一部分是靠人工完成的，即通过你自己的经验、知识以及习惯、偏好等，在软件做出的选择中再次进行选择，最终构建出你心目中的股票池。

我们会在构建好的股票池里选择股票进行投资，构建投资组合。有人认为，构建的投资组合中的股票数量应为 10～15 只，理由是当股票数量达到 15 只的时候，风险程度降到系统风险的程度，因此构建投资组合时至少要选择 10 只股票，以 15 只为宜。但是这作为一个数学计算的结果，在现实操作中似乎显得没有多大的指导意义。

根据经验，我们在进行投资的时候，可以根据手中资金量的大小进行安排。如果是百万级的资金，在股票池里选出不超过 3 只股票构建投资组合；如果是千万级的资金，则不超过 5 只股票；亿元级的资金，不超过 7 只；更多的资金，如果是主力操盘，做好一只就可以了。

同时，在买入的时候，比较忌讳买一堆股票，因为数量越多，越眼花缭乱。管理学认为，7 是个神奇的数字，下属的数量一般不超过 7 个，否则容易造成管理协调上的极大麻烦①。因此我们要知道 7 的重要性，一个团队构建投资组合的时候，也不要超过 7 只股票。

另外，比较忌讳投资时都买成同一板块或同一题材的股票。例如，投资者准备买 4 只股票，这 4 只股票应该分属于不同的行业或题材，例如可以买入一只上海汽车，一只上海石化，一只三峡水利，一只中国软件，不能买入上海汽车后又买入一汽轿车，买入华昌化工后又买入中国石化。当然，最差的情况就是买入上海汽车后又买入一汽轿车，接着又买入东风汽车、宇通客车……这是最忌讳的事情。

六、本节小结

本节通过介绍有关知识帮助投资者选择股票。应该讲本节的内容比较关键，因为股票数量众多，行业庞杂，普通投资者很难在这海量的股票当中进行合理的选择，更谈不上优选了。而且股票数量会与日俱增，越来越多，这就为投资者选股带来了越来越多的困扰。

本节介绍的"选股器"功能，只是一些简单的应用，有兴趣的朋友可以循着笔者的思路深耕细作，不断找出更理想的选择股票的方案，同时通过熟悉软件的相关功能，学习更多的投资知识，尤其是计算机编程代码知识，以便将其更好地应用于自己的投资实践。

另外，使用软件功能选择出来的股票肯定会带来"机会损失"。也就是说，你选出来的股票可能下跌，你没有选出来的股票反而可能上涨，甚至大涨。这是无可奈何的事情，没有什么方法能兼顾二者的好处，没有什么方法能让你选出的股票都快速地飙升，也没有什么方法能让你把所有日后快速飙升的股票事先一网打尽。

我们能做的就是利用现实条件——证券公司提供的行情分析软件、能上网的电脑、我们的不断学习——来尽可能实现我们的投资收益最大化，仅此而已。

根据书中笔者提供的选股思路和方法，就实际效果来说，如果你不是一个过于贪婪的人，每次选出几只短时间内涨幅 20%～30% 的股票并非难事。这样累积下来，让自己的资金每年获得 30% 的收益是极有可能实现的。

---

① 当下属人数是 6 时，上级的协调次数为 222 次；当下属人数增到 7 人时，协调次数增至 490 次。

第四节　选择买点

股市中一直有先选时还是先选股的争论。抛开我们之前的介绍，只讨论这个论题的话，笔者的观点是先选时后选股，也就是说先选买点，再选股票，而不是先选股票，再选买点。因为市场当中的几千只股票，并不都具有合适的买点，即使是一只质地不错的好股票，如果处于空头排列，没有买入的好时机，那为什么要买入呢？

但是我们已经做了"选择股票"的介绍，这种首先靠行情分析软件来选股的做法，其实就隐含着选时的意思。例如，我们设置的"MA10 大于 MA30"的条件，就是要选择那些"10 天均线上穿 30 天均线"的股票，这选择的就是一个时机。

技术的进步，使得我们能够在选股的时候同时选择时机，这无疑避免了"先选时还是先选股"的无谓争论。

因此，我们本节讨论的重点是在已经选好的股票当中，如何尽量选出一个最佳的买入点。

一、什么是"买点"？

买点即买入点，是价格相对较低的位置。买点是指一个区域，即价格区域和时间区域内的买点。价格区域大家容易理解，为什么还说是时间区域内的买点呢？因为价格总是随着时间的变动而变动，换句话说，价格总是在每天 9：30—11：30，13：00—3：00 的交易时间段内变动。价格一定是某个时刻的价格，某一个时刻也一定有一个价格，所以说价格和时间是不可分的。

首先，我们必须清楚认知一个冷冰冰的事实，那就是我们所构建的盈利系统显示的买入信号往往已经出现，可能出现在昨天，也可能出现在一周之前。这意味着我们根本不可能以最低的价格买入。盈利系统的买入信号是在行情运行中，通过电脑的数学计算，用技术指标显示出来的，可能在盘中，也可能在收盘以后显示。在盈利系统显示买入信号时，我们可能并不在电脑旁边看盘，即使在电脑旁边，我们看到的买入信号其实已经发生了，因此买入信号必然是已经发生过的事实。

但是由于价格波动具有微观随机性，即使我们是事后看到买入信号的，也并不意味着我们一定买不到低价格——因为随后可能会出现更低的价格。

所以我们在根据信号买入时，能做到的就是尽量以"更低的价格买入"。如果能做到买入后一定时间内上涨，例如第二天上涨，就更好了，因为这会给我们带来好的心情。

说到买点，所有的投资者都希望以更低的价格买入，那么股价在哪些情况下可能跌到那些"可以买的低价区域"呢？图8－7所示为买入与卖出信号。

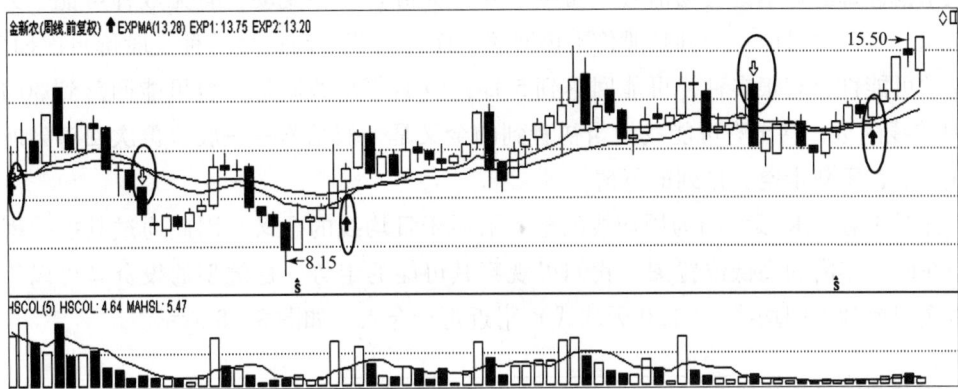

图8－7　图中的圈表示MA均线交易系统中出现的买入和卖出信号

我们先从两种技术分析的角度来探讨这个问题。

一是趋势分析，主要使用移动平均线、MACD等。按照葛兰威尔八大交易法则，价格在移动平均线上方运行的时候，理论上任何时候都是买入点，尤其是当价格突然下穿平均线而不破的时候，是绝佳的买入时机。

二是震荡指标，主要有RSI、KDJ等。按照一般规则，震荡指标数字很小的时候，就是买入时机。

但这仅仅是理论上的探讨，实际操作时并非如此简单。在实际操作的时候，一方面要参照技术指标的提示，另一方面要使用更多的技术分析工具以及多个分析周期，才能尽可能找到合适的买点。

买点的具体时间和位置，是由投资者本人确认的。即使使用同样的技术指标、同样的分析周期、同时发现相同的股票具有买点的时候，不同的投资者选择的价位也可能是不同的。稳健型的投资者可能在技术指标发出买入信号后再等一下，或者仅仅试探性买入；而进取型的投资者可能会立即全仓杀入。长线投资者可能选择的是马上进场，短线投资者反倒要再观察一下情况。

这些方法各有利弊，笔者倾向于认为：在中长线技术指标发出买入信号后，通过用下面介绍的工具分析再等待一下，以期找到"更低的买入价格"。

二、通过看支撑位找到更低的价格

支撑位有很多，例如BOLL通道中轨线、前期低点、黄金分割点等，当然还包括趋势线当中的中期趋势线。这些在趋势交易当中被认为是非常重要的支撑位。

由于笔者倾向于以周技术指标看盘，因此当周技术指标发出买入信号的时候，我一般认为这是第一次买点。例如，周 EXPMA13 均线上穿 EXPMA28 的时候，几乎所有的技术指标都会显示为进场信号。而接下来，价格会怎样变动，有无数种可能。大方面来说，有两种可能：一种是股价不再回落，而是节节升高；另一种是股价再次回落。回落的可能性也有很多种，可能回落到 5 日、10 日等均线附近，也可能回落到 30 日、60 日均线附近，甚至有可能我们当初看到的金叉是个假信号——股价再次回落到所有均线以下，重新走空头排列的行情。

此时再看日 K 线，因为周均线的金叉滞后于日均线的金叉，因此通过其换手率和价格在两三年内的高低位置图，我们可观察其可能的走势，稳健型的投资者可以等价格再次回落到中期均线（如 30 天均线）附近再行介入，如图 8－8 所示。

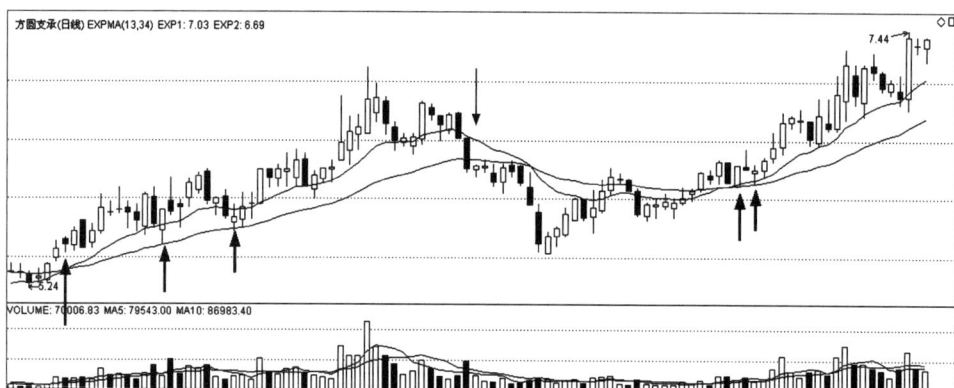

图 8－8　方圆支承日 K 线图

三、通过震荡指标找到更低的价格

震荡指标是判断市场多头或空头是否极端的指标。常见的震荡指标有 RSI、KDJ、BIAS 等。多头过于极端，或者空头过于极端，都是市场非理性的表现。不论是大盘还是个股，我们都可以通过震荡指标来发现买点。

正如我们前面讲述的那样，市场非常热络往往意味着买盘过多，价格被极度推高，显示出来的就是震荡指标数值偏高。但是多高才算高？就买入信号来说，一般的教科书认为 RSI 值、K 值、D 值低于 20，J 值小于 0，BIAS（5）低于 －3 时，属于买入时机。这种说法在实践中并非那么奏效。实际操作时，我们经常发现 RSI 值、K 值、D 值低于 20，J 值小于 0 以后还会继续降低，BIAS（5）低于 －3 以后还会继续下降，这意味着价格还会继续下跌。如果单纯以此为买入信号，显然难逃被套的结局。

为了更加保险，我们在使用震荡指标的时候，一方面，当这些数字低于上述数值的时候，要引起警惕，即价格可能到了底部；另一方面，要密切关注，不要轻举妄动，同时结合 BOLL 通道线下轨线，结合其他周期进行分析，才能得到一个更合适的买入点。

实战案例：拓邦股份（图 8-9）在 2014 年 1 月 9 日发布业绩修正预报，称"公司预计 2013 年度实现净利润 3676.46 万元至 4679.14 万元，同比增长 10%～40%"，较 2013 年三季报中预测的增长 50%～80% 明显下修。这则公告导致第二天（周五）股价大幅度低开，并一度跌停。当时笔者正在关注这只涉及"智能家居、锂电池"的股票，看到该股跌停，隐约感觉是一个介入的机会。于是观察震荡指标的 J 值，发现已经在 0 轴以下，为 -8.36；又打开周 K 线图观察，如图 8-10 所示，看到周 K 线图是一个极其难看的带量大阴线，且已经吃掉前两周的阳线，似乎走势不妙。但是周 K 线显示该股自 2013 年 5 月进入上升通道以来，其重要的支撑位 28 周均线（即半年线）没有被有效跌破过，即使短时间下穿，很快也会回到上升通道里。因此笔者判断，即使本周有一个大阴线且是跌停，依然不用害怕，可以大胆介入，即便是周五，也不用担心，所以在跌停位 8 元/股附近开始买进。事实证明，该股股价最低跌至 7.85 元/股，而后快速止跌，展开新的上涨，股价在 11～12 元/股间大幅震荡的时候，笔者在 11.57 元/股处卖出。

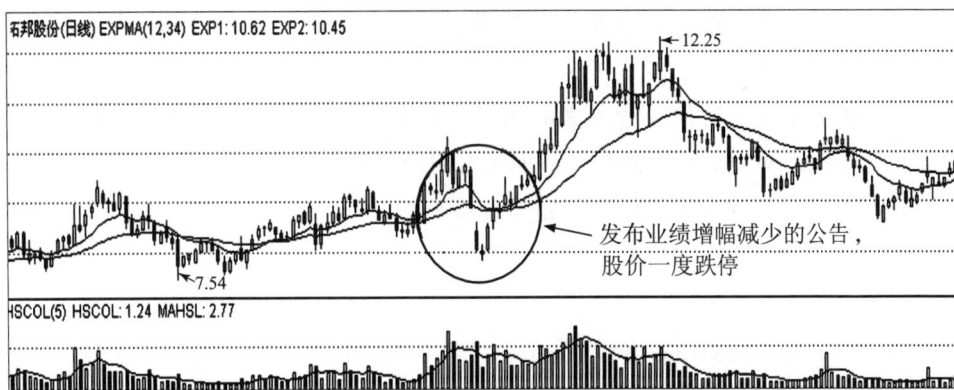

图 8-9 拓邦股份日 K 线图

这里边其实隐含着另外一个重要的问题，那就是**如何分辨这种下跌是主力洗盘还是出货**。这里有几种判断方法。第一种是根据下跌开始距离启动点的距离判断，如果是 20%～50% 的上涨，基本上可以判断为洗盘。因为第二章中我们已经了解了主力将股价拉升到距离成本区 50% 的价位时，才能做到保本，因此下跌位置距离启动点越近，越表示属于洗盘行情。第二种是根据年线的支撑，一般洗盘的时候，主力会使价格位于 60 日均线的上方，有时会维持在 120 日均线的上方，最后一道防线则是 250 日均线

（即年线），如果价格跌至年线附近获得绝对支撑的话，则可以判断为洗盘①。如果同时满足第一种和第二种情况的话，则洗盘的可能性更大，如图 8 - 10 所示。

图 8 - 10　拓邦股份周 K 线图

四、通过底背离找到更低的价格

实战中经常使用的底背离技术指标有 RSI、KDJ、MACD 等。底背离往往对于那些持股时间比较长、个性比较"贪婪"的投资者，即中长线投资者适用。当然，由于中国中小散户居多，短炒客居多，中长线投资者很少，绝大部分中小散户在股价下跌过程的尾声，因为价格的反弹或者主力的试盘，甚至在行情启动初期自以为解套，从而卖出股票，出现面对以后价格涨势如虹而无可奈何的窘况。

投资者在使用底背离的时候，一定要注意底背离的含义与用法，尤其是使用的技术指标的具体公式和算法。只有深刻理解技术指标的内在含义，投资者才能使用好指标底背离的技巧。

例如，对于相对强弱指数 RSI，一般系统默认的参数有三个（6，12，24），但是系统并没有告诉投资者如何使用这三条线，只是简单地说了一些 RSI 的用法。实际上，投资者可以选择两条甚至一条线，将 RSI 指标设置为 RSI（8，15）或者 RSI（12）等，具体数字投资者可根据实践经验自定。

我们已经知道，RSI 是指在一定时间周期内上涨天数与上涨天数加下降天数之和的比值。RSI 值越大，说明在 N 天内，上涨的天数越多，市场的超买欲望越强烈，价格处于随时可能下跌的区间，操作上应以卖出为主或者至少卖出一部分；反之，RSI 值越

---

① 此时从周 K 线角度观察往往伴随着成交量的放大，这说明一部分投资者落袋为安，另一部分投资者买进股票，下跌一般持续数周。普通投资者可以不必猜测是洗盘还是多少人离场，只需要照此判断即可大概率获利。

小，说明在 N 天内，下降的天数越多，市场的超卖欲望越强烈，价格随时会出现反弹，操作上应以买进或者至少买进一部分为主。

RSI 出现底背离，说明在第一次下跌以后（此时 RSI 一般会跌到 20 以下），买盘意愿增强，即使出现价格创新低，也不能忽视买家增多的事实，表现为价格虽然创出新低，但是上涨的天数在增加，此时往往提示价格最危险的阶段已经过去，随时可能上涨。

这就是底背离的使用原理。但是底背离并不必然导致价格反转，因为还可能出现第三次、第四次的背离，甚至经常出现主力机构将价格第三次打到最低，同时破坏底背离形态的情况，此时往往会令投资者不知所措。依照笔者的经验，此时投资者一定要放稳心态，不要想着买到最低价，可以多等一段时间，结合其他技术指标（如 MA 等）共同判断价格是否处于相对低位的区间，如图 8 - 11 所示。

图 8 - 11 中国重汽截止到 2013 年 6 月 9 日的周 K 线图

五、通过盘口观察找到更低的价格

盘口就是在每天 9:30—11:30、13:00—15:00 的交易时间内股价的分时图，在功能区域可以找到相应的观察周期从 5 分钟、15 分钟、30 分钟到 60 分钟的 K 线图。

对盘口的观察也是按照技术指标的用法来进行的，例如通过观察短周期（分钟图）技术指标的顶/底背离情况来判断阶段性的高点和低点。在使用时，最好能将分时图拉长，即观察 3 日以上的分时图，这样更为准确，如图 8 - 12 所示。

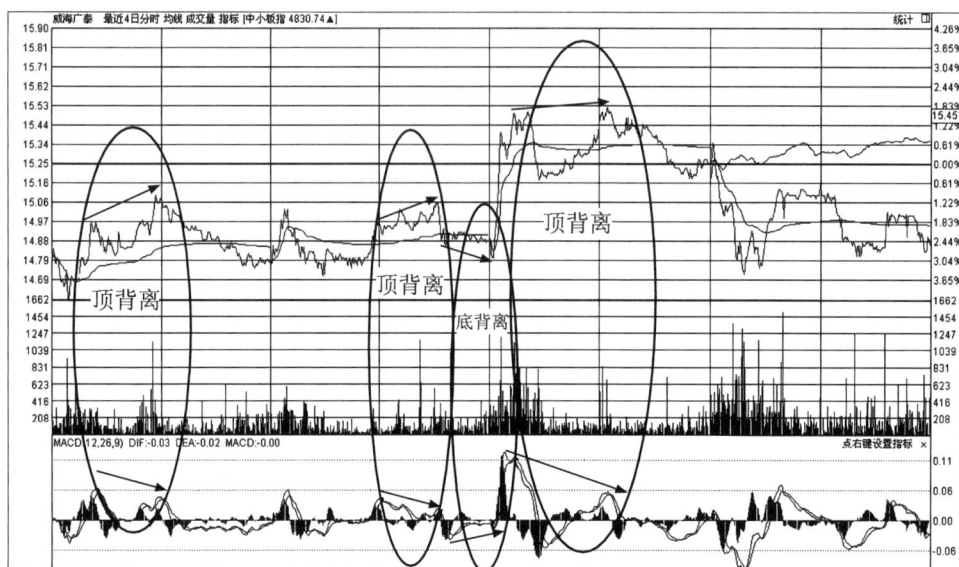

图 8 - 12   威海广泰 2014 年 6 月 30 日连续四天分时图

六、通过控制资金进场节奏摊平买入成本

严格地讲，没有哪一种方法能保证你买入的就是最低的价格，你能做的是尽可能找到更低的价格。对抗风险的另一种策略是有节奏地投入资金，即看好一只股票以后，分几次将资金全部买入。

正如我们都知道的，**行情的变化往往出乎人们的意料，即使是相对确定的投资，也可能会出现价格的非理性波动**，因此将资金分阶段投入是比较可靠的做法。至于分几次投入，每次投入多少比例，则完全取决于投资者个人的资金量和风险偏好。例如，千万级别的资金可以分 3 次，按照 3:5:2 的比例买入。

在每次投入资金时，你要尽可能做到：已经找到"更低的价格"了，即你已经在技术指标发出买入信号后，通过上述方法，找到了更理想的低价格。

例如，投资者在使用周 EXPMA 均线与 XLPL 指标时，出现多个买点和卖点。当出现买点且乖离率不过分的时候——也就是价格离金叉很近的时候，投资者可以分阶段、分比例买入；当价格上升到乖离率很大的时候，投资者可以分阶段或者干脆一次性卖出，如图 8 - 13 所示。

图 8 – 13　长春一东周 K 线图

七、几个不买点

在实战中，一些情况下投资者是不能买入的，主要有这么两类情况。

一是价格运行在中期上升通道当中，出现下列情况，投资者尽量不要买入，不仅不能买入，反而是短期内的卖点。

（1）高位超买。乖离率，KDJ、RSI 等震荡指标显示为超买区时，一般不要买入，即使你可能因此错过暴涨的连续涨停行情。相反，此时应该是阶段性的卖出点。

（2）顶背离。MACD、KDJ、RSI 等指标出现顶背离时，即使价格依然处于上涨的势头，投资者也要果断离场。

（3）放巨量。当价格上升伴随着巨大成交量的时候，股价处于上升途中或者较高的价位区，投资者都不要买入（不包括低位金叉的情况）。放巨量的同时，往往伴随着 K 线的十字星或者大阴线等，如图 8 – 14 所示。因为放巨量往往意味着买卖盘同时增加很多，是多空双方战斗比较激烈的时候，因此不要介入。至于多大的量算巨量，一般以 30 日均量的 5 倍为参考值。有一种情况除外，那就是当股价回落到相对低位，技术上出现支撑或者超卖信号，盘口观察属于连续的巨大买盘托起，即判断为主力强势买入时，投资者可以考虑分仓买入。

（4）中阴/大阴线。价格上涨的时候出现了中阴线或者大阴线，此时都伴随有一定

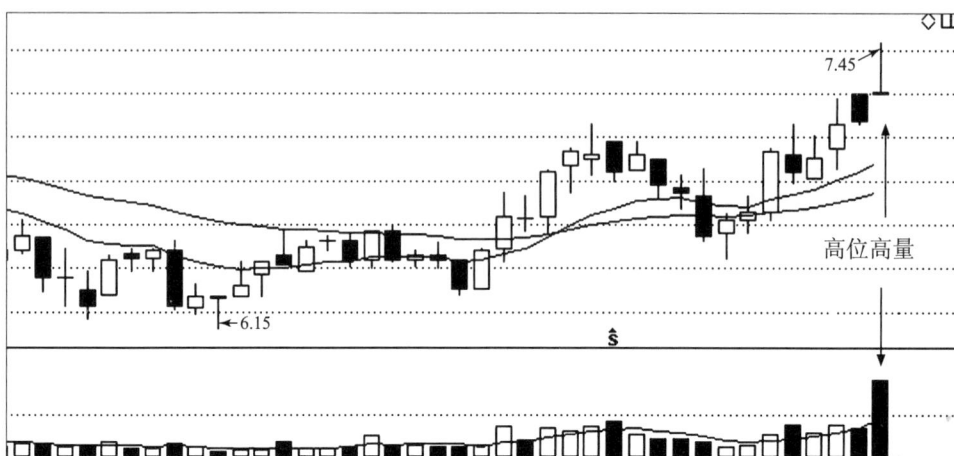

图 8 - 14　处于相对高位的阴十字星

的成交量①，往往意味着杀跌力量较大，投资者不宜马上介入，等价格下跌到一定的技术支撑位后再介入不迟。

　　二是价格运行在中期下跌通道中，此时技术上处于空头排列，但是短期内由于消息的刺激或者其他因素，也会出现一些似是而非的买入信号，此时要给予足够的警惕。

　　（1）当日 K 线震荡指标出现较低数值的时候，不要轻易介入，要结合周 K 线图乃至月 K 线图进行观察，提示结合 BOLL 通道指标。只有当大周期的震荡指标也出现极低数值且股价下穿 BOLL 下轨线较多时，才是比较安全的反弹介入点。

　　（2）当震荡指标没有发出信号，趋势性指标发出买入信号时，考虑股价处于下跌通道中，一般不宜介入。即使介入，也要快进快出，不宜恋战。图 8 - 15 所示为浔兴股份在下跌通道中的一些不太可靠的买入信号。

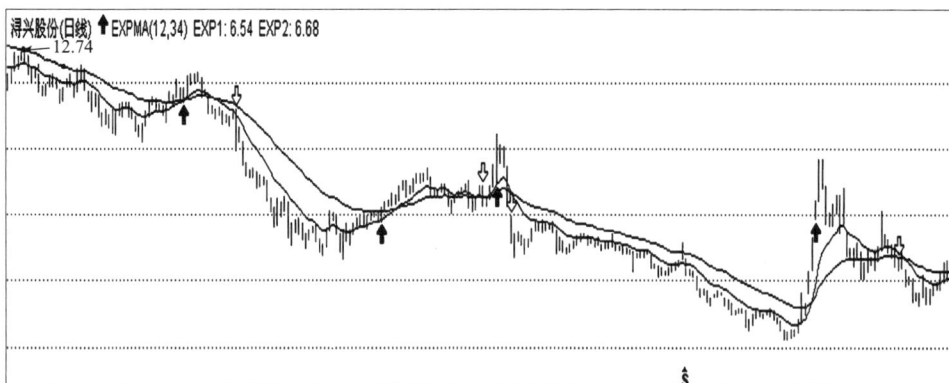

图 8 - 15　浔兴股份 2011 年 7 月 12 日到 2012 年 10 月 10 日的日 K 线图

---

① 实践中很少见到出现大阴线而成交量极其萎缩的情况。

八、本节小结

任何盈利系统的构建，选择买入点都是至关重要的环节，买入点是否合适决定了投资者以后的盈利幅度。由于人类具有贪婪的本性，人们总希望找到"最低的价格"，其实那是不存在的，以上选择买点的几种方法也仅仅是保证你"以比较低的价格买入"而已。

从构建成熟的心智模式角度看，首先，没有人能精确找到最低的买点或最高的卖点，也不必找到它们。其次，在短时间内，几乎每一个投资者都难以避免地会陷入"买入的后悔"或"不买的后悔""卖出的后悔"或"不卖的后悔"这四种后悔当中。构建成熟的心智模式就是要改变这种后悔、自责、恐惧、怨天尤人的态度，因为长期的获利是建立在"心智模式＋操盘技巧"符合市场节奏基础上的。长期的获利可以过滤掉短期的亏损，重要的是可过滤掉短期的心态不稳导致的痛苦体验。

买点的选择固然重要，但是确定这只股票当中有主力运作的痕迹更为重要！**在众多具备买入条件的股票当中寻找那些主力已经运作多时的股票，是获得高收益率的重要保障。**此部分内容应当结合本书第二章中有关主力运作的介绍来研读。

第五节　选择卖点

股市中有句谚语："会买的是徒弟，会卖的是师傅。"此话道出了"卖"的重要性。什么时候是最佳的卖点，该如何找到这些卖点，就需要使用非常关键而重要的技巧了。我自己初入股市时第六感很好，往往能选出来一些价格处于底部的股票，但就是攥不住，一抛马上就涨，经常感叹自己为什么不再坚持一下，坚持一下不就赚钱了吗？同时我也在反思：是不是因为不会卖呢？

那怎么才算会卖呢？难道自己当初再坚持几天就是"会卖"的表现吗？当然，现在，我经过时间的洗礼和岁月的考验，是不会这么认为的，我不会再认为自己多坚持几天就等于会卖。这么多年的知识积累和实战操作让我悟出了很多道理，也总结出了一些可靠方法，提示我应该什么时候卖出。

一、什么是"卖点"?

与第四节谈到的买点一样，所谓卖点，也不是指一个具体的价位，而是指一个区域，是在一定时间区间内的价格区域，或者说是在一定价格区间内的时间区域。

股市当中有"慢慢买，快快卖"的说法。这个"快快卖"，绝不是在比谁移动鼠标更快速，操作得更熟练。而是说，投资者在买入的时候，要从中期的角度去考虑，因此要"慢慢买"；在卖出的时候，从短期的角度去对待，所以叫"快快卖"。那么，落实到具体的实盘操作上，就是用周 K 线图以及技术指标来判断买点，用日线乃至 60 分钟图及其技术指标来判断卖点。

为什么要"慢慢买，快快卖"呢？因为我们在寻找买点的时候，价格走势具有随机性，反映到技术指标上会出现多个买点，而且后来出现的买点并不比原先买点的价格高，可能更低或相近，因此在出现第一个买入信号的时候，投资者一定要等一下；对于周 K 线图上出现的第一个买点，由于是一个较长时间的分析周期，价格还可能有反复，因此更应该慎重对待。至于"快快卖"，主要是由于股价在冲到较高的价位后，由于市场上出现大量的抛盘，主力也会趁机洗盘或吸纳，因此还会有较长时间的震荡期，为了安全计，可以暂时落袋为安，等价格回落到一些技术支撑位后再介入或者完全抛出后寻找下一只具有买点的股票。

"慢慢买，快快卖"的说法有一定道理，但总体来说也是个见仁见智的论题。不过在实践中，笔者确实体会到卖股票要比买股票花费更大的精力和时间。

二、对上涨股票的分类

既然是卖出，那么肯定是卖得越高越好，这就需要研究：价格会以什么方式涨到比较高的位置呢？图形上有什么迹象能显示价格已经处于相对高位了呢？

因此，我们判断卖点的基本逻辑思路就是在图表上对股票进行分类，针对具体的类型研究其卖点所在。

我们把股票价格的上升分为两大类型：缓慢上升以及快速上升。所谓缓慢上升，就是指股价围绕着中期均线上下反复地向上运行，拉升花费的时间较长，即所谓的慢牛，如图 8-16 所示；快速上升就是指受利好消息的刺激，股价出现几乎没有回档的快拉急升行情，时间短，升幅大，即所谓的快牛，如图 8-17 所示。

然而很重要的一点是，对于投资者来说，要事先弄清楚价格正在上涨的股票是慢牛还是快牛，不能当"事后诸葛亮"。

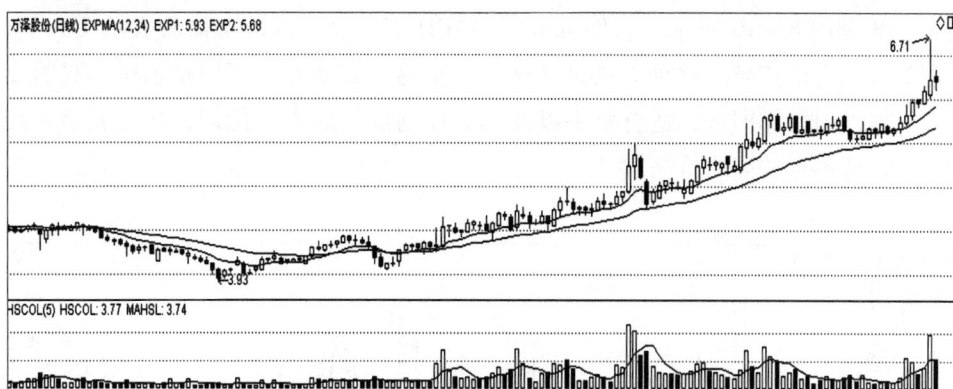

图 8－16　万泽股份股价逐渐攀升的慢牛走势

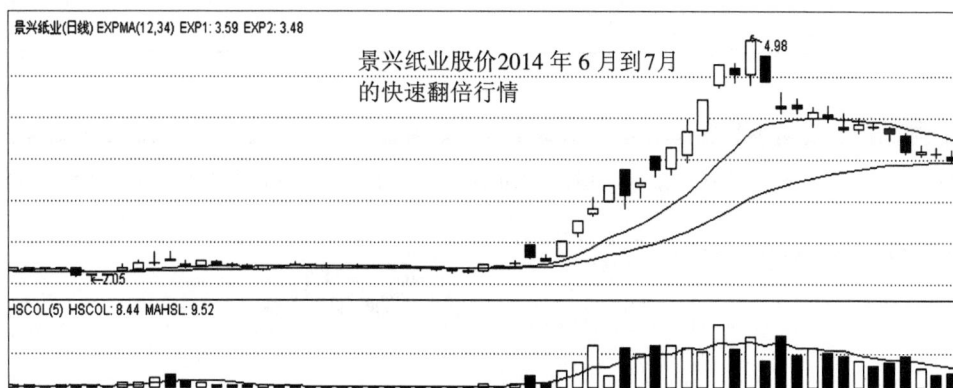

图 8－17　景兴纸业股价快速翻倍的快牛走势

　　事先进行判断的基本依据是：如果一只股票事先毫无征兆，突然之间旱地拔葱，离开启动点 5% 以上，后面紧跟 3 根以上阳线，或者直接以涨停板启动，快速上拉，往往伴随着重组、业绩好转、转增股本等"利好消息"，以迅雷不及掩耳之势疯狂上涨，就可以判断为快牛，否则就是慢牛。如果一只股票事先经过一段时期的缓慢上升，然后被迅速拉升，那么还是鉴定为慢牛。一般来说，市场当中的慢牛占绝大多数，快牛则很少。

　　实事求是地讲，应用这些判断方法不能保证每次都准确，能有六七成的准确度就不错了。我这样判断虽然具有主观性，但是从经验上看具有一定的可操作性；另一方面，进行这样的分类以后，可为寻求更好的卖点提供帮助。

三、对卖点进行分类

　　在把股票分成慢牛和快牛之后，我们把卖点也分成两种类型。

　　（1）第一种类型——自动型，即根据软件自带的专家交易系统的提示选择卖点，如图 8 - 18 和图 8 - 19 所示。软件自带的 MACD 系统显示的向上箭头表示买入信号，向下箭头表示卖出信号。这种方法可实现自动交易，好处就是不用动脑子，只需要按照信号机械性地操作即可，适合新手以及不易控制情绪的人士使用，缺点就是系统提示的卖点往往不是较高的价格。

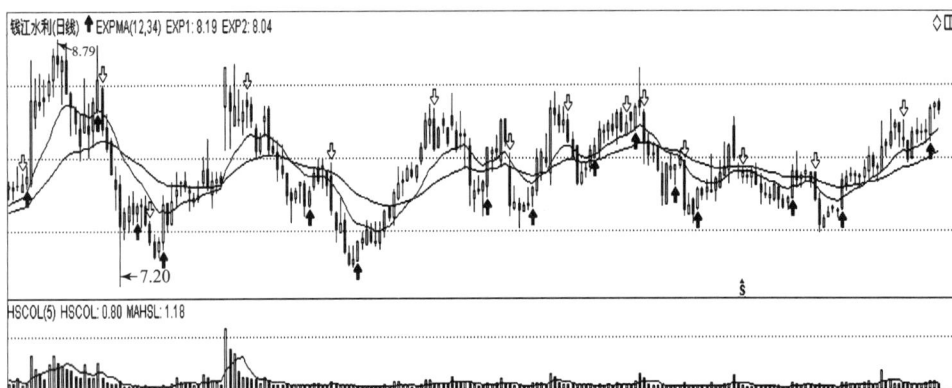

图 8 - 18 钱江水利 MACD 自动交易系统显示的买入点（小箭头向上）和卖出点（小箭头向下）

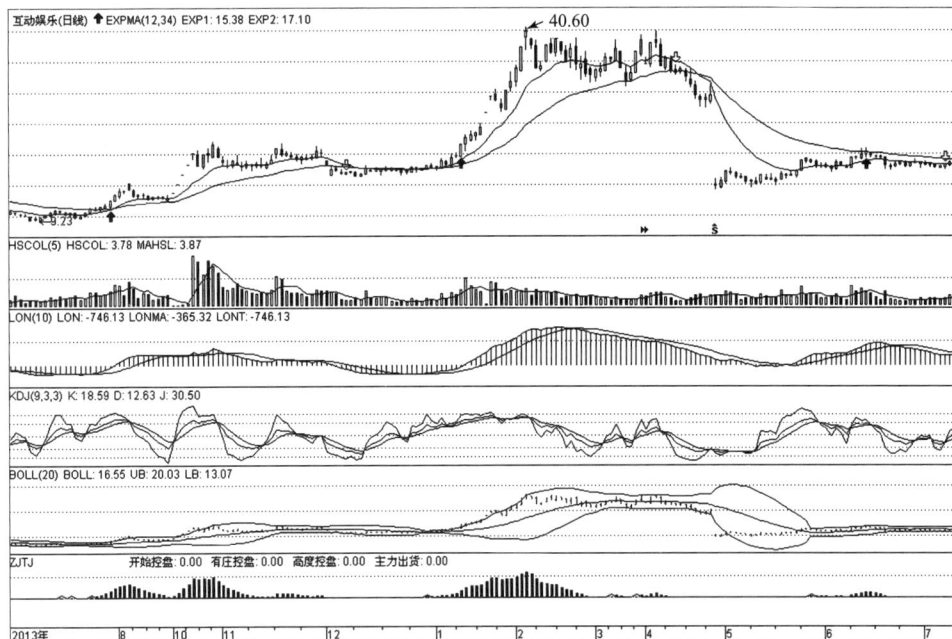

图 8 - 19 互动娱乐 MA 自动交易系统发出的买入（小箭头向上）卖出（小箭头向下）信号

（2）第二种类型——人工型，卖点也可以通过投资者自己设置位于主图区域或副图区域的其他技术指标来判断，如图 8 - 20 所示。

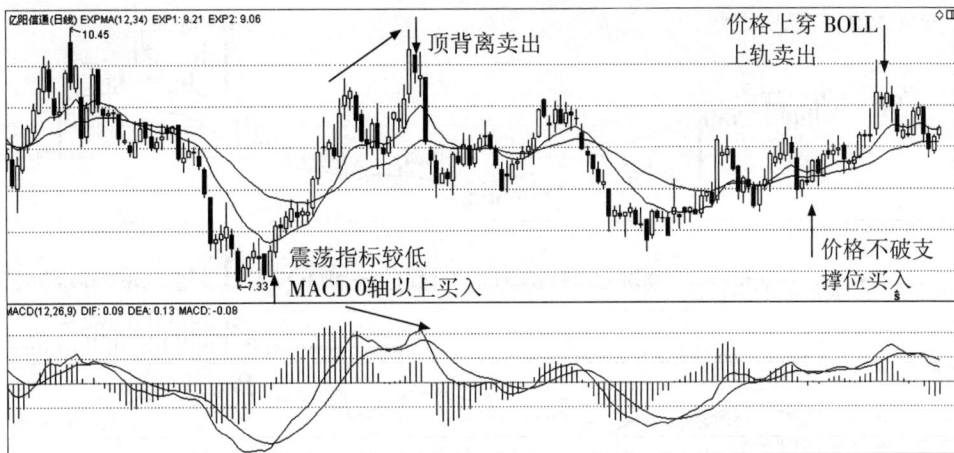

图 8 - 20 自己构建的盈利系统设定的技术指标发出的买卖信号

这类卖出信号属于人工信号，适合投资经验丰富、技术分析能力比较强的人士使用。这样做的优点是可能找到最合适的卖点，但是也可能出现卖得过早而痛失大幅利润的情况——尤其是那些快牛股票，更容易出现这类失误，如图 8 - 21 和图 8 - 22 所示。

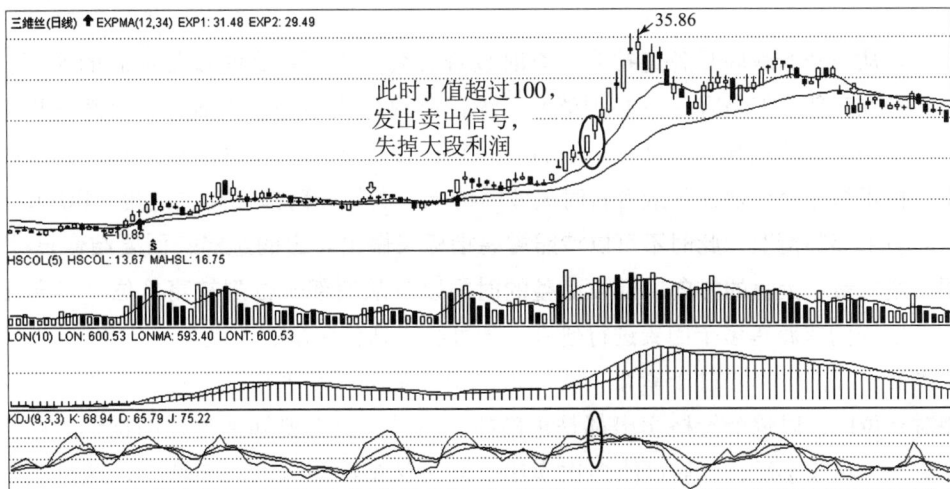

图 8 - 21 三维丝日 K 线图

以上对股票上升特点的分类，以及对卖点的分类构成了四种组合：慢牛的自动信号、快牛的自动信号、慢牛的人工信号、快牛的人工信号。对于自动信号，意思明了，我们不再赘述。就慢牛的人工信号和快牛的人工信号的设置来说，如果设置有误，往往会让投资者在不该卖出的时候卖出而痛失大把利润，那该怎么办呢？

我们再来仔细观察一下慢牛和快牛股票的上升阶段，尤其是最后的阶段。在慢牛股票上升行情的最后阶段，一般会有一个陡峭而凌厉的上升阶段；而对于快牛股票来

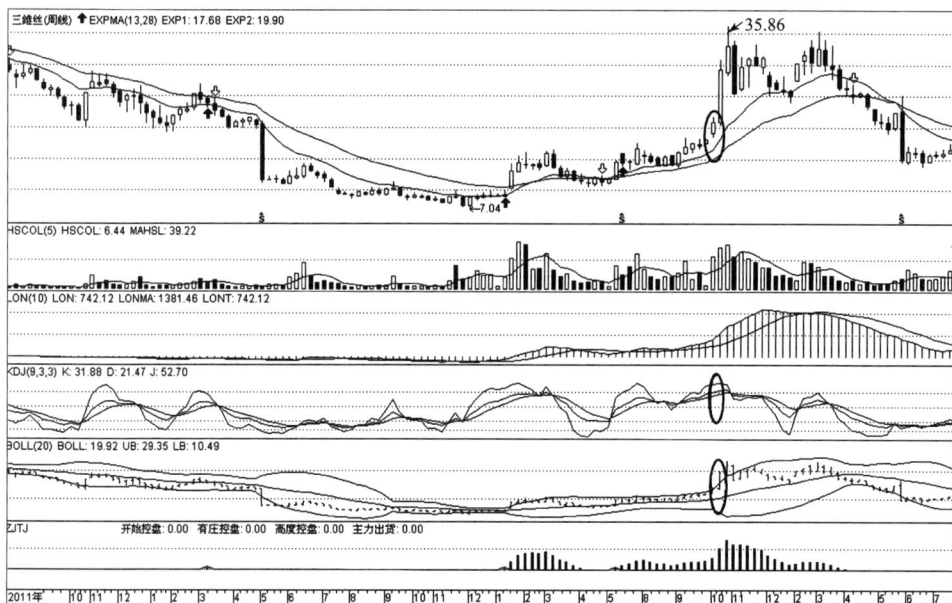

图 8-22　三维丝周 K 线图
（无论是日 K 线图还是周 K 线图，图中圆圈显示，
用震荡指标设定的卖出信号可能会让自己提前出局而失掉大段利润）

说，更是从一开始就展开急速拉升，有时投资者会分不清什么时候是最后的疯狂，因为它一直在疯狂。但是有一点必须清醒，无论是快牛股还是慢牛股，其上涨过程中一定会出现一个疯狂拉升期，这预示着行情最后阶段的来临。在这涨势过于凶猛的时间段里，技术指标会出现钝化或者暂时失效的情况，例如震荡指标高位钝化、BOLL 上轨线持续被上穿等情况，**此时不可以按照震荡指标来做出卖出的选择，而要结合日/周 K 线图、成交量、大盘的方向、低位盘整的时间以及从底部价位到较高价位（准备出局价位）之间的差距等多个因素进行研判，才可能找到更合适的卖点。**

当然，我们也不要过于紧张，要知道，卖点是可以有多个的。理论上讲，只要是在相对高位区，以哪个价格卖出都是正确的。同时投资者要知道这样的操作思路，即当你买入一只股票后，以后可能多次卖出，同时又多次买入。换句话说，这只股票可能会被你买卖很多次，并不一定你以一个较低价格买入，以一个较高价格卖出，只买卖一次就完了。

就一般情况而言，卖点的选择有很多种方法，在实践中大都有一定的指导意义。以下分别介绍几种，供投资者选择。

四、通过压力位找到卖点

压力位有很多，例如 BOLL 通道上轨线、前期的高点、黄金分割点等，因为高点总是远离趋势线的。因此，即使在趋势交易中，笔者也不认为价格有效跌破中期趋势线才是最佳卖点，而是将价格严重偏离 BOLL 通道上轨线、KDJ 的 J 值已在 100 以上多日作为第一次卖点，将价格下破 5 日均线作为第二次卖点，如图 8－23 和图 8－24 所示。

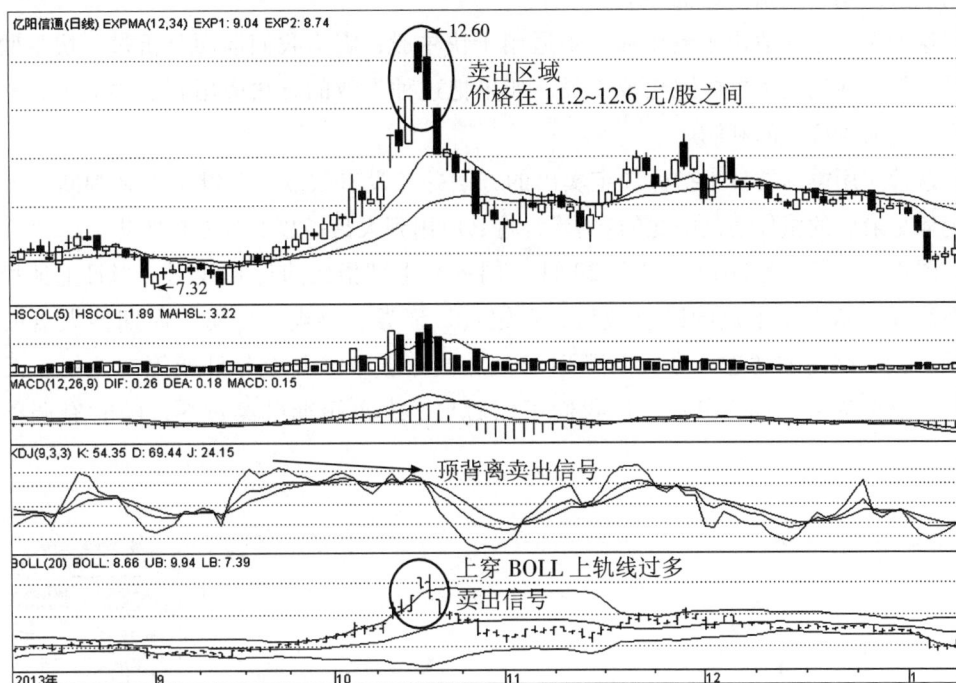

图 8－23　亿阳信通日 K 线图

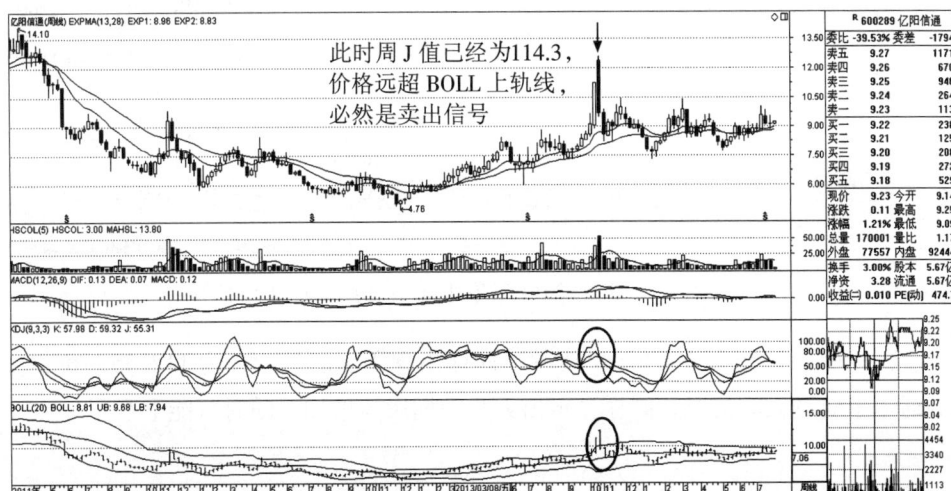

图 8－24　亿阳信通周 K 线图

观察亿阳信通日 K 线图、周 K 线图的震荡指标以及布林通道线，我们可以发现价格上穿日 BOLL 上轨和周 BOLL 通道的上轨很多，且 KDJ 的 J 值大于 100，日 J 值出现顶背离的情况，此时应该立即果断全部或部分卖出，这就是第一次卖点；如果是稳重的投资者，最多也只需考虑 5 日均线的支撑，一旦破掉 5 日均线，也要立即果断全部卖出或卖掉剩余股票，这就是第二次卖点。

这种卖点选择适用于慢牛股，不适用于快牛股，因为我们前面分析过，快牛股一启动，就会导致技术指标钝化或失灵，如果把这种失效的方法应用到快牛股上，必然会失去一大段应有的利润。

这种应用震荡类技术指标决定卖出的方法并非没有缺点，关键是怎么判断"凌厉的走势是最后的疯狂还是中途的欢唱"，将其应用到大盘指数上时更是如此。

图 8 - 25 所示为 2014 年 7 月 28 日（周一）上证指数的日 K 线图，当日上证指数跳空高开，留下 8 个点的跳空缺口，在银行、证券、煤炭、金属等周期性大盘股的带领下，一路高歌猛进，全天上涨 51.34 点，成为 2014 年全年涨幅第二大的一天①。但是，由震荡指标和 BOLL 指标我们可以看出，大盘短期已经过热，随时有调整的可能。

图 8 - 25　上证指数 2014 年 7 月 28 日（周一）日 K 线图

观察一下图 8 - 26 所示的周 K 线图，同样出现周 J 值过大，为 112.55，价格上穿 BOLL 通道上轨过大的情况，同样显示出大盘中期风险增加，随时可能下跌。

---

①　上证指数 2014 年涨幅最大的一天是 3 月 12 日，开盘、最低、最高、收盘价分别是 1987.68 点、1986.07点、2052.47 点、2047.62 点。

图 8 - 26　上证指数 2014 年 7 月 28 日（周一）周 K 线图

对于这样的大盘走势，投资者通常的做法有两种。一是如果手上有股票，先抛掉，等待大盘进一步下跌后，再逢低介入；如果手中没有股票，继续等待买入的机会①。二是不关心大盘的走势，集中力量关注手中股票的走势，因为手中股票的涨跌才是自己盈利的关键。

现实情况是：除非有巨大的下跌或重大利空的刺激，手中的股票会随着大盘而涨跌。但是在大部分情况下，手中的股票（只要是根据本书思路和方法选好时机的股票）都有自己的运行规律，不一定完全跟大盘指数的走势一致。所以，投资者应该重点关注自己手中股票的走势，大多数情况下根据自己股票的技术指标进行分析，大盘走势可以作为参考，但绝不能用大盘的技术指标来决定自己手中的股票是买还是卖。如果你这样做了，可能会后悔不已——大盘涨时，你手中的股票不怎么涨；大盘在高位震荡或者下跌时，你的股票反而出现连续的涨停。

五、通过多种指标组合找到卖点

市场中还有这样的股票，突然间受到重组、资产注入、巨额订单等利好的刺激，连续疯狂地拉涨停板，使得技术指标迅速开始钝化。对于这样急拉快涨的股票，最好的卖点选择需结合多种技术指标进行组合分析，例如结合趋势线、K 线图、成交量、与低位的价格差等。

对于那些突如其来的快拉行情，价格未来的上涨空间极大，至少翻一番甚至几番。对于这样的股票，投资者一定要稳住神、沉住气，暂时忽视技术指标的钝化和失效情

---

① 一些股评人士就是这么提供投资建议的。

况，与庄共舞，享受坐轿的乐趣。

2012 年 12 月 13 日，受到嫦娥二号卫星作为地球卫星首次对"战神"小行星进行测试消息的刺激，作为卫星导航概念股票的北斗星通开始快速上拉，短短一个月内股价翻了一倍还多。其实北斗星通在北斗技术上的应用只是非常少量的，且处于亏损状态，当时对北斗星通的极度爆炒，多家媒体进行了质疑，上市公司也出面澄清，但即便如此，都无碍股价拼命上涨，如图 8 - 27 所示。

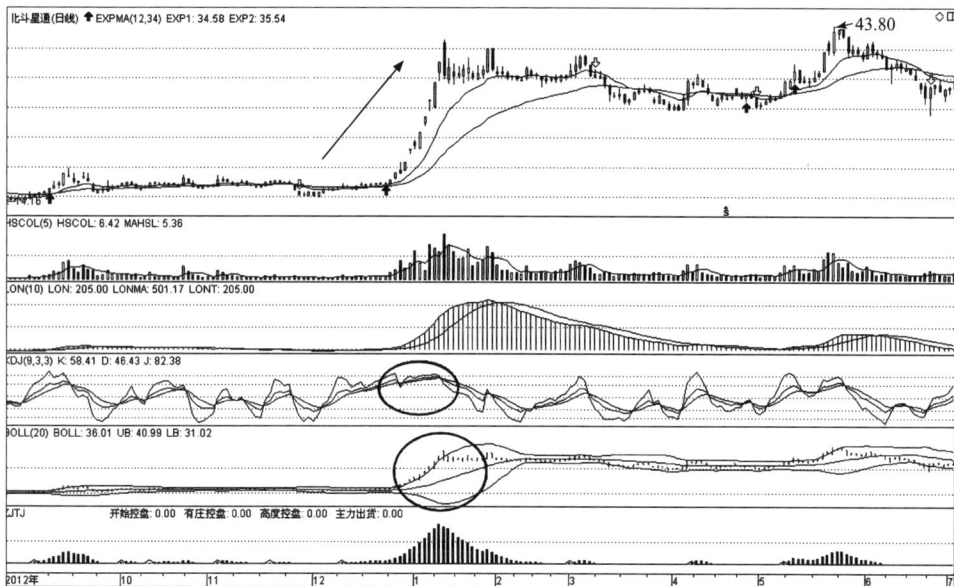

图 8 - 27　北斗星通日 K 线图

同样的情况也发生在了丹甫股份上。2014 年 6 月底，受到台海核电入主丹甫股份利好的刺激，该股票以连续涨停方式开始狂飙。该股对应的上市公司由原来的一家制造制冷压缩机的普通企业变身为一家核电企业，且属于实质性利好，因此股价一路高歌猛进，短短一个月内走出了翻两倍的行情，如图 8 - 28 所示。

科冕木业本来是大连市一家生产复合木地板的加工企业，但是 2014 年 1 月 10 日，公司发布公告称以"24.5 亿元购买天神互动 100% 股权重大资产置换及发行股份购买资产暨关联交易预案"；并于 2014 年 1 月 14 日复牌后，科冕木业股价连续 13 个交易日出现涨停，累计上涨 2.5 倍之多，如图 8 - 29 所示。

六、通过顶背离找到更好的卖点

常用的顶背离指标有震荡指标，如 RSI、KDJ；趋势指标，如 MACD；量能指标，如均量线等。顶背离方法往往比较适合那些持股时间比较长的、个性比较"贪婪"的

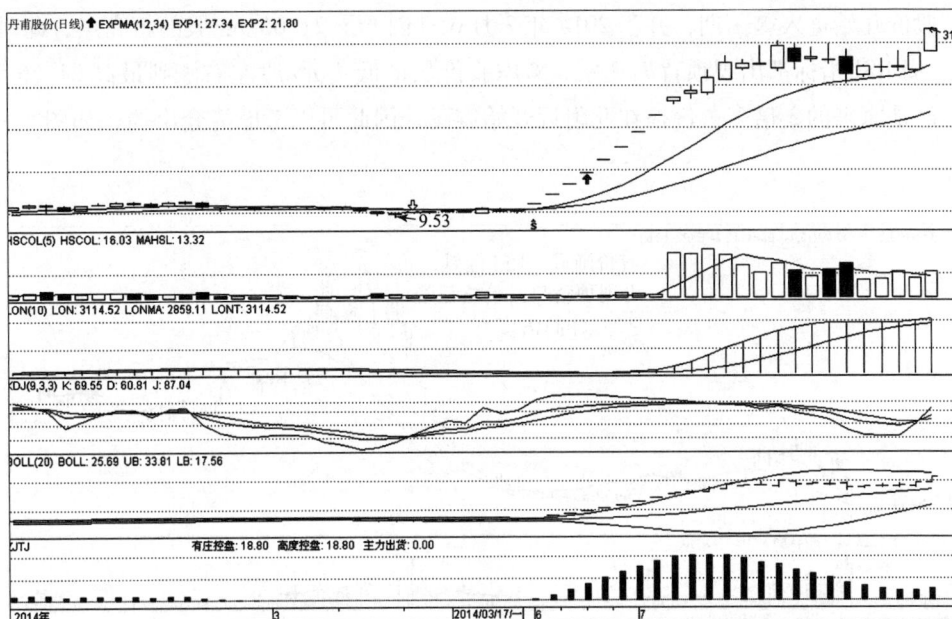

图 8 - 28　丹甫股份 2014 年 6 月 23 日至 2014 年 7 月 15 日翻两番的行情

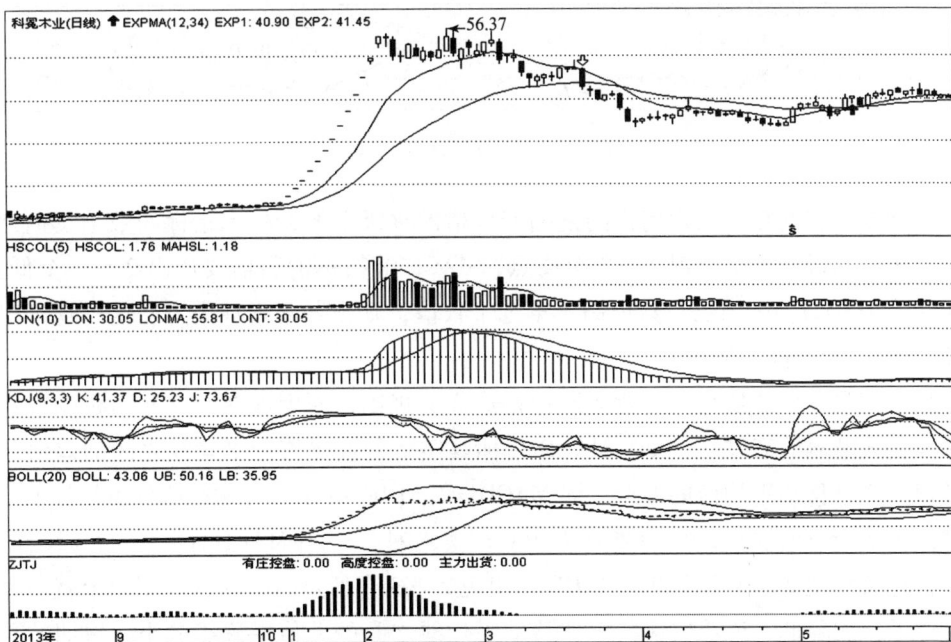

图 8 - 29　科冕木业短短一个月上涨 2.5 倍行情

投资者。这样的投资者其实很少，绝大部分投资者在股价上升过程中，由于看到一些大阴线、大成交量、高位的技术指标，自以为行情到头而中途下车，后悔不迭。

金亚科技在 2014 年 2 月 19 日创出 19.90 元/股的高点之后，RSI 出现了 95.3 的大值，股价开始进入震荡期，并于 2014 年 3 月 6 日创下了 21.66 元/股的新高点，此时日 RSI、周 RSI 指标都出现顶背离现象。考虑股价从最低 7 元/股左右涨到最高 21.66 元/股，已是原来的 3 倍多，价格在此附近开始震荡，因此可以考虑清仓出局，如图 8 - 30 所示。

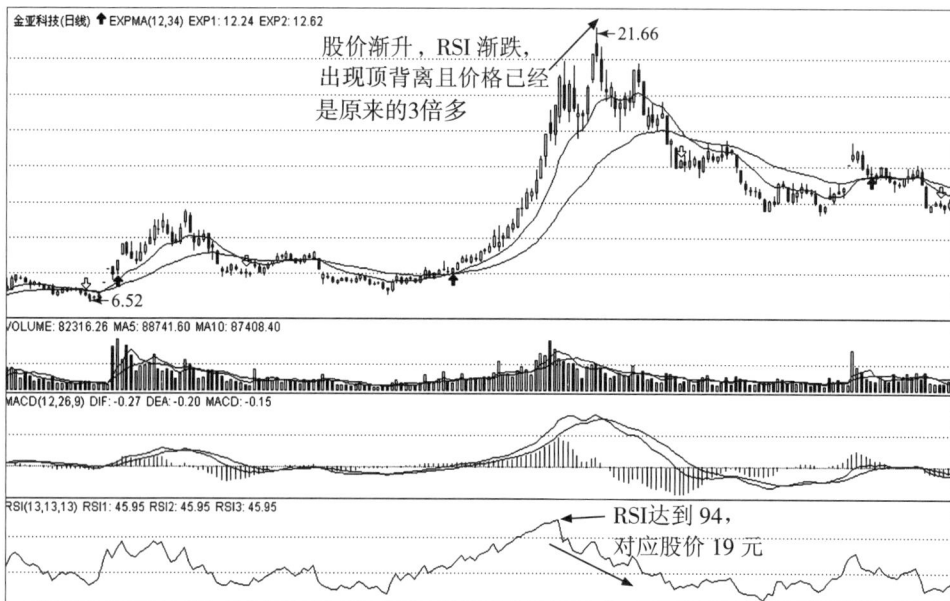

图 8 - 30　金亚科技日 K 线图

必须要说明的是：顶背离指的是随着价格的逐级上升，技术指标的数值反而逐级下降。也就是说，价格出现 2～3 个高点，MACD 等指标的数值要创出 2～3 个低点，如果 MACD 等数值的第三个数值高于第二个数值，则顶背离指标失灵，这种规则对于 KDJ、RSI 等指标同样适用。

顶背离是这样的规则，底背离同样是这样的规则，原因就在于这些指标的计算过程以及公式蕴涵的意义。例如，MACD 指标其实就是快慢移动平均线之间的差值与这个差值的 9 日移动平均值的差值，即 MACD = 2（DIF - DEA），在行情分析软件上就是那些红色或绿色的柱子，当 MACD 大于 0 时为红柱子，当 MACD 小于 0 时为绿柱子。当价格连续出现 2～3 个高点，MACD 却出现 2～3 个低点时，在软件图表上就会显示为红柱子依次降低，说明快速与慢速移动平均线之间的差值在逐级减小，短期的买盘力量逐渐减弱。所谓"事不过三"，如果价格出现了 3 个高点，MACD 却出现 3 个低点，则买入的力量已经竭尽了，顶部就来临了。MACD 底背离情况，同理可知。

对于 KDJ、RSI 等指标，读者也可以仔细研读其计算公式，来体会顶背离及底背离的深刻含义。

虽然我们说顶底背离是非常好的技术指标，但是在实际操作中，主力机构完全可以通过大幅上升或下跌的方式，故意使顶底背离指标失灵，出现第三个低点高于第二个低点的情况，如图 8 - 31 所示，或者出现第二个价格低于第一个价格，第三个价格高于第二个价格的情况，如图 8 - 32 所示。即使出现这种情况，笔者的看法是，投资者依然可以参照顶底背离的信号进行操作，或者参考高位股价与低位股价之间的差值，以及其他技术指标来进行综合判断。

图 8 - 31　海特高新的周 K 线图

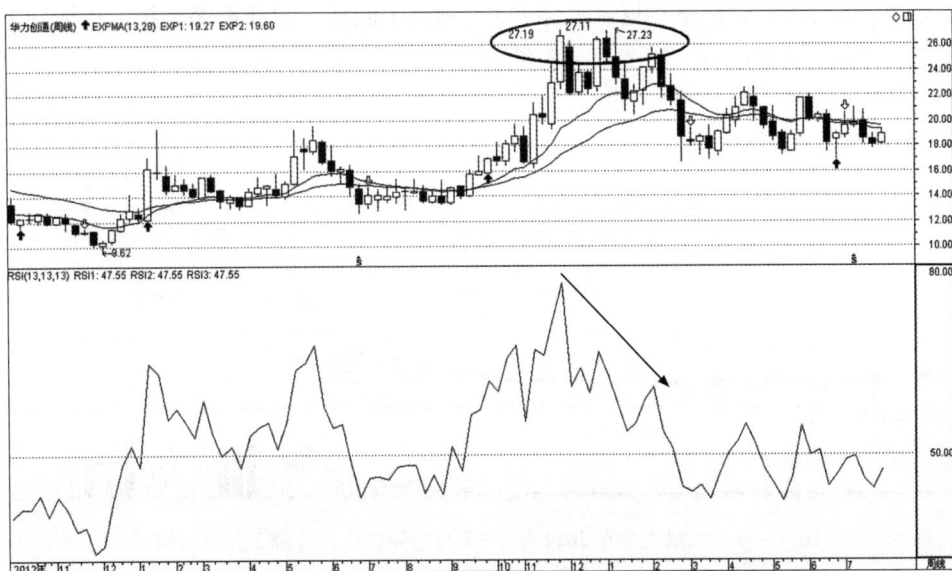

图 8 - 32　华力创通顶背离

图 8-31 所示为海特高新的周 K 线图。从图中我们可以看出，2013 年 11 月 29 日创出 19.18 元/股高点后，逐级盘跌，在 14.5 元附近企稳后拾级而上，又在 2014 年 2 月 17 日创出了 19.45 元新高，但是 MACD 并未创出新高，股价又逐渐下跌到 14.5 元附近企稳，并在 2014 年 7 月 14 日创出了 20.68 元的高点，但是第三次的 MACD 超过了前两次的值，虽然不属于三次顶背离信号，但是考虑股价是从 8 元附近启动的，已经翻了一番还要多，市场热点已经从创业板转换至其他板块，创业板指数出现三重顶的迹象等，投资者依然可以选择果断卖出。

图 8-32 所示为华力创通周 K 线走势图，股价在 2013 年 11 月至 2014 年 1 月之间创出了三个 27 元以上的高点，RSI 指标出现背离，第二个价格却是最低的，但这不妨碍投资者使用顶背离信号进行操作。

七、通过趋势线找到更好的卖点

将价格有效下穿趋势线作为卖出信号是一般教科书中推荐的观点，也是不少稳健投资者所遵循的投资方法。它的用法很简单，不同投资周期偏好的投资者根据自己是短线、中线还是长线投资者来选择趋势线的时间框架，然后将价格跌破短期、中期、长期趋势线作为离场卖出信号。

一般来说，短线投资者以价格有效下穿 5 日均线为卖点，中线投资者以价格有效下穿 20 日均线为卖点，长线投资者以价格有效下穿 60 日均线为卖点。

如果再加些技巧的话，我们可以把震荡类的技术指标加来，将价格有效下穿均线作为第一次卖点，将价格折返后上穿 BOLL 通道上轨线、短线震荡类技术指标处于超买区等作为第二次卖点等，如图 8-33 所示。

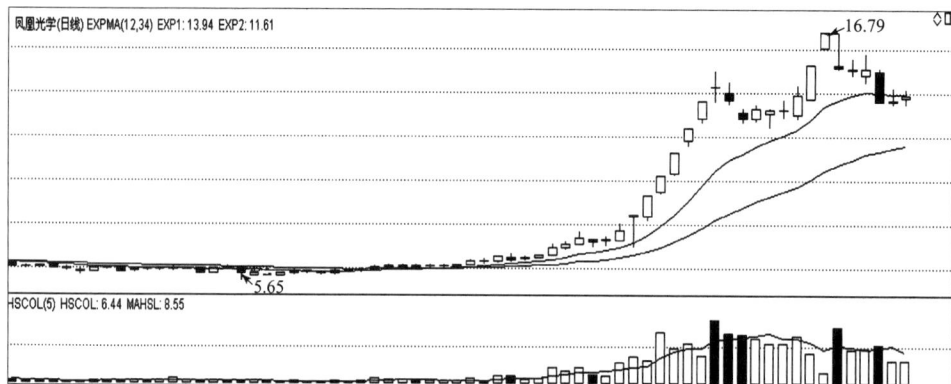

图 8-33　凤凰光学在 2014 年 2—7 月之间快速拉升翻 2.8 倍行情

八、通过盘口观察找到更好的卖点

此时由于寻找的是卖点，对盘口的观察主要集中在较高价位区域的巨额成交量或高换手率上。这里就隐含一个假设，那就是投资者认为"当下"的价格处于价格比较高的需要出货的区域——投资者最好已经判断出来主力已经出货了，这样投资者可以与主力同步卖出。而且对于大资金量的投资者来说，手中的股票往往较多，基本上不可能在同一天找到最好的完全一样的卖出价格或卖出时机。因此，大资金量的投资者往往是通过逐渐减持手中的筹码来离场的。对于百万级以下的中小散户，由于资金量小，基本上是可以做到"一秒钟完全离场"的。

此时最好的卖点可通过观察每天的成交量和 K 线形态来寻找。K 线上出现大阳大阴同时伴随着大的换手率（5% 以上），K 线出现高位的或阴或阳的十字星，此时盘口往往出现伴随大量但是上涨滞重的价格，投资者就要警惕，同时结合小时以及日线的技术指标来共同研判，以期获得一个更高的卖价。

九、几个不卖点

在寻找卖点的时候，投资者不要过于着急，等待一下总会找到更理想的卖出机会。

当换手率极低的时候——一般周换手率小于 0.8%，日换手率小于 0.2%，往往意味着地量，所谓"地量见地价"，价格至少有一次反弹的机会，投资者可在反弹时卖出。

出现低位十字星——价格跌下来处于相对低位，同时 K 线出现了十字星，尤其是下影线很长时，往往意味着一个反弹机会的来临，投资者可以等价格反弹到较高位置时再行卖出。

出现底背离信号，如果投资者没有在前期的震荡中卖出，而是继续持有股票，则投资者一般可以选择在价格再次回升时卖出，同时时刻提防价格高位的底背离很可能是主力设计的陷阱。

当价格处于较高区域，震荡指标数值偏小的时候，往往是价格逐级下跌的信号。此时有两种可能，一是主力杀跌出货，二是主力震荡洗盘。投资者可以根据价格的绝对位置判断哪种可能性更大，不可简单认为主力出货而被洗出市场。

上述情况是否构成买入点，取决于该价位与最低价位的差。如果差距甚大，不建议买入；如果差距较小，例如在 30% 以下，有可能是主力短暂的洗盘行为，投资者可以逢低买入。

十、本节小结

本节介绍了很多的卖出技巧，其目的主要是帮助读者更清楚地认识到自己到底适合哪种类型的卖出。你可能是个喜欢使用背离指标的投资者，可能是一个喜欢趋势的投资者，也可能是一个喜欢自己研究构建卖出指标组合的研究者，不管怎样，只要能够找到适合自己的卖点，就是成功者。世界上不存在能够把股票卖到最高点的人，即使有，也是"天上掉馅饼"的事儿。要想长久地在市场当中持续、稳定地获利，找到适合自己的卖点就可以了，毕竟一年一度的投资收益盘点中，能够实现 30% 以上收益率的就算是高手了，而这个收益率，只要读者能够认真研读本书，是不难做到的。

所以说，如何找到最好的卖点，看似大有学问，实际上非常简单。只要你有方法，不贪婪，知收敛，止而后定，定而能虑，懂得固本守雌、和气淡然的道理，在股市当中收获一个较高的稳定的收益率不是一件困难的事。

第六节　盈利系统的测试、评估与优化

我们以前说过，盈利系统的测试、评估与优化是构建盈利系统过程中极为重要的环节，是个将投资者的交易思想、交易策略、交易技巧充分展示出来并不断优化的过程。

普通投资者现在使用的通达信行情分析与交易软件，一般只有 14 个自带的专家交易系统，并以其相应的交易条件进行测试。但是熟悉计算机代码编写的高手可以将自己的交易思路转换成计算机语言，设计一些更为复杂的买卖条件进行测试，例如用户可以同时使用 EXPMA、MACD、BOLL 和 KDJ 指标进行测试，买卖条件是"一次全部投入资金，EXPMA 金叉且 MACD 大于 0、小于 0.2 时买入，J 值大于 100 且股价超过 BOLL 上轨线时卖出"，或者设置其他更为复杂的买卖条件。但这就属于较高的要求了，普通投资者还是先弄明白软件的基本功能为好。

所以下面本书会对软件自带的交易系统进行测试，并参照这个结果说明对构建的盈利系统进行测试、评估和优化的重要性。

一、系统的测试

（1）测试的时间周期：系统默认的是从测试当日向前推一年的时间周期。一般认为，一年的测试周期基本上可以满足要求了，当然你可以更改测试周期为更长或更短的时间。

（2）测试某些板块，还是所有的 A 股股票？在选择测试对象的时候，根据目前证券公司以及市场中的行情分析与交易软件所提供的功能，你可以选择使用一种技术指标在不同参数条件下测试同一只股票，以检验什么样的参数"更正确"；也可以使用一种技术指标在同参数情况下测试所有的股票。

（3）测试买点和卖点。在所测试的交易系统中会有该指标用法的提示，即什么样的情况下买入，什么样的情况下卖出。

图 8－34 所示为对移动平均线 MA 的测试，"指标用法"中显示的是 MA 的用法，也就是买点与卖点。同时，指标参数可以选择（5，15），也可以选择（12，50），根据自己的交易周期灵活选择。所显示的"建仓规则"是指一次性全部投入资金；"交易方式"显示的是买卖股票中的手续费，买入点、卖出点的选取等内容；"平仓规则"中提供了一些止损止盈条件可供选择。

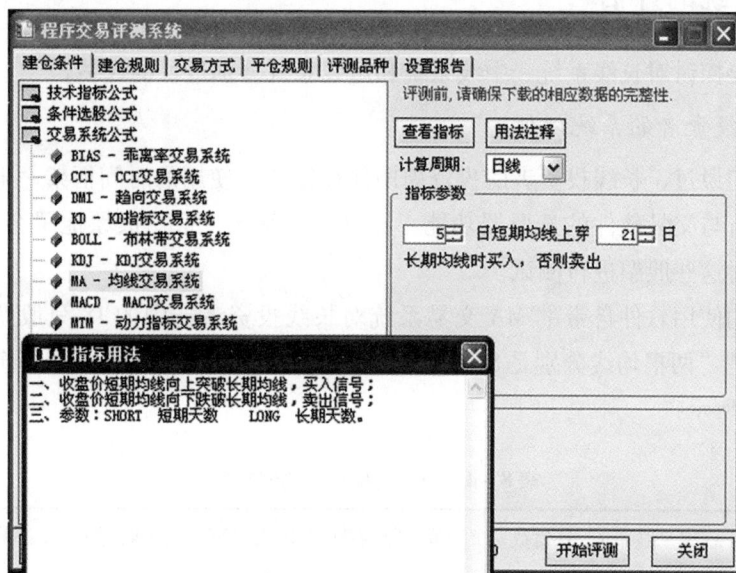

图 8－34 交易系统测评

（4）正式测试：当你已经按照自己的交易思路选择好各种参数以及条件时，就可以进行测试了。需要注意的是，在测试之前一定要把以前的数据完全下载下来，否则测试结果显示的将是 0。

（5）软件功能有待开发：应该说，熟悉计算机编程语言的投资者，是都可以将自己的交易思路转化成公式记录下来并用于选股和测试的。例如，我们可以添加一个"倚天屠龙"指标，这是一个非常简单的 EXPMA 金叉买入、死叉卖出的指标，用计算机代码书写成如下形式。

```
M1:EXPMA(C,N1);
M2:EXPMA(C,N2);
STICKLINE(M1>M2,M1,M2,2,0),COLORFF00FF;
STICKLINE(M1<M2,M1,M2,2,0),COLOR00FF00。
```

其中，N1 和 N2 分别代表短周期和长周期，投资者可以分别设置成 12、28 或者 13、34 等等。

当然，这对绝大多数投资者来说是一件困难的事情。证券公司给我们提供的行情分析与交易软件大同小异，缺乏特色，所提供的测试工具和测试功能都比较有限，同时缺乏针对这方面知识的培训。但是，对于在资金、技术和人才方面有很强实力的证券公司，投资者每交易一次就要收取手续费，收益非常稳定，其就应该为投资者提供更多的软件功能、更多的知识培训，以及更多的结果显示得更加直观的测试系统等。

二、系统的评估

这里主要探讨对长线系统、中线系统和短线系统分别进行的评估。

1. 长线投资者的系统评估

前边我们说过，长线投资者的投资周期往往很长，使用的时间框架一般在周以上，使用行情分析与交易软件的选股器功能，经过多次筛选，最后股票池里会剩下较少的股票，然后对这些股票进行测试。

下面我们使用软件自带的 MA 交易系统对长线投资者选中的 18 只股票进行测试，设置的条件是"两根均线分别是 8 和 13""模拟资金 100 万，投资部分资金"，测试结果如表 8-4 所示。

表 8-4　MA 交易系统测试结果

品种名称	盈利次数	总次数	胜率/%	手续费/元	净利润/元	收益率/%	年化收益率/%	相对收益率 α/β/%	最大回撤比（值）
综合统计	21	32	65.63	111.17	3004.83	0.01	0.01	17.32/-2.21	0.06%（557.81）
长城电脑	1	2	50	2.79	153.21	0.02	0.02	30.14/-2.21	0.01%（65.19）
华意压缩	0	1	0	1.75	-75.75	-0.01	-0.01	0.69955157	0.01%（75.75）
万家乐	0	1	0	1.27	-49.27	0	-0.01	0.569506726	0.00%（49.31）
东北制药	1	1	100	2.88	512.12	0.05	0.05	70.21/-2.17	0.00%（0.00）
英力特	1	2	50	5.51	-13.5	0	0	8.31/-2.22	0.01%（64.56）
万方发展	2	2	100	3.01	46.99	0	0	8.25/-2.22	0.00%（0.00）

续表

品种名称	盈利次数	总次数	胜率/%	手续费/元	净利润/元	收益率/%	年化收益率/%	相对收益率 α/β/%	最大回撤比（值）
航天科技	0	1	0	8.08	−162.08	−0.02	−0.02	7	0.02%（162.13）
中航机电	1	1	100	4.56	0.44	0	0	10.84/ −2.22	0.00%（0.00）
苏泊尔	1	2	50	8.42	−24.42	0	0	11.40/ −2.23	0.00%（49.94）
威海广泰	1	1	100	3.56	611.44	0.06	0.06	74.14/ −2.16	0.00%（0.00）
广百股份	1	1	100	2.62	179.38	0.02	0.02	24.48/ −2.21	0.00%（0.00）
天威视讯	0	0	0	0	0	0	0	0.00/ −2.22	0.00%（0.00）
亚太股份	0	0	0	0	0	0	0	0.00/ −2.22	0.00%（0.00）
双环传动	1	1	100	2.75	437.25	0.04	0.04	66.67/ −2.18	0.00%（0.00）
江苏旷达	1	2	50	6.96	297.04	0.03	0.03	45.76/ −2.19	0.00%（4.00）
好想你	0	1	0	5.01	−5.01	0	0	10.51/ −2.22	0.00%（5.00）
山东章鼓	1	1	100	2.43	164.57	0.02	0.02	24.39/ −2.21	0.00%（0.00）
龙生股份	0	0	0	0	0	0	0	0.00/ −2.22	0.00%（0.00）

可以看出，这个测试结果虽然胜率达到了 65.63%，但是净利润率才仅仅 0.01%。这个结果很不理想，一定是某个地方出现了问题——或者是设置的品种有问题，或者是使用的参数不合适，或者开仓条件设置的不正确，等等。

经过分析，是资金投放量选取得不恰当，测试时选择的是"模拟资金 100 万，投资部分资金"。这种选择的结果是系统只买入 100 股，难怪收益率这么差。如果调整一下，改为"模拟资金 100 万，投资全部资金"，结果显示，收益率非常好。当然，我们还可以继续调整其他参数以获得更高的收益率。

2. 中线投资者的系统评估

同样，使用行情分析与交易软件自带的 MACD 交易系统对中线投资者筛选的 15 只股票进行测试，设置的测试条件为"MACD（13，8，5）""投入部分资金"，结果如表 8－5 所示。

表 8－5　MACD 交易系统测试结果

品种名称	盈利次数	总次数	胜率/%	手续费/元	净利润/元	收益率/%	年化收益率/%	相对收益率 α/β/%	最大回撤比（值）
综合统计	854	2104	40.59	57375.94	−64421.03	−0.03	−0.03	19.26/ −1.30	13.42%（134190.19）
国农科技	3	9	33.33	34.93	−89.93	−0.01	−0.01	5.62/ −1.28	0.02%（199.75）

续表

品种名称	盈利次数	总次数	胜率/%	手续费/元	净利润/元	收益率/%	年化收益率/%	相对收益率α/β/%	最大回撤比（值）
飞亚达A	5	7	71.43	15.9	63.1	0.01	0.01	12.97/−1.27	0.00%（32.31）
中成股份	5	9	55.56	20.51	343.49	0.03	0.03	48.78/−1.24	0.01%（65.63）
国际实业	5	6	83.33	14.23	461.77	0.05	0.05	60.90/−1.23	0.00%（39.44）
吉林化纤	4	7	57.14	7.77	119.23	0.01	0.01	38.64/−1.26	0.00%（37.06）
兴业矿业	3	10	30	24.13	−101.13	−0.01	−0.01	3.203125	0.02%（169.81）
珠江控股	3	7	42.86	8.58	123.42	0.01	0.01	43.52/−1.26	0.00%（37.25）
四环生物	4	9	44.44	9.28	24.72	0	0	13.78/−1.27	0.00%（28.06）
东方宾馆	5	10	50	19.93	129.07	0.01	0.01	21.24/−1.26	0.01%（66.94）
穗恒运A	5	9	55.56	16.32	66.68	0.01	0.01	18.63/−1.27	0.01%（62.69）
万泽股份	4	10	40	14.91	220.09	0.02	0.02	45.35/−1.25	0.00%（47.50）
渝三峡A	4	13	30.77	32.2	−114.2	−0.01	−0.01	6.80/−1.28	0.02%（196.38）
海德股份	5	10	50	26.64	122.36	0.01	0.01	21.52/−1.26	0.01%（105.81）
北部湾港	4	8	50	26.38	80.62	0.01	0.01	2.08/−1.27	0.01%（127.81）
汇源通信	4	11	36.36	23.54	13.46	0	0	14.77/−1.27	0.01%（74.94）

这个测试结果也不理想，收益率为−0.03%，也一定是什么设置出现了错误。

要强调的是，读者一定要弄清楚，**你在对系统进行测试时，测试的其实是你的交易思想**，因为你所设置的交易条件体现的都是你的交易思想。你为什么设定这样的时间周期？你为什么使用这种技术指标？你为什么把参数调整为这个数字？你为什么采用这样的进场节奏？这些并不是随随便便的设置。

3. 短线投资者的系统评估

我们使用软件自带的 CCI 交易系统对短线投资者选中的 14 只股票进行测试，CCI 参数为 10，"模拟资金 100 万，投资全部资金"，测试的结果如表 8-6 所示。

表 8-6　CCI 交易系统测试结果

品种名称	盈利次数	总次数	胜率/%	手续费/元	净利润/元	收益率/%	年化收益率/%	相对收益率α/β/%	最大回撤比（值）
综合统计	298	424	70.3	1366330	8263710.77	15.3	15.35	13.60/14.03	33.51%（335111.06）
飞亚达 A	5	7	71.4	21026	27352	2.74	2.76	10.41/1.46	8.82%（92412.81）
东北制药	8	9	88.9	31791	414084.89	41.41	41.75	29.56/40.14	0.47%（5038.13）
上峰水泥	6	9	66.7	27390	48023.12	4.8	4.84	6.67/3.53	6.25%（64472.31）
正虹科技	4	6	66.7	18703	116766.17	11.68	11.77	18.38/10.40	4.36%（45853.56）
大冶特钢	4	7	57.1	19598	-28022.78	-2.8	-2.83	3.95/-4.08	10.95%（109520.25）
大地传媒	6	11	54.6	38510	306654.92	30.67	30.92	28.54/29.39	6.14%（64144.19）
湖南发展	6	9	66.7	27807	92974.21	9.3	9.37	8.47/8.02	3.70%（39064.06）
中百集团	7	8	87.5	30373	493405.32	49.34	49.75	50.00/48.07	4.15%（63428.88）
武汉中商	4	5	80	14970	41635.12	4.16	4.2	11.74/2.89	4.34%（43645.81）
天山纺织	4	6	66.7	16993	25152.67	2.52	2.54	14.51/1.24	16.50%（164992.88）
潍柴重机	4	7	57.1	23036	138187.03	13.82	13.93	14.66/12.55	2.85%（33413.38）

续表

品种名称	盈利次数	总次数	胜率/%	手续费/元	净利润/元	收益率/%	年化收益率/%	相对收益率α/β/%	最大回撤比（值）
中国重汽	4	6	66.7	16867	−29371.13	−2.94	−2.96	4.44/−4.21	13.67%（136681.75）
宜科科技	7	9	77.8	28598	126890.06	12.69	12.79	6.66/11.42	1.68%（16755.81）
浔兴股份	9	10	90	38615	787296.13	78.73	79.38	62.91/77.46	0.95%（12191.25）

三、系统的优化

在经过系统测试和评估以后，我们就要进行系统的优化了。我们要对系统收益率低的原因进行调查分析，重新设置测试条件，这样就可以不断优化测试方案，使交易系统结果更优了。

1. 对长线投资者系统的优化

改变长线交易系统测试时的条件——改变开仓条件以及周均线参数为 5 和 8，测试结果由表 8 - 4 变成表 8 - 7。

表 8 - 7　MA 交易系统测试结果（长线）

品种名称	盈利次数	总次数	胜率/%	手续费/元	净利润/元	收益率/%	年化收益率/%	相对收益率α/β/%	最大回撤比（值）
综合统计	63	115	54.78	360187.16	7341125.7	23.68	24.14	26.02/21.46	29.25%（292549.06）
长城电脑	2	3	66.67	9266.51	434391.07	43.44	45.17	43.76/41.22	8.34%（83358.31）
华意压缩	2	3	66.67	8783.86	92809.81	9.28	9.46	9.03/7.06	7.55%（75475.25）
万家乐	2	3	66.67	9147.72	46614.99	4.66	4.75	7.96/2.44	9.10%（96606.63）
东北制药	4	4	100	13834.89	463374.65	46.34	47.24	48.33/44.11	0.09%（1021.50）

续表

品种名称	盈利次数	总次数	胜率/%	手续费/元	净利润/元	收益率/%	年化收益率/%	相对收益率α/β/%	最大回撤比（值）
英力特	2	3	66.67	9070.39	194355.73	19.44	19.82	15.31/17.21	6.05%（60536.06）
万方发展	2	4	50	11655.67	93081.93	9.31	9.49	11.23/7.08	14.77%（149284.50）
航天科技	3	4	75	13075.82	779948.49	77.99	79.52	81.09/75.77	6.76%（69943.56）
中航机电	1	4	25	10730.17	-99479.39	-9.95	-10.14	0.2078882	15.89%（158902.75）
苏泊尔	2	3	66.67	9664.7	146598.42	14.66	14.95	16.72/12.44	5.39%（59527.00）
威海广泰	2	4	50	12896.71	138171.55	13.82	14.09	14.35/11.59	1.16%（13353.13）
广百股份	2	3	66.67	8433.57	6792.03	0.68	0.69	12.55/-1.54	11.20%（112023.25）
天威视讯	1	6	16.67	14789.2	-223305.6	-22.33	-22.77	0.1934827	29.25%（292549.06）
亚太股份	2	4	50	12875.83	754796.36	75.48	76.96	73.07/73.26	8.74%（87396.31）
双环传动	4	5	80	16367.98	424433.75	42.44	43.27	33.85/40.22	3.45%（36246.44）
江苏旷达	1	1	100	3264.93	176359.11	17.64	17.98	9.30/15.41	0.00%（0.00）
好想你	2	4	50	17064.4	504962.65	50.5	51.48	54.23/48.27	2.90%（43103.50）
山东章鼓	3	3	100	9763.53	238811.4	23.88	24.35	20.53/21.66	0.00%（0.00）
龙生股份	2	2	100	6695.05	361747.12	36.17	36.88	38.05/33.95	0.00%（0.00）

从表8-4（优化前）和表8-7（优化后）的比较中我们可以看出，优化后，虽然胜率由65.63%减少到54.78%，但是盈利次数由21次增加为63次，总交易次数增加；手续费虽然大幅度增加，但是，净利润也大幅度增加，年化收益率由原来的0.01%提

高到了 24.14% 。

所以整体来说，此优化结果还是比较理想的。

2. 对中线投资者系统的优化

将中线交易的 MACD 交易系统的测试条件优化为 "MACD （55，34，13）" "投入全部资金"，结果由表 8-5 变成了表 8-8。

此结果中，虽然盈利次数由 854 次减少为 640 次，总交易次数也有所减少，但是胜率由原来的 40.59 提高到了 47.51%，关键是实现了亏损转为盈利，年化收益率由原来的 -0.03% 增加为 14.17%。我们也可以认为这个优化结果比较理想。

表 8-8 MACD 交易系统测试结果 （中长线）

品种名称	盈利次数	总次数	胜率/%	手续费/元	净利润/元	收益率/%	年化收益率/%	相对收益率α/β/%	最大回撤比（值）
综合统计	640	1347	47.51	4040734.3	44263677	14.05	14.17	18.93/12.78	49.69%（627041.69）
深中华A	2	2	100	6254.63	139407.48	13.94	21.65	1.64/12.67	0.00%（0.00）
深华发A	1	4	25	11470.25	-50780.89	-5.08	-6.14	0.92/-6.35	11.04%（110356.19）
深天地A	2	6	33.33	16734.26	-16792.22	-1.68	-1.75	6.07/-2.95	18.12%（181218.00）
特力A	2	6	33.33	17591.21	-129845.9	-12.98	-13.09	0.4053296	30.13%（359492.50）
吉林化纤	2	3	66.67	10143.23	406629.21	40.66	41	41.67/39.39	6.87%（68666.25）
粤高速A	1	6	16.67	16924.35	12579.64	1.26	1.27	7.80/-0.02	11.82%（118242.13）
张家界	2	4	50	11697.96	73350.13	7.34	7.4	15.18/6.06	6.23%（62294.94）
绿景控股	1	2	50	5943.8	131819.27	13.18	22.38	21.09/11.91	8.47%（84737.19）
荣安地产	2	4	50	11767.39	222716.99	22.27	22.46	24.72/21.00	8.55%（85478.25）

续表

品种名称	盈利次数	总次数	胜率/%	手续费/元	净利润/元	收益率/%	年化收益率/%	相对收益率 α/β/%	最大回撤比（值）
万泽股份	2	3	66.67	10835.53	720204.49	72.02	72.62	60.43/70.75	3.39%（33876.06）
金浦钛业	1	4	25	10054.26	-108228.4	-10.82	-10.91	0.6429752	23.98%（239801.56）
渝三峡A	2	4	50	12041.17	146485.78	14.65	14.77	16.25/13.38	5.98%（60702.06）
海德股份	3	4	75	12606.65	199268.88	19.93	20.09	22.22/18.65	4.33%（45994.00）
北部湾港	2	5	40	13722.04	-28865.87	-2.89	-2.99	0.31/-4.16	18.10%（180999.69）
汇源通信	2	5	40	13832.64	140134.57	14.01	14.13	24.79/12.74	16.02%（160178.13）

3. 对短线投资者系统的优化

短线投资者依然可以通过调整技术参数来获得更高的收益率测试结果。如果将 CCI（10）变成 CCI（8），收益率会由原来的 15.3% 提高到 18.59%，如表 8-9 所示。

表 8-9 CCI 交易系统测试结果（短线）

品种名称	盈利次数	总次数	胜率/%	手续费/元	净利润/元	收益率/%	年化收益率/%	相对收益率 α/β/%	最大回撤比（值）
综合统计	365	520	70.19	1697266	10039146	18.59	18.64	15.40/17.32	29.10%（291023.19）
飞亚达A	5	8	62.5	25332.66	77248.76	7.72	7.79	9.10/6.45	8.42%（91694.19）
东北制药	7	9	77.78	31331.07	357784.2	35.78	36.07	26.45/34.51	1.34%（14428.50）
上峰水泥	7	10	70	31244.91	106812.6	10.68	10.77	7.20/9.41	5.08%（52389.38）
正虹科技	5	7	71.43	21452.71	106724.5	10.67	10.76	18.16/9.40	3.65%（37483.06）

续表

品种名称	盈利次数	总次数	胜率/%	手续费/元	净利润/元	收益率/%	年化收益率/%	相对收益率α/β/%	最大回撤比（值）
大冶特钢	5	9	55.56	25014.51	−103895	−10.39	−10.48	3.83/−11.66	13.70%（137022.31）
大地传媒	6	13	46.15	39286.11	32622.32	3.26	3.29	14.83/1.99	12.62%（138587.75）
湖南发展	9	12	75	37376.85	133544.9	13.35	13.47	13.25/12.08	4.60%（46039.69）
中百集团	8	9	88.89	35518.93	582028.6	58.2	58.69	52.96/56.93	4.15%（66187.63）
武汉中商	5	6	83.33	18300.31	74349.02	7.43	7.5	12.73/6.16	6.19%（62269.81）
天山纺织	7	10	70	30573.96	141319.3	14.13	14.25	17.92/12.86	18.35%（187127.06）
潍柴重机	8	11	72.73	35560.96	260444.5	26.04	26.26	22.92/24.77	8.87%（88704.50）
中国重汽	4	6	66.67	17181.16	−4562.13	−0.46	−0.46	6.78/−1.73	11.74%（117403.81）
宜科科技	8	14	57.14	44861.16	216736	21.67	21.85	16.71/20.40	4.76%（57404.00）
浔兴股份	10	12	83.33	42410.73	449774.8	44.98	45.35	35.76/43.70	1.70%（19133.88）

四、探索最佳的交易系统和参数

我们在使用软件默认的交易系统参数进行测试的时候，结果未必是最好的。

例如，我们使用软件MACD交易系统默认的参数"26，12，9"对飞亚达A这只股票进行测试的时候，时间周期分别为日线和周线，结果分别见图8-35和图8-36。选择日线测试时的年化收益率是9.34%，选择周线测试时的年化收益率是26.69%。

MACD专家系统-MACD

评测条件：MACD专家系统　　双击列表行查看品种评测图表　导出结果　切换指标　切换分析图

品种代码	品种名称	盈利次数	总次数	胜率(%)	手续费(元)	净利润(元)	收益率(%)	年化收益率(%)	相对收益率α/β(%)	最大回撤比(值)
------	综合统计	119	284	41.90	831329.14	2160948.63	7.45	7.51	15.97/6.18	26.49%(310769.00)
000026	飞亚达A	5	7	71.43	21425.27	92599.65	9.26	9.34	12.97/7.99	4.10%(41048.88)
000597	东北制药	4	7	57.14	24371.29	521843.31	52.18	52.62	57.37/50.91	6.38%(75759.63)
000672	上峰水泥	5	8	62.50	21830.91	66114.96	6.61	6.67	1.02/5.34	13.12%(131210.44)
000702	正虹科技	5	10	50.00	30829.81	164661.24	16.47	16.60	22.87/15.19	7.36%(79074.94)
000708	大冶特钢	7	8	87.50	25309.50	216294.67	21.63	21.81	23.09/20.36	3.46%(34590.56)
000722	湖南发展	3	8	37.50	22969.05	13703.75	1.37	1.38	10.53/0.10	15.12%(155706.13)
000813	天山纺织	3	12	25.00	31414.26	-168936.88	-16.89	-17.03	-11.36/-18.17	23.84%(238399.19)

评测指标详情

指标名称	全部交易	多头	空头
评测品种	000026-飞亚达A		
初始资金	1000000.00		
评测日期	2013/08/26-2014/08/22		
有效天数	362		
评测周期数	343		
期末权益	1092599.63		
盈亏时间比	3.14	3.14	0.00
总盈利	157975.64	157975.64	0.00
总亏损	43950.72	43950.72	0.00
净利润	92599.65	92599.65	0.00
年化收益	93367.05	93367.05	0.00
收益率	9.26%	9.26%	0.00%

图 8－35　对飞亚达 A 使用日 K 线 MACD 在 2014 年 8 月 24 日进行测试

MACD专家系统-MACD

评测条件：MACD专家系统　　双击列表行查看品种评测图表　导出结果　切换指标　切换分析图　关闭

品种代码	品种名称	盈利次数	总次数	胜率(%)	手续费(元)	净利润(元)	收益率(%)	年化收益率(%)	相对收益率α/β(%)	最大回撤比(值)
------	综合统计	38	72	52.78	211912.47	3413234.38	11.77	12.00	12.20/9.55	24.88%(248829.56)
000026	飞亚达A	1	1	100.00	3393.21	261745.09	26.17	26.69	22.38/23.95	0.00%(0.00)
000597	东北制药	2	3	66.67	8869.26	325881.02	32.59	33.23	40.02/30.36	16.92%(169161.88)
000672	上峰水泥	1	3	33.33	7764.15	-60389.94	-6.04	-6.16	3.85/-8.26	24.88%(248829.56)
000702	正虹科技	2	2	100.00	7085.56	583974.46	58.40	59.54	57.51/56.17	0.00%(0.00)
000708	大冶特钢	1	2	50.00	6267.06	262971.25	26.30	26.81	23.88/24.07	4.27%(42659.13)
000722	湖南发展	1	4	25.00	10602.56	-68005.90	-6.80	-6.93	-0.94/-9.02	18.05%(180520.94)
000813	天山纺织	1	2	50.00	5829.82	37044.39	3.70	3.78	6.24/1.48	7.53%(75275.06)

评测指标详情

指标名称	全部交易	多头	空头
评测品种	000026-飞亚达A		
初始资金	1000000.00		
评测日期	2013/08/30-2014/08/22		
有效天数	358		
评测周期数	152		
期末权益	1261745.00		
盈亏时间比	19.00	19.00	0.00
总盈利	265138.30	265138.30	0.00
总亏损	0.00	0.00	0.00
净利润	261745.09	261745.09	0.00
年化收益	266863.01	266863.01	0.00
收益率	26.17%	26.17%	0.00%
年化收益率	26.69%	26.69%	0.00%

图 8－36　对飞亚达 A 使用周 K 线 MACD 在 2014 年 8 月 24 日进行测试

因为交易系统有很多个，除了 MACD，还有 MA、CCI、RSI 等。如果要想探索最佳的交易系统参数，我们可以对飞亚达 A 这只股票同时使用软件默认的 14 个交易系统进行测试，图 8－37 就是测试的结果①。

从图 8－37 中我们可以看出，使用 8 个交易系统测试的结果都是比较好的，年化收益率从最低的 21.66% 到最高的 47.28%，都比较高，但是都是在特定的参数条件下取

① 在测试时，最后的 6 个交易出现程序混乱，无法测试，结果只有软件自带的 8 个交易系统的测试结果。

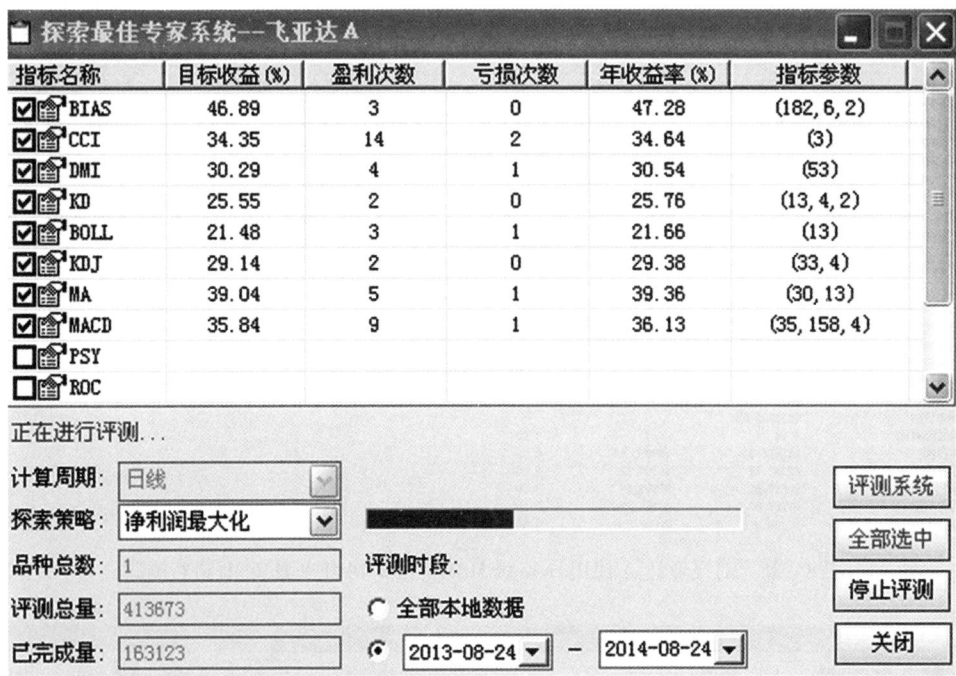

图 8 - 37　对飞亚达 A 使用多个交易系统在 2014 年 8 月 24 日进行测试

得的，说明参数的调整很重要。

　　通过对比图 8 - 35 和图 8 - 37 中的结果，我们发现飞亚达 A 使用 MACD 进行测试的时候，如果将指标参数调整为"35，158，4"，则年化收益率可以由原来的 9.34% 和 26.69% 提高到 36.13%。可见，默认的参数不一定是最好的。

　　因此我们在测试盈利系统的时候，一方面要根据现有的交易系统测试所有的股票，以发现最优的交易系统；另一方面，要对最优的交易系统的参数（周期、数值）进行调整，以发现能够实现利润最大化的交易系统以及参数。

第七节　MIRAS 交易系统简介

　　MIRAS 交易系统，即多周期指标共振分析系统（Multi - period Index Resonance A-nalysis System），是本人经过长时间的市场实践和思考研发出来的，使用多指标、多周期组合的，通过计算机语言写出的，带有"选时与选股"思想的，可用于股市和期市交易的一整套交易策略。

这里介绍 MIRAS 其中的两种交易策略，主要是它们的交易思想、指标公式和测试结果[①]。这两种交易策略中一种用于股票投资，一种用于期货投资。

1. EMA 组合 1 号

该交易策略用于股票投资时的"选时与选股"，它是一种"趋势跟踪"型的交易策略，指标公式如下。

EXP1:EMA(C,N1);

EXP2:EMA(C,N2);

EXP3:EMA(C,N3);

AND FINANCE(7)<2500000000{流通股在 25 亿以下}

AND DYNAINFO(30)>0{当天没有停盘}

AND FINANCE(29)>0{税后利润大于 0,排除亏损的股票}

AND NOT(NAMELIKE('ST') OR NAMELIKE('* S')){排除 ST 和* ST 的股票};

TJ1:=EXP3>REF(EXP3,1) AND EXP1>=EXP2 AND EXP1>=EXP3 AND(C-EXP1)/EXP1<X AND MACD.DIF#WEEK>MACD.DEA#WEEK;{此为买入条件,同时需要调用周线数据的 MACD}

TJ2:=CROSS(EMA(C,N5)#MIN60,EMA(C,N4)#MIN60) OR CROSS(EXP2,EXP1){此为卖出条件,其中调用了 60 分钟的数据};

BUY(TJ1,LOW);

SELL(TJ2,HIGH);

AUTOFILTER;

这种交易策略是根据通达信软件提供的简单语言写成的，有选股、确定买点和卖点的功能，显示的是一个投资人长期投资理念和价值取向的结果。

根据此交易策略对主要市场指数（选择的是"上证指数、深证指数、上证 50、沪深 300、创业板指、中小板指、中证 500、软件服务"）进行测试，时间周期为 1999 年 3 月 22 日—2019 年 3 月 22 日，共计 20 年。

测试结果显示：综合年化收益率为 46.42%，其中"软件服务"板块收益率最高，达到了 176.95%；创业板最低，只有 12.15%；最大回撤比为 43.71%，最大的是中证 500 指数，为 43.71%，最小的是上证指数，为 21.64%，如图 8-38 所示。

我们知道，评价一种交易策略优劣最简单的方法就是：一看年化收益率，二看最大回撤比[②]。如果你能够容忍的最大回撤比不超过 30% 的话，那么当下的这个测试结果意味着：该交易策略不适合创业板指数和中证 500 指数的交易，比较适合交易上证指

[①] 由于涉及商业机密，隐去了公式中的 N1、N2、N3、N4、N5、N6、X、Y 等参数，敬请谅解。

[②] 当然，还有"权益未创新高的最长时间"，它提示的是你的交易策略不能一直处于小赢小亏的状态。评价交易策略的还有其他指标，限于篇幅，不做补充。

数、深证成指、中小板指、上证 50 指数、沪深 300 和软件服务指数。

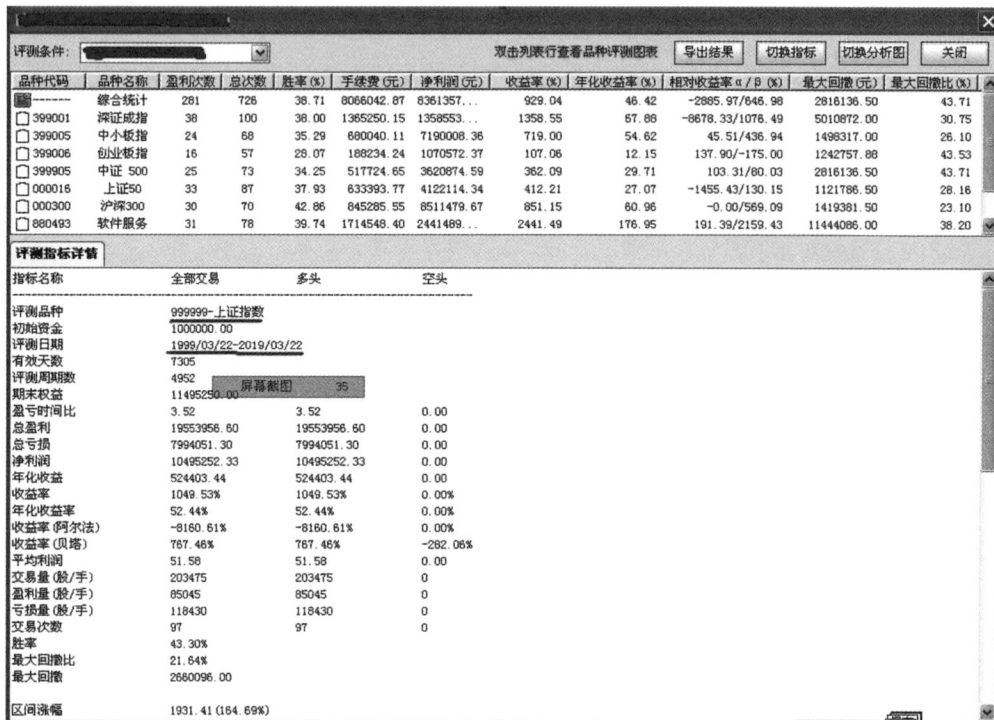

品种代码	品种名称	盈利次数	总次数	胜率	手续费(元)	净利润(元)	收益率(%)	年化收益率(%)	相对收益率α/β(%)	最大回撤(元)	最大回撤比(%)
------	综合统计	281	726	38.71	8066042.87	8361357...	929.04	46.42	-2885.97/646.98	2816136.50	43.71
399001	深证成指	38	100	38.00	1365250.15	1358553...	1358.55	67.88	-8678.33/1078.49	5010872.00	30.75
399005	中小板指	24	68	35.29	680040.11	7190008.36	719.00	54.62	45.51/436.94	1496317.00	26.10
399006	创业板指	16	57	28.07	188234.24	1070572.37	107.06	12.15	137.90/-175.00	1242757.88	43.53
399905	中证 500	25	73	34.25	517724.65	3620874.59	362.09	29.71	103.31/80.03	2816136.50	43.71
000016	上证50	33	87	37.93	633393.77	4122114.34	412.21	27.07	-1455.43/130.15	1121786.50	28.16
000300	沪深300	30	70	42.86	845285.55	8511479.67	851.15	60.96	-0.00/569.09	1419381.50	23.10
880493	软件服务	31	78	39.74	1714548.40	2441489...	2441.49	176.95	191.39/2159.43	11444086.00	38.20

评测指标详情

指标名称	全部交易	多头	空头
评测品种	999999-上证指数		
初始资金	1000000.00		
评测日期	1999/03/22-2019/03/22		
有效天数	7305		
评测周期数	4952	屏幕截图　35	
期末权益	11495250.00		
盈亏时间比	3.52	3.52	0.00
总盈利	19553956.60	19553956.60	0.00
总亏损	7994051.30	7994051.30	0.00
净利润	10495252.33	10495252.33	0.00
年化收益	524403.44	524403.44	0.00
收益率	1049.53%	1049.53%	0.00%
年化收益率	52.44%	52.44%	0.00%
收益率(阿尔法)	-8160.61%	-8160.61%	0.00%
收益率(贝塔)	767.48%	767.48%	-262.06%
平均利润	51.58	51.58	0.00
交易量(股/手)	203475	203475	0
盈利量(股/手)	85045	85045	0
亏损量(股/手)	118430	118430	0
交易次数	97	97	0
胜率	43.30%		
最大回撤比	21.64%		
最大回撤	2660096.00		
区间涨幅	1931.41(164.69%)		

图 8-38　EMA 组合 1 号测试结果

再仔细地观察一下这种交易策略（图 8-39），这是使用该交易策略对上证指数测试约 3.5 年结果的截图（测试时间跨度长达 20 年的话，结果不易展示）。我们可

图 8-39　上证指数 2015 年 12 月 8 日—2019 年 4 月 17 日的日 K 线图

以看出，此交易策略在市场大跌时发出卖出信号，且再也没有发出买入信号，这就可以有效回避市场大跌带来的风险；当然它也有不足之处，那就是在市场趋势不太明显的时候，会出现反复的买入卖出信号，导致资金净值出现一定的回撤。但是，通过该交易策略对主要指数进行长期测试的结果表明，基本上它还算一种不错的交易策略。

必须要说明的是，这只是对市场主要指数进行的测试。由于我们投资的是股票，而不是指数，所以投资者还需要在选择股票上下功夫。

一般来说，选择构成这些指数的成份股，尤其是那些没有亏损的、有一定概念的、盘子适中的股票进行交易，往往会取得比较好的投资结果。

2. EMA 组合 2 号

该交易策略主要用于股指期货交易。

```
EXP1:EMA(CLOSE,N1);
EXP2:EMA(CLOSE,N2);
EXP3:EMA(CLOSE,N3),NODRAW;
STICKLINE(EXP1 > EXP2,EXP1,EXP2,2,0),COLORMAGENTA;
STICKLINE(EXP1 < EXP2,EXP1,EXP2,2,0),COLORBLUE;
DRAWCOLORLINE(EXP3 > = REF(EXP3,1),EXP3,COLORRED,COLORGREEN),
LINETHICK2;
DIFF: = EMA(CLOSE,N2) - EMA(CLOSE,N4);
DEA: = EMA(DIFF,N2);
MACD: = 2 * (DIFF - DEA);
RSV: = (CLOSE - LLV(LOW,9))/(HHV(HIGH,9) - LLV(LOW,9)) * 100;
FASTK: = SMA(RSV,3,1);//RSV 的移动平均值
K: = SMA(FASTK,3,1);//FASTK 的移动平均值
D: = SMA(K,3,1);//K 的移动平均值
TR: = MAX(MAX((HIGH - LOW),ABS(REF(CLOSE,1) - HIGH)),ABS(REF
(CLOSE,1) - LOW));//真实波幅
ATR: = MA(TR,N6);
M: = CEILING(C/MM);
//CROSS(EXP1,EXP2)&&MACD > 0&&PANZHENG = 0,BK;
//(EXP1 < REF(EXP1,1)&&REF(EXP1,1) > REF(EXP1,2)) ||C < EXP1 ||C < BK-
PRICE - M ||(C < BKHIGH - M),SP;
//CROSS(EXP2,EXP1)&&MACD < 0&&PANZHENG = 0,SK;
//(EXP1 > REF(EXP1,1)&&REF(EXP1,1) < REF(EXP1,2)) ||C > BKPRICE + M ||
```

```
(C > BKLOW + M),BP;

    EXP3 > REF(EXP3,1)&&EXP1 > EXP2&&MACD > 0&&K > 30&&K > D&&PANZHENG
=0,BK(1);

    C >= BKPRICE + Y* ATR&&ISLASTBK,BK(1);

    CROSS(EXP2,EXP1)‖C < BKPRICE - M‖(C < BKHIGH - M)‖(K > 65&&CROSS
(D,K)),SP(2);

    EXP3 < REF(EXP3,1)&&EXP1 < EXP2&&MACD < 0&&K < 70&&K < D&&PANZHENG
=0,SK(1);

    C <= SKPRICE - Y* ATR&&ISLASTSK,SK(1);

    CROSS(EXP1,EXP2)‖C > BKPRICE + M‖(C > BKLOW + M)‖(K < 35&&CROSS(K,
D)),BP(2);

    MONM..MONEYTOT,RGB(255,128,0);//账户权益图

    CLOSEKLINE(1,10);//设置收盘前的最后一根K线提前10秒走完,就是说在即
将收盘时出现信号后的10秒内建仓

    //AUTOFILTER;
```

该策略使用文华财经期货交易软件自带的"麦语言"写成，在30分钟条件下，使用该交易策略对中证500指数期货（连续）进行的为期两年半（从2013年1月4日—2015年9月17日）的测试结果见图8-40、图8-41。

此交易策略初始资金使用5.23%，保证金为8%，开仓1手。测试结果显示：最大回撤比为8.25%，年化单利收益率为64.9%，其他评价指标请参看图8-40、图8-41。

以上两种交易策略只是MIRAS交易系统中的两种，从测试结果上看，只能说属于"一般""可用"，因为我相信，市场上一定会有很有隐藏的高手拥有着比这两种交易策略更加优秀的策略。况且随着量化交易的逐渐普及，投资者，尤其是机构投资者，越来越多地使用C++、python等计算机语言来编写交易策略，用程序化的交易来回避人性中的弱点。目前国内绝大多数期货交易软件都可以实现程序化交易，股票的自动化交易在技术上早已可行，这听起来无疑是对"压力山大"的投资工作的极大解放。但是不要忘记，只有拥有巨资的机构投资者才具备研发量化交易策略或购买AI（人工智能，Artificial Intelligence）投资技术的能力，对于他们来说，这绝对是一件值得弹冠相庆的事情；然而对中小投资者来说，这无疑是一把把杀人于无形的锋利屠刀！

测算报告

合约 周期 模型

名称	全部交易	多头	空头
报告生成时间	2015/09/17 14:09:53		
初始资金	500000		
合约	中证500		
K线周期	30分钟		
数据开始时间	2013-1-4		
信号计算开始时间	2013-1-4		
结束时间	2015-9-17		
单位	100股/手		
保证金	8.00%		
手续费	1.00‰		
滑点	1		
开仓手数	1		
初始资金比例	5.23%		
模型	EMA组合		
参数	[0,0,0,0,0,0]		
名称	全部交易	多头	空头
测试天数	987		
测试周期数	5254		
信号个数	731		
指令总数	732		
信号个数	731		
指令总数	732		
信号消失次数	0		
初始资金	500000.00		
最终权益	1377467.41		
空仓周期数	3152		
最长连续空仓周期数	50		
最长交易周期	24		
标准离差	11169.49		
标准离差率	4.66		
夏普比率	46.49		
盈亏总平均/亏损平均	0.61		
权益最大回撤	74257.09		
权益最大回撤时间	2015/06/10 14:30		
权益最大回撤比	8.25%		
权益最大回撤比时间	2015/06/10 14:30		
权益最长未创新高周期数	619		
权益最长未创新高时间段	2014/04/28 14:30 - 2014/08/19 10:00		
损益最大回撤	58844.60		
损益最大回撤时间	2015/06/11 13:00		
损益最大回撤比	6.64%		
损益最大回撤比时间	2015/06/11 13:00		
损益最长未创新高周期数	291		
损益最长未创新高时间段	2013/02/18 10:30 - 2013/04/11 13:30		
风险率	4.64%		
收益率/风险率	14.00		
每手最大亏损	37620.00		

图 8 – 40　EMA 组合 2 号测算报告

每手平均盈亏	2397.45		
盈利率	175.49%	54.93%	120.57%
年化单利收益率	64.90%		
月化单利收益率	5.33%		
年化复利收益率	45.46%		
月化复利收益率	3.13%		
胜率	48.09%		
模型得分	63分		
平均盈利/权益最大回撤	0.12		
平均盈利/平均亏损	2.34	1.74	3.16
净利润	877467.38	274632.81	602834.63
总盈利	1627921.25	703241.44	924679.81
总亏损	750453.88	428608.66	321845.22
总盈利/总亏损	2.17	1.64	2.87
其中持仓浮盈	5823.78	5823.78	-0.00
交易次数	366.00	198.00	168.00
盈利比率	0.48	0.48	0.48
盈利次数	176.00	96.00	80.00
亏损次数	190.00	102.00	88.00
持平次数	0.00	0.00	0.00
平均交易周期	14.36	26.54	31.27
平均盈利交易周期	29.85	54.73	65.68
平均亏损交易周期	27.65	51.51	59.70
平均盈亏(利润)	2397.45	1387.03	3588.30
平均盈利	9249.55	7325.43	11558.50
平均亏损	3949.76	4202.05	3657.33
平均盈利	9249.55	7325.43	11558.50
平均亏损	3949.76	4202.05	3657.33
最大盈利	75449.89	47749.44	75449.89
最大亏损	37620.00	24881.20	37620.00
最大盈利/总盈利	0.05	0.07	0.08
最大亏损/总亏损	0.05	0.06	0.12
净利润/最大亏损	23.32	11.04	16.02
最大持续盈利次数	9.00	5.00	7.00
最大持续亏损次数	5.00	7.00	7.00
平均持仓手数	1		
最大持仓手数	1		
平均使用资金额	38593.52		
最大使用资金额	90930.41		
平均资金使用率	5.85%		
最大资金使用率	11.00%		
扣除最大盈利后收益率	160.40%	45.38%	105.48%
扣除最大亏损后收益率	183.02%	59.90%	128.09%
期间最大权益	1381616.27		
期间最小权益	476824.55		
手续费	378709.95		
滑点成本	-732.00		
成交额	378709993.41		

图 8-40　EMA 组合 2 号测算报告（续）

损益曲线图

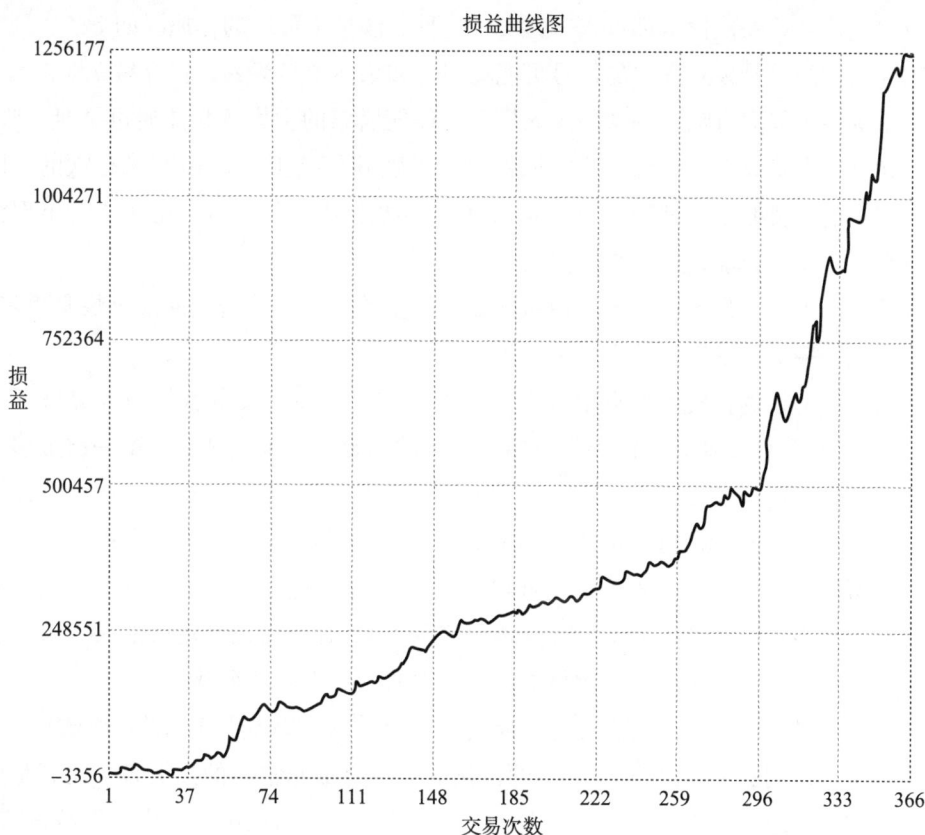

图 8-41 EMA 组合 2 号损益曲线图

第八节 对几个重要概念的理解

一、加减仓技巧

不管投资者使用什么样的交易模式，当出现买入信号的时候，对资金的使用都可以有两种选择：一次性全部买入、分阶段多次买入。其中，分阶段多次买入又可以根据买入的次数和每次买入的资金比例的不同而有无数种组合。这就涉及使用资金的技巧了。

一般的散户由于资金量很小，大都是几万、十几万元，觉得没有必要这么小心或者精致，往往喜欢一次性全部投入。其实，这种做法是不可取的，原因如下。

①你采用的交易模式发出的信号可能有假，如果你全盘买入，很容易立即被套。

②市场不可能只有唯一一次的买入机会。任何股票的主力都只能通过试盘、吸筹、洗盘、拉升、出货等多个步骤才能完成做盘，反映到价格上一定是有涨有跌的。即使是连拉涨停的强势股票，前期也有一定时间的小幅上升过程，不可能突然间出现没有介入机会的直拉式上涨，往往具有多次买入机会。

因此，**无论资金量大小，无论使用什么样的交易系统，从资金的安全性角度考虑，投资者都应该采取分批进入的方式。**

在买入时，根据投资者的类型分为两种进入方式。如果投资者是趋势交易者（右侧交易者），建议使用递减式的买入节奏，即所谓的金字塔加仓法——第一次最多，第二次次之，之后越来越少。因为一旦出现向上的趋势，上涨是大概率事件，因此第一次买入一定要多，但考虑可能的下跌风险，投资者需要保留一部分资金；当价格上涨后回抽时可以进行第二次买入……这样可以使买入价一直低于当下的价格，确保利润的安全性。如果投资者是逆势交易者（左侧交易者），建议使用递增式的买入节奏，即所谓的倒金字塔加仓法——第一次最少，第二次略增，之后越来越多。

对于资金量比较小的投资者，建议使用趋势交易（右侧交易），买入次数控制在3次以内即可，使用6:4的比例、5:4:1的比例等；资金量非常大的投资者，尤其是机构投资者，往往采取逆势交易（左侧交易），其进场节奏我们在第二章中有明确的表述。对于中等规模的资金，由于在买入时要保证价格不会大幅波动，同时要确保资金的隐蔽性——即自己买入时不能被大机构盯上，就需要耐心地很多次少量买入，以降低买入成本，防止被主力机构盯上，陷入不必要的多空拉锯战。

卖出呢？股市中有句谚语，叫作"慢慢买，快快卖"。从心理上讲，只要是有较大的利润幅度，什么价位卖出都是恰当的。在技术分析上，由于大幅拉升的股票在高位必然有一个横盘整理出货的过程，因此以高位平台区域的任何一个价格全部卖出都是正确的。从扩大利润的角度考虑，尽量卖得高一些，需要使用一些减仓技巧——往往使用倒金字塔的方式减仓，即第一次少出一些，以后出得越来越多。但是这种方法也有不足，那就是会拉长你的出货时间，让你错过下一只刚刚启动的股票。

加减仓技巧不仅仅适用于股票投资，也适用于保证金交易的品种，例如股指期货、商品期货、黄金、白银、外汇等。

二、股市中的共振

共振是物理学中的一种现象，是指两个振动频率相同的物体，一个发生振动会引起另一个物体振动的现象。共振是普遍存在的，这是由于所有的物质都具有波动的特性。

在股票市场中，股票价格的走势是所有市场参与主体共同操作的结果，所有买和卖的操作背后体现的是所有参与者的疑惑、紧张、恐惧、贪婪等心理活动，而所有市场参与者（机构、主力、大户、散户等）的这些心理活动反映到价格上，就使股价具有波动性特征。**当具有重要作用的参与者的力量施加于股票并与股票价格运行规律产生共振的时候，就是行情来临的时候**（当将一个具有多频率的外部作用力施加到一个复杂的物体上时，会有多个相同的频率产生共振，但往往出现一个最大幅度的共振）。

这就要研究"具有重要作用的参与者"是谁，如何通过盘面来发现他，股票出现什么价格的时候才是与重要参与者频率一样的时候，怎样通过盘面来发现这样的蛛丝马迹。

我们能够利用的是技术指标以及各种各样的信息，所以我们所分析的"股票共振"主要是技术分析指标、各种信息和力量的共振，即多种指标的共振、多个周期的共振，以及股价与特定时空的共振等。

（1）多种指标的共振。多种指标的共振，是说多种技术指标发出同样的买入或卖出信号。在构建盈利系统的时候，我们往往会使用多种技术指标，技术指标按其用途分为趋势类、震荡类、人气类、大势类，但不管是什么样的技术指标，都是对价格和成交量进行数学计算的结果；我们也说过"所有的技术分析本质上都是心理分析"，这再次揭示出技术指标是对人性心理的数学表达的本质。**技术指标的共振说明了投资者心理的一致性，心理的一致性就预示着行为的一致性——因为共同买入或卖出后股票价格波动方向具有明确性。**所以技术指标共振可以为投资者提供明确的买卖机会。

但是投资者要注意，或者说必须深刻理解各种技术指标的计算过程以及优缺点，对什么样的技术指标之间会产生共振，什么样的技术指标之间不会产生共振要明白无误。一般认为，同类型的技术指标共振，则买卖信号增强；反之，宜谨慎。例如 RSI指标属于震荡类指标，MA 属于趋势类指标，二者本身就是矛盾的，它们之间很难通过共振发出买卖信号。所以说当你设置的技术指标不一致的时候，二者不仅不可能产生共振，反而相互矛盾。

（2）多个周期的共振。其是指相同技术指标在不同时间周期下发出同样的买入或卖出信号。例如技术指标 MA 在小时线图、日线图、周线图、月线图下同时出现了金叉，发出了买入信号的时候，就出现了共振，因为这说明了短线投资者、中线投资者、长线投资者同时进场买入，因此力量更为强大。

多个周期的共振可能的缺点在于中长期的技术指标发出的买卖信号慢，短线指标发出的信号快，因此，如果过分依据共振原理的话，可能会在价格上涨以后才能买入，这样买入的价格相对偏高，而且遇到较大回档的话容易被套。解决之道在于分批次有节奏地进场，短周期技术指标信号出现后进场买入一部分，再使用中长期技术指标信号买入剩余的部分。

（3）股价与特定时空的共振。人是自然界的产物，股市是人类社会的产物，价格是所有参与者基于各种心理活动同时买卖形成的。所以股票市场的价格波动一定与人类的共同心理规律、自然界的运行规律有着某种特定的联系。这种联系"频率"一致的时候，就是股价出现较大幅度变化的时候。例如上涨或下跌到与原来高点接近时或某个低点时，恰好是斐波那契数字，黄金分割位 0.618、0.5、0.382 等，或者二十四节气中某个节气时，往往是股价表现很特别的时候，因为此时的价格在普遍意义上出现了心理上的情绪化反应，于是很容易构成阶段性的高点或者低点。

图 8-42 中矩形框代表的时间段，是中小板指数从 2008 年 10 月 28 日的最低点 2114.27 涨至 2010 年 4 月 13 日的 6177.89 点后震荡回落这一段时间。我们可以看出，黄金分割位 0.618 的位置是在 4621.64 点处，指数在 2010 年 7 月 9 日实际上跌至 4564.18 点，误差为 57.46 点，误差率仅为 1.2%；在创出 4564.18 点新低时，同时出现了 KDJ 指标的 J 值底背离的信号；2010 年 7 月 7 日是小暑节气，与 2010 年 7 月 9 日相差 2 天；周 K 线 BOLL 通道下轨也被刺穿。于是在 4564.18 点处出现了 4 种分析手段的共振。这种共振的结果就是——4564.18 点构成了阶段性调整的低位，此后中小板指数依然会继续向上攻击，中小板指数以后的走势就证明了这个判断的正确性！

图 8-42　中小板指数周 K 线图

（4）板块共振，主要包括相关板块股票的共振以及板块内股票的共振。中国股市有板块轮动的特点，也有类似板块相继轮动的特性。相关板块股票的共振就是大盘首先由主要板块带动，然后热点扩散到其他板块，例如医药板块往往跟化工板块前后轮动，农业和畜牧业板块前后轮动等。板块内股票的共振主要是指板块内最强势的股票带动板块内其他股票，例如2014年航天军工板块的集体上涨就是由航天动力等股票带动的。

需要指出的是，股市毕竟不同于物理学，本部分讲到的"共振"只是借用物理学名词对股市价格运行规律进行的一些粗浅的探讨，目前尚无统计学上的数据支撑；同时，股票价格是否存在一个"频率值"，哪怕是一个频率宽度，也是一个尚待进一步研究的课题。股市中的"共振"原理强调的是：当股票外部信息与投资者内部心理一致的时候，即所有影响股市价格的信息与投资者买卖意愿和买卖行为一致的时候，就是共振的时候，此时可能表现为价格的较大幅度波动，是投资者该出手的时候。

三、止损的意义

止损就是在亏损的情况下果断离场以减少损失的行为。一般来讲，止损在以日内交易为主要特点的保证金投资品种上被认为是比较重要的投资技巧，例如股指期货、商品期货、黄金、白银、外汇等。这些品种的保证金比例为8～100倍不等，个别时候还有500倍的杠杆。在期货市场，购买价值10万元的大豆，你只需要付出5%也就是5000元的现金[①]，这5000元就叫作保证金，这种杠杆就是20:1。以MT4平台进行交易的外汇市场，对各国货币之间汇率价差的保证金杠杆比例可以有300～500倍的不同。而且这些品种多采用双向买卖、T+0交易，所以在高比例保证金的情况下，价格稍有风吹草动就会出现较大幅度的盈利或亏损。为避免出现这种迅雷不及掩耳的亏损，一般交易教材或培训师都建议设置止损，以防范随时出现的亏损风险。

在中国的股票投资中，相对而言，止损不如保证金交易品种显得重要。这是因为，如果在投资者没有做融资融券（本质上还是保证金交易）的情况下，以相同数量的资金购买相应数量的股票，资金并没有被放大，风险相对于保证金交易品种更低；另外，所构建的盈利系统所提示的买入卖出信号比较明确，只要投资者按照系统出现的信号进行交易，整体来说将是盈利的，似乎也没必要做止损的动作。换句话说，只要投资者按照本书所讲的"选时、选股、把握加减仓技巧"进行操作的话，基本上是可以获得较高的盈利的。当然，实事求是地讲，投资者有可能在"选时、选股、把握加减仓技巧"这三个问题上出现一个、两个或三个失误，如没有选好时机就买入或者一次全额买入等，这样的话，止损就显得有必要了。这时候止损的目的是对原来的错误买入进行纠正，而不像其他保证金交易品种那样出于"防范风险"的目的。

任何盈利系统都包括"进场时机、选择股票、进场节奏、离场时机、止损"这五

---

① 可以理解为：有5000元的投资者向期货公司借款95000元，然后用这10万元购买大豆。

大关键要素。其中"进场时机、离场时机"是盈利系统发出的机械性信号，"选择股票、进场节奏"是投资者本人在市场信息基础上的主观考虑，"止损"则是在错误买入时及时离场、降低亏损或者安抚心理的行为，主要是"没有选好股票"或者未能把握好"进场节奏"导致的。

我们在本章开头已经介绍了，可以通过行情分析与交易软件选出几百只股票，但是买入哪只或哪几只就需要投资者本人主观考虑了。任何投资者都不可能长期准确地选对股票，总有选错的时候，选出的股票中总有一些依据的是假突破、假平台整理等假信号，或者有一些突发性事件导致大幅度下跌等情况出现，所以股票的选择有可能失败；另外，进场节奏把握不好也会导致买入价过高，例如有些投资者喜欢一次性全额买入，即使按照5:3:2的节奏，也有可能出现选择的时点不与价格的波动合拍，所以进场节奏也可能失败。还有一种情况，那就是投资者在买入一只股票后，总是这山望着那山高，或者对不能买入另一只"也很好"的股票耿耿于怀，如果自己买入的股票涨得慢或者下跌，而那一只也很看好但是没有买到手的股票反而涨得好，则会引起投资者心理上的过大落差，也会促使他抛出手中的股票，进行心理上的止损。

这三种情况下止损位置到底怎么设置？笔者的建议是：如果因为价格出现异常的波动，让自己意识到买错了股票，应该尽可能立即离场；如果是因为进场节奏没有把握好而出现了亏损，要根据技术指标的提示分批离场或者一次性离场，但是还要在更低的价位及时买入，一方面汲取进场节奏方面的教训，另一方面，也要知道没有最佳买入点的事实；如果是心理上出现了买入后不踏实的紧张情绪，要仔细分析产生情绪的原因是什么——是不符合自己的投资理念还是不适合自己的投资周期，然后及时离场，毕竟市场中随时都有很多上涨的股票，同时要引以为戒，尽量不要再犯同样的错误。

四、什么是顶部和底部

在股票投资中，经常会听到有人说：快卖了吧，已经到顶了！赶紧买吧，已经到底了！而一些股评人士不会这么简单地说，他们一般会这样讲：这只股票价格已经偏离其内在价值，处于非常高的位置，建议投资者逢高减磅；目前成交量极为稀少，价格已经跌无可跌，有眼光的投资者不妨早日战略性建仓，以期有更大的收获！

那么，到底什么是"顶"，什么是"底"呢？笔者帮助大家厘清基本的概念：**顶是跌出来的，底是涨出来的**。也就是说，只有当股票下跌了以后，我们才知道过去的价格是个"顶"；只有当股票涨上去以后，我们才知道过去的价格是个"底"。"顶"和"底"也不是简单的一个价格所能代表的，往往是多空双方多次反复争夺以后形成的，表现出 W 底、多重底或者 M 头、复杂顶等形态，所以我们说的"顶"和"底"

指的是一个特定的区域。具体来说，顶部区域和底部区域一般具有下列特征，如表 8 - 10 所示。

表 8 - 10　股票顶部区域和底部区域的特征

底部区域的特征	顶部区域的特征
1. 日 K 线低位反复金叉与死叉	1. 日 K 线高位反复金叉与死叉
2. 周 K 线低位走平	2. 周 K 线高位走平
3. 出现多重底、W 底等形态	3. 出现多重顶、M 头等形态
4. 震荡指标出现过超卖	4. 震荡指标出现过超买
5. 一些特殊的时间窗口	5. 一些特殊的时间窗口
6. 重要的比例位，如 50%	6. 重要的比例位，如 100%
7. 前期的低点处	7. 前期的高点处
8. 权重股企稳	8. 权重股/领涨股走弱
9. 换手率极度缩小	9. 换手率急剧放大
10. 个股普跌 5 倍以上	10. 个股普涨 5 倍以上
11. 新股跌破发行价	11. 新股市盈率过高
12. 开始出现涨停的股票	12. 开始出现一定范围的跌停潮

尽管笔者不是一个喜欢在底部买进的人，但是市场中的确有一些坚定的喜欢抄底的炒家。对于这类投资者，笔者的建议是可以参考表 8 - 10 中的基本特征，同时也要参考技术分析工具，千万要避免出现"自以为是的底部和自作聪明的顶部"，如果总是这样主观认为某个价位和成交量就是顶部或底部了，危险就不远了。

本 章 小 结

本章的核心内容是利用证券行情分析与交易软件构建盈利系统。一方面，本章的内容是前面所有章节内容的最终体现，另一方面，盈利系统的构建有赖于投资者应用软件水平的提高以及证券公司对一些功能的优化和拓展。

笔者小时候喜欢做一些手工工艺品或者玩具，例如刚上初中的时候喜欢制作"火柴枪"，主要的物料有硬铁丝、自行车链条上的辊子（约 10 个）、辐条上的帽子、胶布、皮筋等，制作流程是：首先使用钳子将铁丝拧成手枪的模样，其中包括一个手动扳机和一个撞针；然后将 10 个辊子并排安装在枪杆上，其中最前面的辊子上安装一个辐条帽儿，然后用胶布将 8 个辊子缠在一起，将前两个辊子缠在一起，基本上"火柴枪"就做成了；最后把撞针磨成头部很尖的样子。做好以后，为了试验这把枪是否可靠，将一根火柴放到最前面的那两个辊子里，同时放进去一些从火柴头上刮下来的火药，将撞针回拉扣上，扣动扳机，如果枪能打响，说明制作成功，如果打不响，就找原因……最后，找原因、想办法，一定会制作出一把漂亮的、能打响的"火柴枪"，此时我一般会很得意地将它别在自己的皮带里，以供玩打仗游戏时使用。

其实，投资者构建盈利系统，跟制作"火柴枪"的道理是一样的，都需要事先准备原料、进行制作、做好后进行测试、改善不足之处，最后取得成功。其区别在于一个有形，一个无形；一个简单，一个复杂。但是对于一个小孩子来说，他制作"火柴枪"也不是一帆风顺的，也不是天生就会，都要进行学习、模仿、找原料、找工具等，而且也不是第一次做就能做成，可能需要经过很多次的失败才能够比较熟练地掌握制作流程以及制作要点。构建盈利系统是成年人的功课，很多人稀里糊涂地混进股市，迷迷瞪瞪地买卖股票，也不是一开始就具备优秀的投资技巧和投资能力，都需要学习、模仿、跟人交流、寻找工具等。但是惰性使得一部分人在进入股市以后经过几次失败就沉寂了，其账户变成了多年不交易的"死亡账户"；另外一些人面对着变幻莫测的股票市场，虽然有过投资失利，但是愈挫愈勇、屡败屡战，不断地汲取各种知识，打磨投资心理，终于掌握了股票投资的核心方法，使自己走上了一条通往胜利的康庄大道。

希望本书的观点和方法能为那些依然在黑暗中摸索的投资者提供一些必要的帮助。

后　记

在本书即将完稿之际，笔者使用自创的"多周期指标共振分析系统MIRAS"筛选股票，构建投资组合，并依照系统的提示进行操作，如果此时平仓的话（尽管此时很多股票并未到达卖出点），收益率为23.8%～89.3%，平均收益率为46.5%。无论是散户、大户还是机构投资者，如果能做到这样的年收益率，我想大家的心情应该是比较愉快的。

本书的宗旨在于帮助读者构建自己的盈利系统，书中内容就是本着这样的目标而设计的。构建盈利系统的核心在于对买入时机、卖出时机以及股票的选择。正确的选择固然重要，必要的等待也要重视，因为股票的上涨不是短时间做到的，尤其是流通盘大、市值高的股票，涨起来更是步履蹒跚、一步三摇。如果投资者想获得成功，在市场中立于不败之地，一方面需要把眼光放得远一些，因为太多的股票是因为投资者害怕、离场而痛失利润的，而卖掉那只股票后再寻找其他可买入的股票并不容易，而且很快他就会发现卖出以后的股票接二连三地涨了上去，结果往往就是"最初买入的那个才是最好的"！另一方面，投资者要严格按照盈利系统中的技术指标来操作，"不见兔子不撒鹰"的战术会极大地保护你的利润、降低你的风险，且在一般情况下，每只股票在上涨途中都会有多次买卖时机，投资者在操作时也要给予重视。

投资者无论多么熟悉证券行情分析与交易软件都不算过分，尽管市面上任意一家证券公司提供的软件都有很多功能尚未开发或者完成，普通投资者无法将自己的交易思想完全变成具体的技术信号，但毕竟我们是通过图表来发现买卖信号的，是通过软件来构建自己的盈利系统的，因此，在熟悉的基础上学习有关计算机代码的知识很有必要，它会将你的选股思路、交易思想变成实实在在的工具。

对金融学、经济学、心理学和投资学等主要知识的学习和掌握，是需要长期坚持的。在求索的道路上，没有人强迫你，没有人理睬你，甚至没有人解答你的疑问，大多数时候你只能孤独地面对这一切，这大概就是"书山有路勤为径，学海无涯苦作舟"吧。

但是，当你有一天恍然大悟、豁然开朗的时候，你会发现所有这一切的付出都是值得的！

主要参考文献

比尔·威廉姆斯．证券混沌操作法——低风险获利指南［M］．黄嘉斌，译．北京：中国宇航出版社，2004.

白青山．民间股神及其续集［M］．上海：上海人民出版社，2011.

曹凤岐，刘力，姚长辉．证券投资学［M］．2 版．北京：北京大学出版社，2008.

但斌．时间的玫瑰［M］．太原：山西人民出版社，2007.

范 K 撒普．通向财务自由之路（原书第 2 版）［M］．董梅，译．北京：机械工业出版社，2014.

格雷厄姆．聪明的投资者（第 4 版）［M］．王中华，黄一义，译．北京：人民邮电出版社，2010.

侯家驹．中国经济史［M］．北京：新星出版社，2006.

何瑞东．起涨点买入八法［M］．北京：地震出版社，2014.

金奕．移动平均线技术——揭示期货、股票、外汇市场中形与势的核心秘密［M］．北京：地震出版社，2014.

柯蒂斯·费思（Curtis Faith）．海龟交易法则［M］．乔江涛，译．北京：中信出版社，2013.

罗伯特 D. 爱德华兹，约翰·迈吉，W. H. C. 巴塞蒂．股市趋势技术分析（原书第九版）［M］．郑学勤，朱玉辰，译．北京：机械工业出版社，2014.

李伯瑾．呼吸之间［M］．北京：华夏出版社，2012.

罗然．关于移动平均线交易策略的研究［J］．四川经济管理学院学报，2010（12）.

马克·道格拉斯．交易心理分析——用自信、自律和赢家心态掌控市场［M］．刘真如，译．北京：电子工业出版社，2011.

麻道明．庄家克星——职业操盘手解析坐庄全过程［M］．3 版．北京：经济管理出版社，2014.

尼尔．逆向思考的艺术——与众不同的投资获利之道［M］．丁圣元，译．北京：地震出版社，2010.

南怀瑾．静坐与长生不老［M］．上海：复旦大学出版社，2004.

培真．道德经探玄［M］．北京：北京体育学院出版社，1990．

师建．构建你自己的交易系统——18 种最优战法与选股公式及编码［M］．北京：地震出版社，2013．

宋鸿兵．货币战争［M］．北京：中信出版社，2011．

孙碧波．移动平均线有用吗——基于上证指数的实证研究［J］．数量经济技术经济研究，2005（5）．

维克托·斯波朗迪．专业投机原理［M］．俞济群，真如，译．北京：机械工业出版社，2014．

威廉·欧奈尔．证券投资的二十四堂课（珍藏本）［M］．陈允明，刘跃骅，译．北京：中国青年出版社，2010．

王兆军，郝刚，曾渊沧．移动平均线的最佳参数组合［J］．应用数学学报，2002（10）．

王磊，陈国进．机构投资者动量交易与市场效率研究［J］．证券市场导报，2009（6）．

韦曾欣，周智超，韦鑫．技术分析在 A 股市场的有效性研究及实证检验［J］．重庆理工大学学报（自然科学），2013（7）．

徐小明．盘口［M］．北京：地震出版社，2012．

姚燧．中国金融史［M］．北京：高等教育出版，2007．

张文．实战擒庄［M］．北京：中国宇航出版社，2014．

赵永亮，张记伟．上证指数：移动平均线有效性的技术交易规则检验［J］．中国证券期货，2010（11）．

张学勇，盖明昱．技术分析与超额收益率研究进展［J］．经济理论与经济管理，2013（9）．